SPSS와 Python, R
그리고 Excel을 활용한

데이터 분석 따라하기

정철용, 유진호, 김민정, 김진

북 넷

들어가는 말

사회과학을 공부하는 학생들에게 쉽게 데이터 분석을 하는 방법을 어떻게 전달할 수 있을까?

매 학기 수업을 진행하면서 고민하는 문제이다.

한가지 데이터 분석 툴을 가르치는 데에도 시간이 많이 소요된다.

학생들에게 엑셀사용 역량도 키워줘야 하고 통계에 대한 이해, 그리고 통계분석 소프트웨어 사용방법, 최근에는 오픈소스 소프트웨어 Python 사용에 대한 니즈도 크다.

그렇다면

툴에 대해서는 가장 기본적인 것만 이해시키고

하나의 데이터 셋을 사용하여

Excel, SPSS, Python, R을 맛보게 하면 어떨까 하는 생각에서 본 교재를 집필하였다.

세세한 것 보다는 전체적인 분석 뼈대만 구성하였다.

세부적인 것들은 학생들이 수업중이나, 수강후에도 찾아보면서

스스로 채워나갈 수 있도록 데이터 분석과정의 전체적인 흐름만 제시하였다.

물론 한 학기에 이것을 다 진행할 수는 없다.

교과목 과정뿐만 아니라 방학중에 비교과정을 연계하여 사용할 수 있도록 구성하였다.

점프하고 건너뛴 내용도 있다.

이러한 것들은 앞으로 학생들과 함께 하나씩 하나씩 채워나갈 예정이다.

사회과학도들이 분석과정의 흐름을 이해하는데 도움이 되기를 기대한다.

홍지문이 내려다 보이는 미래백년관에서

2021년 4월

저자들 씀

차 례

PART I SPSS를 활용한 데이터 분석

PART Ⅱ 파이썬(Python)을 활용한 데이터 분석

PART Ⅲ R을 활용한 데이터 분석

PART

I

SPSS와 Python, R, 그리고 Excel을 활용한 데이터 분석 따라하기

SPSS를 활용한 데이터 분석

1 SPSS 시작하기

(1) SPSS 기본실행

〈SPSS 초기화면〉

SPSS를 처음 실행하면 [그림]과 같은 초기화면이 나타난다.

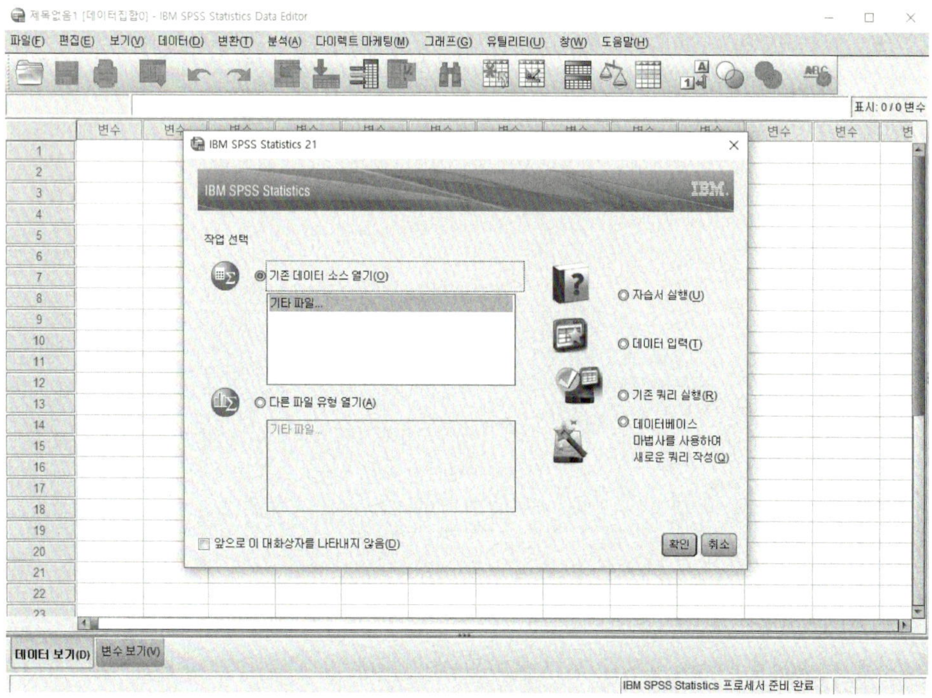

〈SPSS의 초기화면〉

- 화면의 가장 위에 위치한 제목 표시줄은 SPSS 창의 이름과 파일이름을 표시한다. 초기화면에서는 SPSS 데이터 편집기 창이 보여지며, 현재 자료를 저장하지 않았기 때문에 "제목없음"으로 나타난다.
- 행 및 변수 표시기는 현재 활성화된 셀의 행번호와 변수명이 표시되는 곳이다.
- 〈변수보기〉 탭을 클릭하면 데이터 시트에 나타난 변수의 이름과 특성을 볼 수 있다.
- 상태 표시줄은 화면의 가장 아래 오른쪽에 위치하며, 현재 SPSS 창의 상태를 표시한다.

(2) 자료의 입력

SPSS에서 자료를 입력하는 방법으로는 외부의 파일을 불러오는 방법과 SPSS에서 직접 데이터를 입력하는 방법이 있다.

메뉴에서 파일(F) → 열기(O) → 데이터(A)를 선택해서 읽어 들이고자 하는 자료를 포함하는 파일이름을 지정해서 읽어 들일 수 있다. 읽어 들일 수 있는 외부파일의 형태는 확장자가 .sav인 SPSS 전용파일, 확장자가 .txt나 .dat와 같은 일반적인 텍스트파일, 확장자가 .xls(.xlsx)인 Excel 파일, 그리고 SAS 파일 등이다.

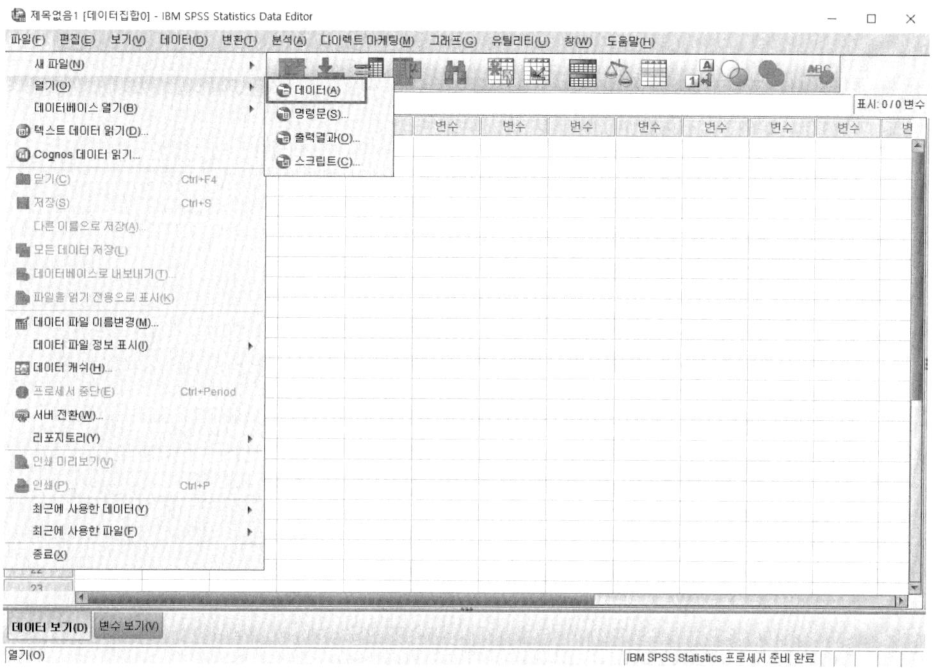

〈외부파일 열기 명령어〉

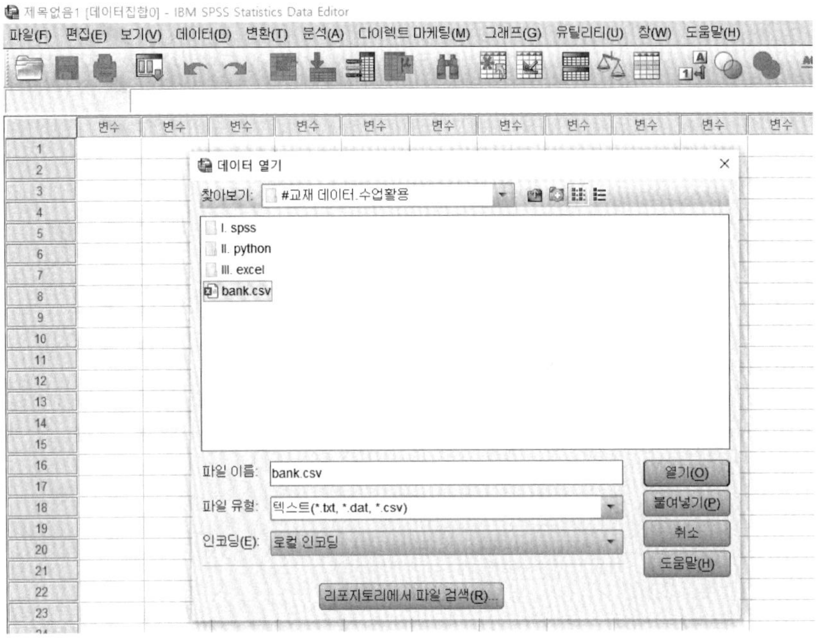
제목없음1 [데이터집합0] - IBM SPSS Statistics Data Editor
파일(F) 편집(E) 보기(V) 데이터(D) 변환(T) 분석(A) 다이렉트 마케팅(M) 그래프(G) 유틸리티(U) 창(W) 도움말(H)
데이터 열기
찾아보기: #교재 데이터.수업활용
I. spss
II. python
III. excel
bank.csv
파일 이름: bank.csv
파일 유형: 텍스트(*.txt, *.dat, *.csv)
인코딩(E): 로컬 인코딩
열기(O)
붙여넣기(P)
취소
도움말(H)
리포지토리에서 파일 검색(R)...

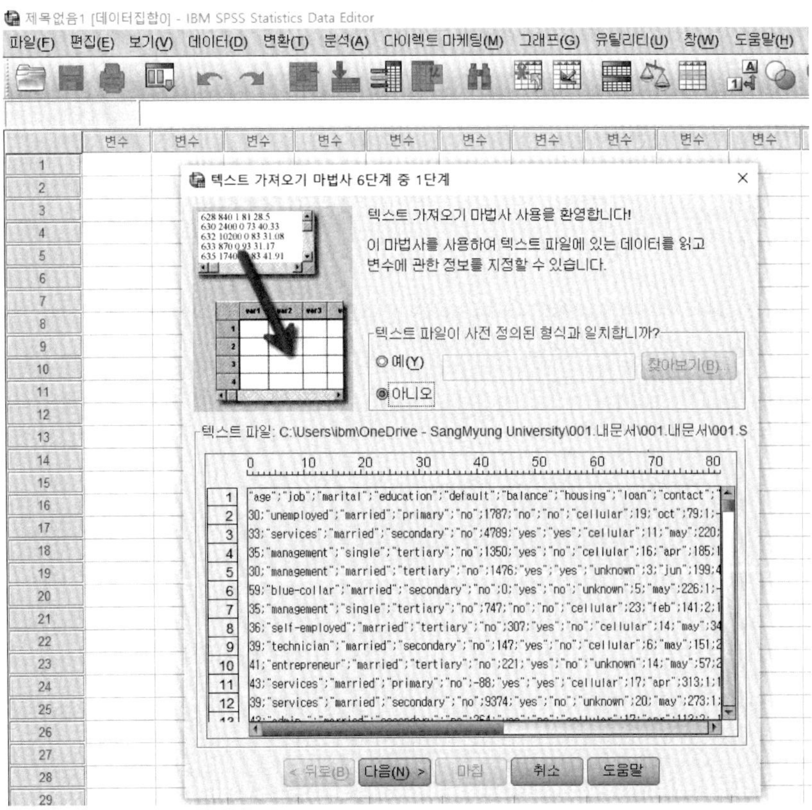
제목없음1 [데이터집합0] - IBM SPSS Statistics Data Editor
파일(F) 편집(E) 보기(V) 데이터(D) 변환(T) 분석(A) 다이렉트 마케팅(M) 그래프(G) 유틸리티(U) 창(W) 도움말(H)
텍스트 가져오기 마법사 6단계 중 1단계
텍스트 가져오기 마법사 사용을 환영합니다!
이 마법사를 사용하여 텍스트 파일에 있는 데이터를 읽고 변수에 관한 정보를 지정할 수 있습니다.
텍스트 파일이 사전 정의된 형식과 일치합니까?
예(Y)
찾아보기(B)...
아니오
텍스트 파일: C:\Users\ibm\OneDrive - SangMyung University\001.내문서\001.내문서\001.S
"age";"job";"marital";"education";"default";"balance";"housing";"loan";"contact";
< 뒤로(B)
다음(N) >
마침
취소
도움말

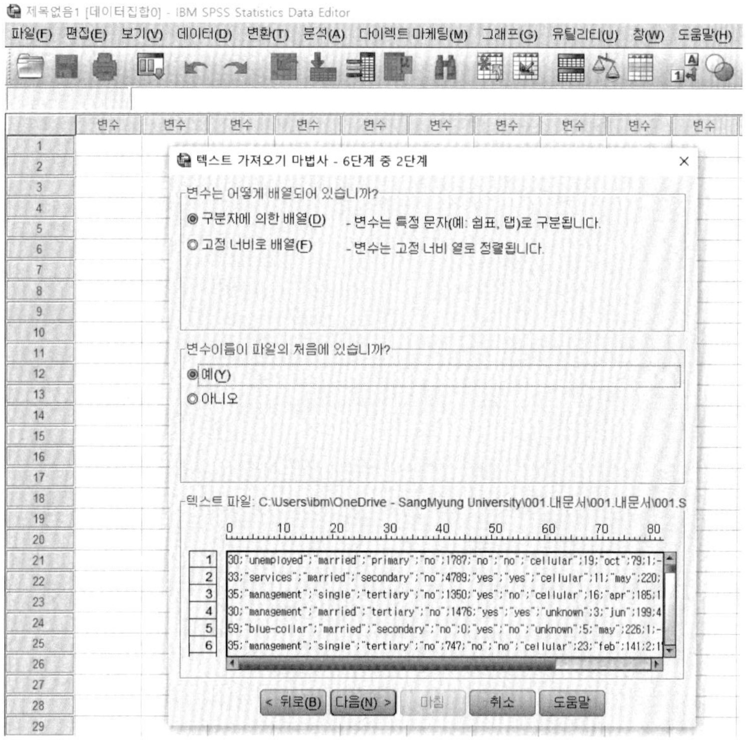
제목없음1 [데이터집합0] - IBM SPSS Statistics Data Editor
텍스트 가져오기 마법사 - 6단계 중 2단계
변수는 어떻게 배열되어 있습니까?
구분자에 의한 배열(D) - 변수는 특정 문자(예: 쉼표, 탭)로 구분됩니다.
고정 너비로 배열(F) - 변수는 고정 너비 열로 정렬됩니다.
변수이름이 파일의 처음에 있습니까?
예(Y)
아니오
텍스트 파일: C:\Users\ibm\OneDrive - SangMyung University\001.내문서\001.내문서\001.S
< 뒤로(B)
다음(N) >
마침
취소
도움말

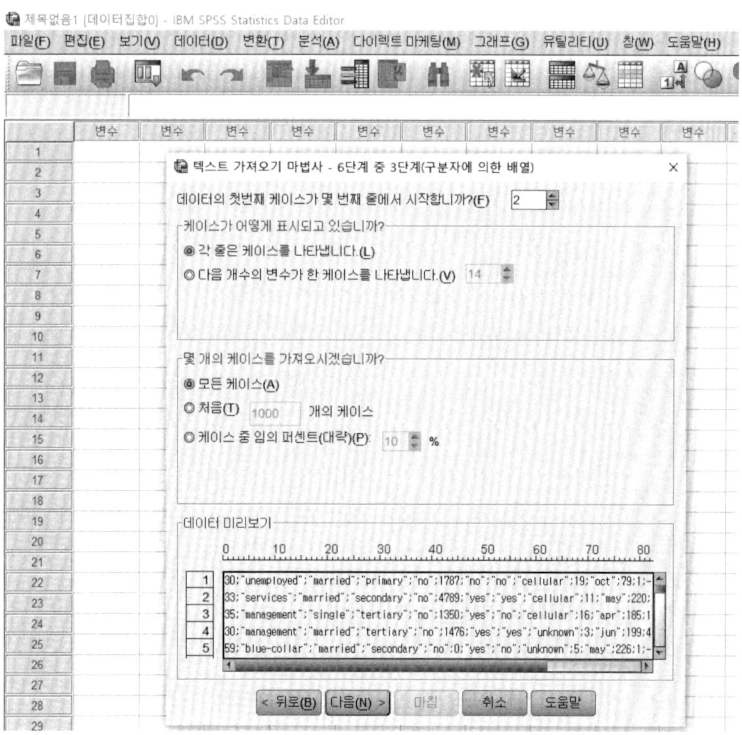
제목없음1 [데이터집합0] - IBM SPSS Statistics Data Editor
텍스트 가져오기 마법사 - 6단계 중 3단계(구분자에 의한 배열)
데이터의 첫번째 케이스가 몇 번째 줄에서 시작합니까?(F) 2
케이스가 어떻게 표시되고 있습니까?
각 줄은 케이스를 나타냅니다.(L)
다음 개수의 변수가 한 케이스를 나타냅니다.(V) 14
몇 개의 케이스를 가져오시겠습니까?
모든 케이스(A)
처음(T) 1000 개의 케이스
케이스 중 임의 퍼센트(대략)(P): 10 %
데이터 미리보기
< 뒤로(B)
다음(N) >
마침
취소
도움말

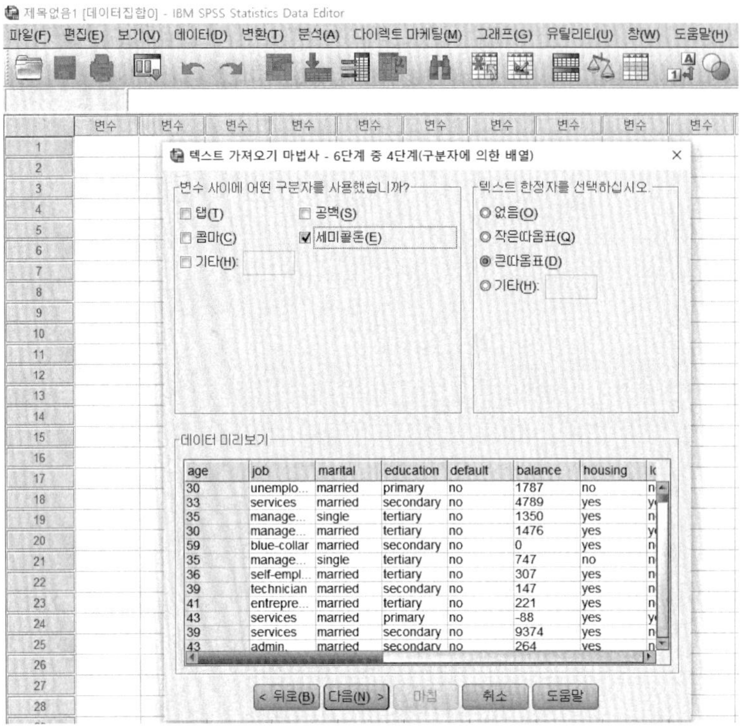

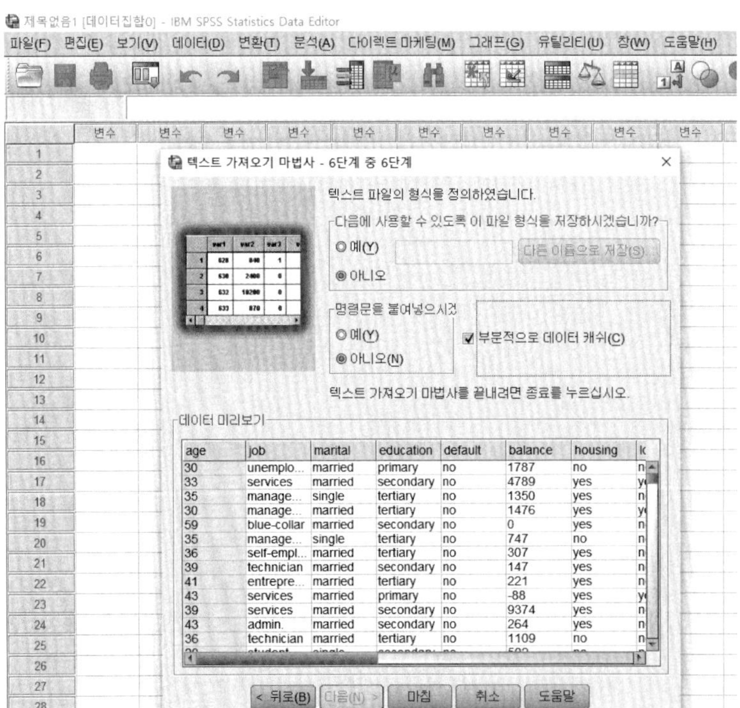

2 데이터 불러와서 분석하기

◆ 데이터 불러오기(bank.sav)[1]

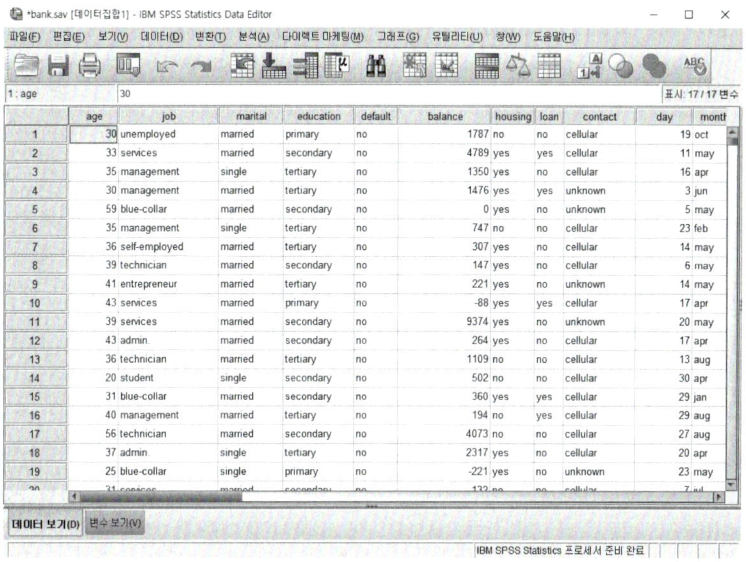

	age	job	marital	education	default	balance	housing	loan	contact	day	montl
1	30	unemployed	married	primary	no	1787	no	no	cellular	19	oct
2	33	services	married	secondary	no	4789	yes	yes	cellular	11	may
3	35	management	single	tertiary	no	1350	yes	no	cellular	16	apr
4	30	management	married	tertiary	no	1476	yes	yes	unknown	3	jun
5	59	blue-collar	married	secondary	no	0	yes	no	unknown	5	may
6	35	management	single	tertiary	no	747	no	no	cellular	23	feb
7	36	self-employed	married	tertiary	no	307	yes	no	cellular	14	may
8	39	technician	married	secondary	no	147	yes	no	cellular	6	may
9	41	entrepreneur	married	tertiary	no	221	yes	no	unknown	14	may
10	43	services	married	primary	no	-88	yes	yes	cellular	17	apr
11	39	services	married	secondary	no	9374	yes	no	unknown	20	may
12	43	admin.	married	secondary	no	264	yes	no	cellular	17	apr
13	36	technician	married	tertiary	no	1109	no	no	cellular	13	aug
14	20	student	single	secondary	no	502	no	no	cellular	30	apr
15	31	blue-collar	married	secondary	no	360	yes	yes	cellular	29	jan
16	40	management	married	tertiary	no	194	no	yes	cellular	29	aug
17	56	technician	married	secondary	no	4073	no	no	cellular	27	aug
18	37	admin.	single	tertiary	no	2317	yes	no	cellular	20	apr
19	25	blue-collar	single	primary	no	-221	yes	no	unknown	23	may

◆ Data Type 확인

– 변수정의 확인, Measure 확인

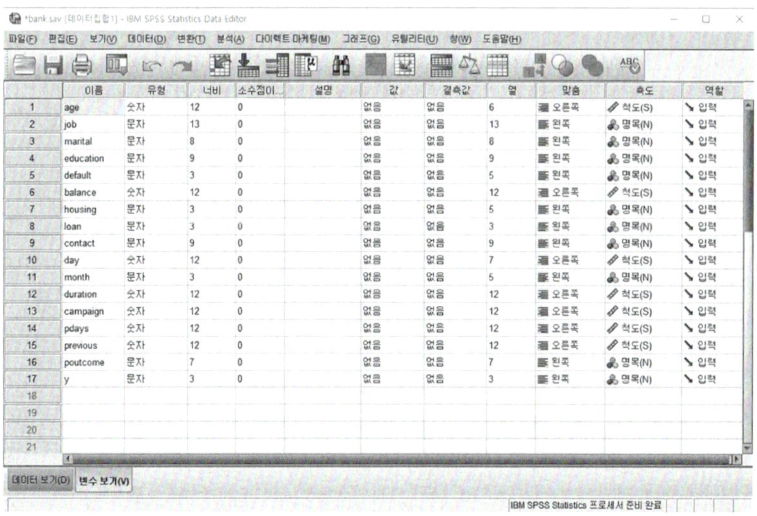

	이름	유형	너비	소수점이...	설명	값	결측값	열	맞춤	측도	역할
1	age	숫자	12	0		없음	없음	6	오른쪽	척도(S)	입력
2	job	문자	13	0		없음	없음	13	왼쪽	명목(N)	입력
3	marital	문자	8	0		없음	없음	8	왼쪽	명목(N)	입력
4	education	문자	9	0		없음	없음	9	왼쪽	명목(N)	입력
5	default	문자	3	0		없음	없음	5	왼쪽	명목(N)	입력
6	balance	숫자	12	0		없음	없음	12	오른쪽	척도(S)	입력
7	housing	문자	3	0		없음	없음	5	왼쪽	명목(N)	입력
8	loan	문자	3	0		없음	없음	3	왼쪽	명목(N)	입력
9	contact	문자	9	0		없음	없음	9	왼쪽	명목(N)	입력
10	day	숫자	12	0		없음	없음	7	오른쪽	척도(S)	입력
11	month	문자	3	0		없음	없음	5	왼쪽	명목(N)	입력
12	duration	숫자	12	0		없음	없음	12	오른쪽	척도(S)	입력
13	campaign	숫자	12	0		없음	없음	12	오른쪽	척도(S)	입력
14	pdays	숫자	12	0		없음	없음	12	오른쪽	척도(S)	입력
15	previous	숫자	12	0		없음	없음	12	오른쪽	척도(S)	입력
16	poutcome	문자	7	0		없음	없음	7	왼쪽	명목(N)	입력
17	y	문자	3	0		없음	없음	3	왼쪽	명목(N)	입력
18											
19											
20											
21											

1) 데이터 출처: S. Moro, P. Cortez and P. Rita, A Data-Driven Approach to Predict the Success of Bank Telemarketing, Decision Support Systems, 2014

◆ 변수에 대한 설명

1 – age (numeric)

2 – job : type of job (categorical : "admin.", "unknown", "unemployed", "management", "housemaid", "entrepreneur", "student", "blue–collar", "self–employed", "retired", "technician", "services")

3 – marital : marital status (categorical : "married", "divorced", single; note : "divorced" means divorced or widowed)

4 – education (categorical : "unknown", "secondary", "primary", "tertiary")

5 – default : has credit in default? (binary : "yes", "no")

6 – balance : average yearly balance, in euros (numeric)

7 – housing : has housing loan? (binary : "yes", "no")

8 – loan : has personal loan? (binary : "yes", "no")

9 – contact : contact communication type (categorical : "unknown", "telephone", "cellular")

10 – day : last contact day of the month (numeric)

11 – month : last contact month of year (categorical : "jan", "feb", "mar", ..., "nov", "dec")

12 – duration : last contact duration, in seconds (numeric)

13 – campaign : number of contacts performed during this campaign and for this client (numeric, includes last contact)

14 – pdays : number of days that passed by after the client was last contacted from a previous campaign (numeric, –1 means client was not previously contacted)

15 – previous : number of contacts performed before this campaign and for this client (numeric)

16 – poutcome : outcome of the previous marketing campaign (categorical : "unknown", "other", "failure", "success")

17 – y : has the client subscribed a term deposit? (binary : "yes", "no")

◆ 변수정의하기

• 변수(Variable, Columns) : 변수는 한글 32자, 영문 64자 입력가능
• 변수레이블(Variable Label) : 변수에 대한 설명을 기입할 수 있다. 한글 128자, 영문 120자 까지
• 결측값(Missing Values) : 숫자 변수에만 정의, 긴 문자변수는 정의할 수 없다.

◆ **척도(scale)** : 측정대상이 위치하고 있는 연속적인 체계를 말함[1)]

◆ 명목척도 - Nominal Scale, Categorical Scale

연구대상을 구분하거나 분류할 목적으로 라벨을 부여

명목척도가 적용되는 경우에는 엄격하게 일대일 대응이 이루어져야 한다. 연구대상은 반드시 한 부류에 소속되어야 하며. 한 그룹에 속하게 되면 다른 그룹에 속하지 않는 상호 배반적 특성을 가지고 있어야 한다.

◆ 서열척도 - Ordinal Scale

순서의 의미만 가지고 있음

특성에 대한 상대적인 정도를 나타내는 순서의 의미만을 가지고 있다.

◆ 등간(구간)척도 - Interval Scale

순서뿐만이 아니라 측정값의 차이 또는 거리에도 의미가 있음

두 연구대상이 가지고 있는 특성에 대한 측정값의 차이와 다른 두 연구대상이 가지고 있는 측정값의 차이는 동일한 간격을 가지고 있으므로 비교가 가능하다. 따라서 측정값의 차이에 의미 부여가 가능하다. 하지만 '0'에 대한 의미가 자의적이다. 예를 들어, 0℃의 의미는 온도가 없다는 의미가 아니라, 자의적으로 설정된 값이므로 등간척도에 해당된다.

◆ 비율척도 - Ratio Scale

0이 실제로 '0'의 의미를 갖는 척도 (가장 상위의 척도)

명목척도, 서열척도, 등간척도가 갖는 모든 성질을 가지고 있으면서, 추가적으로 절대불변의 의미있는 '0'을 가지고 있다.

1) 이군희, 연구방법론의 이해, 북넷, 2014

◆ 척도에 따른 분석방법 비교

종 류	정 의	예	구 분
명목척도 (norminal)	측정 대상(응답자)을 단지 분류할 목적으로 숫자를 부여한 척도	성별, 운동선수의 등번호 등	범주형 자료
서열척도 (ordinal)	측정 대상(응답자)간에 순서/서열적 의미(높고 낮음)가 있는 척도	학력, 선호도 등	
등간척도 (interval)	측정 대상(응답자)간에 순서뿐만 아니라 숫자의 간격이 동일하여 양적인 정도를 알 수 있는 척도	온도, 시간 등	연속형 자료
비율척도 (ratio)	등간척도와 유사하나, 0의 의미가 '실제로 없다'고 말할 수 있는 척도	무게, 길이, 소득 등	

<table>
<tr><th colspan="2" rowspan="2">척도와 분석간의 관계</th><th colspan="2">독립변수</th></tr>
<tr><th>범주형 자료</th><th>연속형 자료</th></tr>
<tr><td rowspan="2">종속변수</td><td>범주형 자료</td><td>교차분석
(x^2검정)</td><td>로지스틱 회귀분석
판별분석</td></tr>
<tr><td>연속형 자료</td><td>• ANOVA(분산분석)
• 평균차이 검정</td><td>• 회귀분석
• 상관분석</td></tr>
</table>

〈변수 보기 및 속성 편집하기〉

bank.sav 파일을 불러오면 아래와 같다.

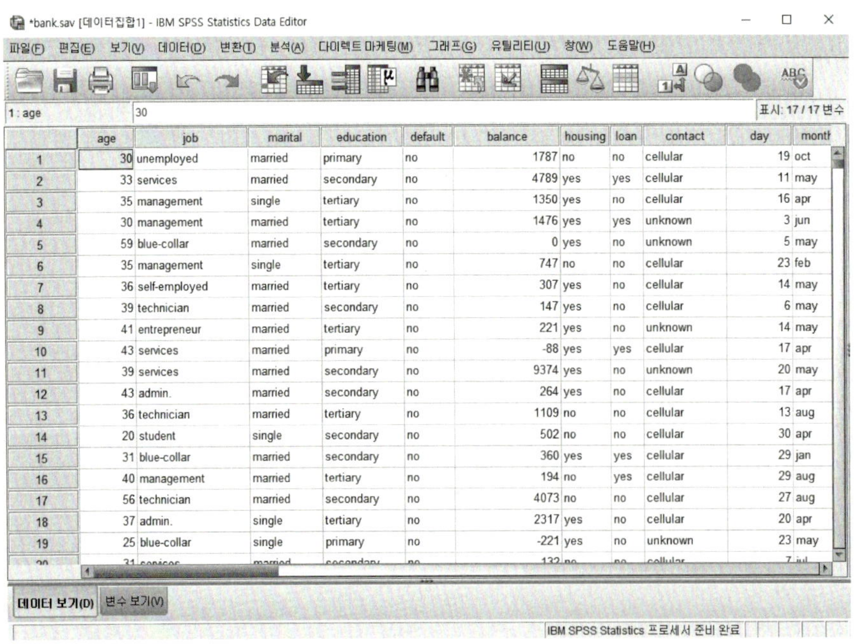

	age	job	marital	education	default	balance	housing	loan	contact	day	montl
1	30	unemployed	married	primary	no	1787	no	no	cellular	19	oct
2	33	services	married	secondary	no	4789	yes	yes	cellular	11	may
3	35	management	single	tertiary	no	1350	yes	no	cellular	16	apr
4	30	management	married	tertiary	no	1476	yes	yes	unknown	3	jun
5	59	blue-collar	married	secondary	no	0	yes	no	unknown	5	may
6	35	management	single	tertiary	no	747	no	no	cellular	23	feb
7	36	self-employed	married	tertiary	no	307	yes	no	cellular	14	may
8	39	technician	married	secondary	no	147	yes	no	cellular	6	may
9	41	entrepreneur	married	tertiary	no	221	yes	no	unknown	14	may
10	43	services	married	primary	no	-88	yes	yes	cellular	17	apr
11	39	services	married	secondary	no	9374	yes	no	unknown	20	may
12	43	admin.	married	secondary	no	264	yes	no	cellular	17	apr
13	36	technician	married	tertiary	no	1109	no	no	cellular	13	aug
14	20	student	single	secondary	no	502	no	no	cellular	30	apr
15	31	blue-collar	married	secondary	no	360	yes	yes	cellular	29	jan
16	40	management	married	tertiary	no	194	no	yes	cellular	29	aug
17	56	technician	married	secondary	no	4073	no	no	cellular	27	aug
18	37	admin.	single	tertiary	no	2317	yes	no	cellular	20	apr
19	25	blue-collar	single	primary	no	-221	yes	no	unknown	23	may

화면의 왼쪽 아래에 위치한 변수 보기(V)를 클릭하거나 해당 열 맨 위의 변수 이름을 더블클릭하면 아래와 같다.

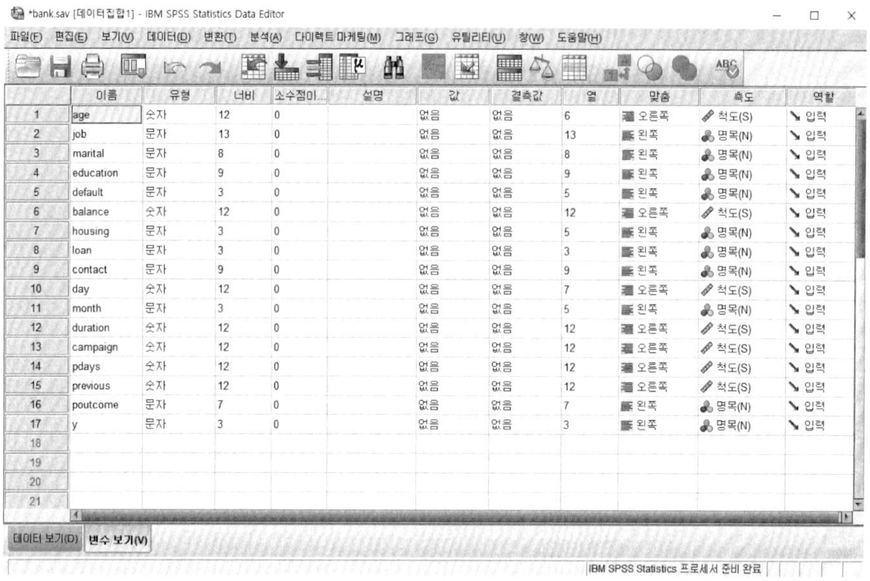

변수유형은 숫자, 날짜, 문자열 등으로 지정할 수 있는데, 해당 변수(행)에 해당하는 유형(열)의 셀을 클릭하면 ⋯이 나타난다. ⋯을 누르면 나타나는 「변수유형」창에서 변수유형과 자리수 등을 선택한 후 〈확인〉을 누른다.

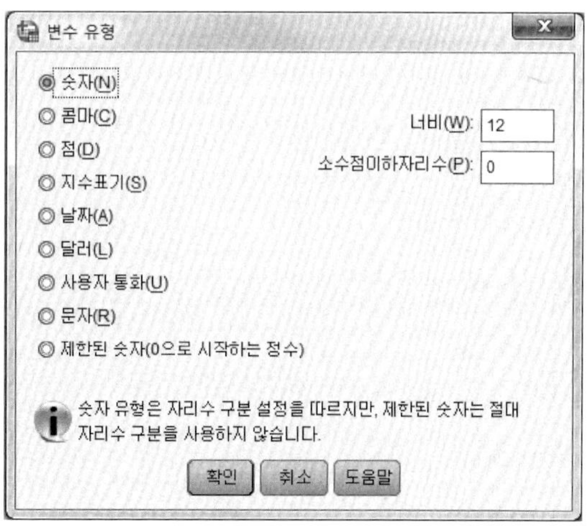

[측도] 행에는 변수의 척도를 지정한다. [척도(S)]는 연속형 자료를 말하며, [명목(N)]은 범주형 자료의 명목척도, [순서(O)]는 범주형 자료의 서열척도를 나타낸다. 척도로 되어 있는 day를 명목척도로 변경하고자 한다면, 측도열을 마우스로 클릭하여 그 셀이 [척도(S)]에서 [척도(S) ▼]로 변하게 되고, 다시 ▼를 클릭하여 셀이 [척도(S) 순서(O) 명목(N)]으로 변하면 그 중 명목을 선택한다.

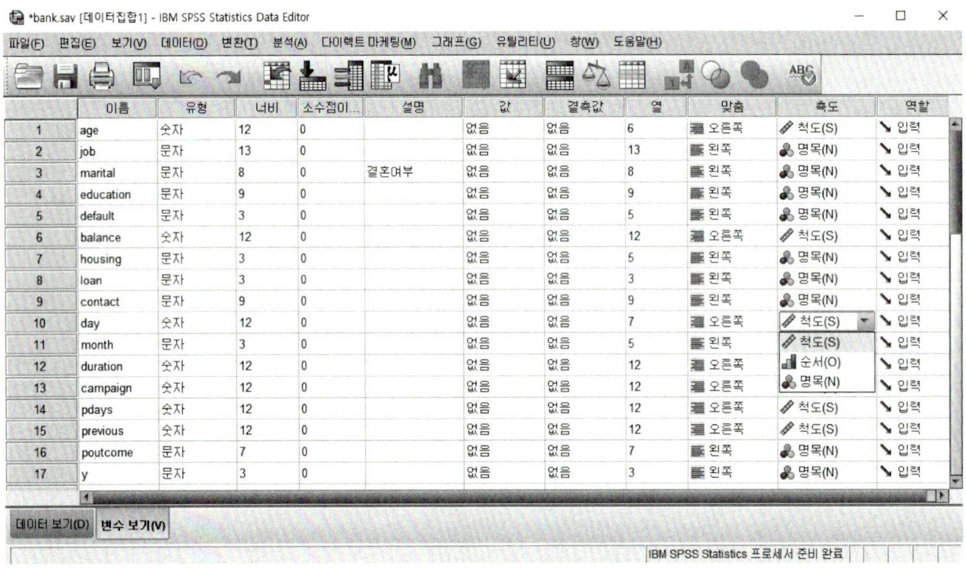

(1) 파일 합치기

SPSS의 [파일 합치기] 기능을 이용해 보자.

하나는 [케이스 추가]이고, 다른 하나는 [변수추가]이다.

1) 케이스 추가

다음의 예를 통해 두 개의 파일에 나누어 입력된 케이스를 합치는 방법에 대해 알아보자.

▶ 다운로드한 파일 bank1.sav와 bank2.sav를 이용한다.

① bank1.sav와 bank2.sav를 연다.

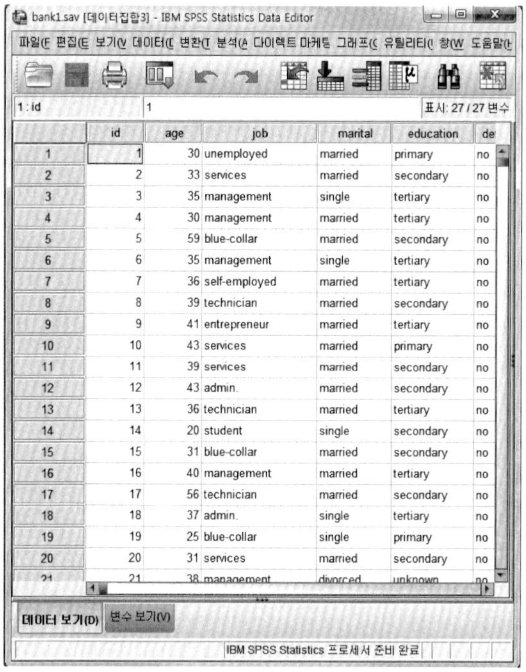

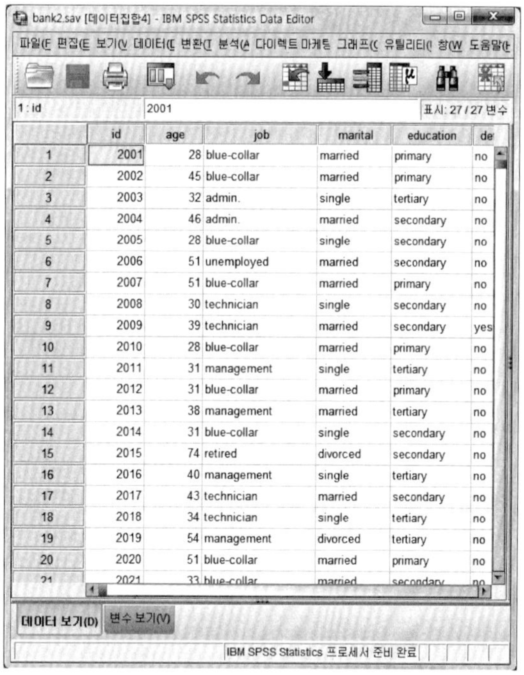

〈bank1.sav〉 〈bank2.sav〉

② bank1 데이터가 열려있는 창의 메뉴에서 『데이터(D) → 파일 합치기(G) → 케이스 추가(C)를 선택한다.

〈케이스 추가를 위한 명령어〉

③「케이스 추가」창에서 ‘열려 있는 데이터파일(D)’의 목록 중 ‘bank2.sav를 선택하고 계속을 누른다.

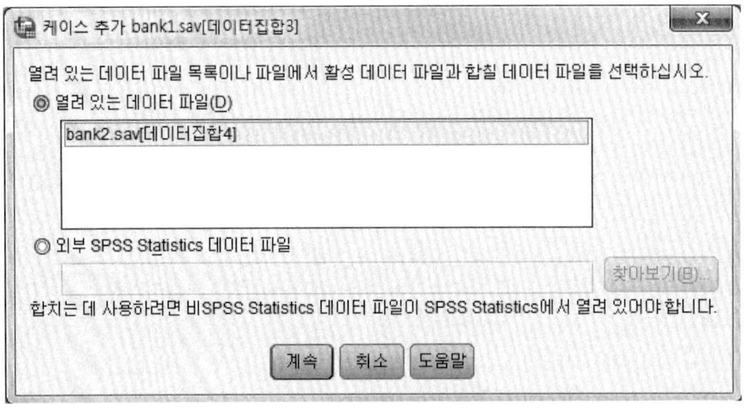

〈열려있는 데이터 파일 확인〉

④ bank2.sav 데이터셋의 변수 중 형식(문자열/숫자) 또는 길이가 다르거나, 한쪽에만 있는 변수라서 합치지 않을 변수가 있으면 [대응되지 않은 변수(U)]로 보낸다. 이 예제의 경우 변수 이름과 속성이 모두 동일하므로 확인 버튼을 누르면 두 데이터가 합쳐진다.

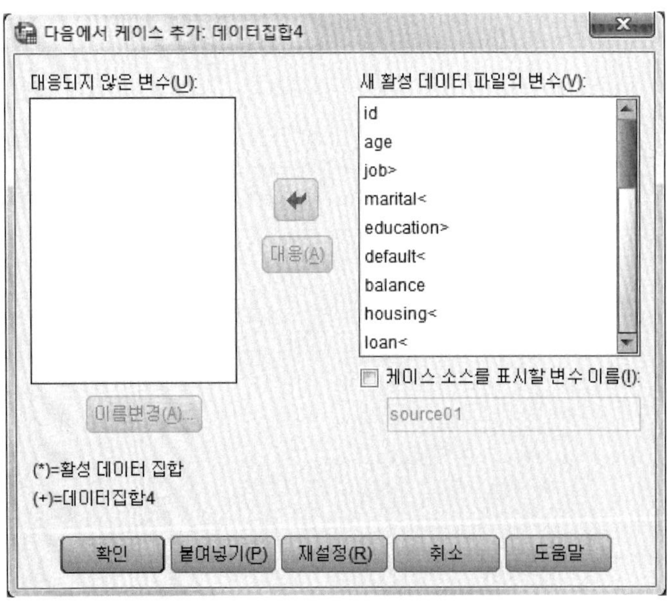

〈대응되지 않는 변수 확인〉

케이스를 추가하고자 하는 변수들은 이름, 유형, 길이 등의 변수의 속성이 반드시 동일해야 한다.

2) 변수 추가

이번에는 두 개의 파일에 변수별로 나누어 입력된 데이터를 합치는 방법에 대해 알아보자. [변수 추가]를 위해서는 통합하여야 하는 데이터들이 각각 기준이 되는 변수를 공통적으로 가지고 있어야 한다.

▶ 고객의 기본정보 외에 추가로 금융마케팅 정보에 대한 데이터가 있을 때 이들은 하나의 데이터로 합쳐보자. bank3.sav와 bank4.sav를 이용한다.

① bank3.sav와 bank4.sav를 연다. 아래 두 데이터 셋의 기준변수는 id이며, 파일 합치기 전에 기준변수는 반드시 올림차순으로 정렬되어 있어야 한다.

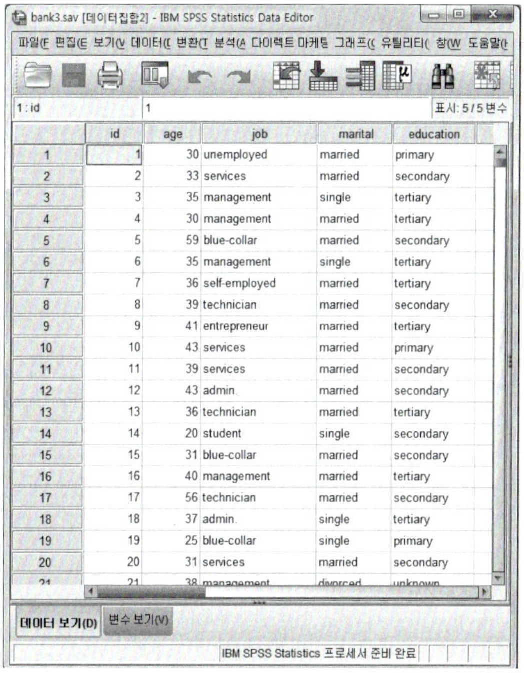

〈test1.sav〉

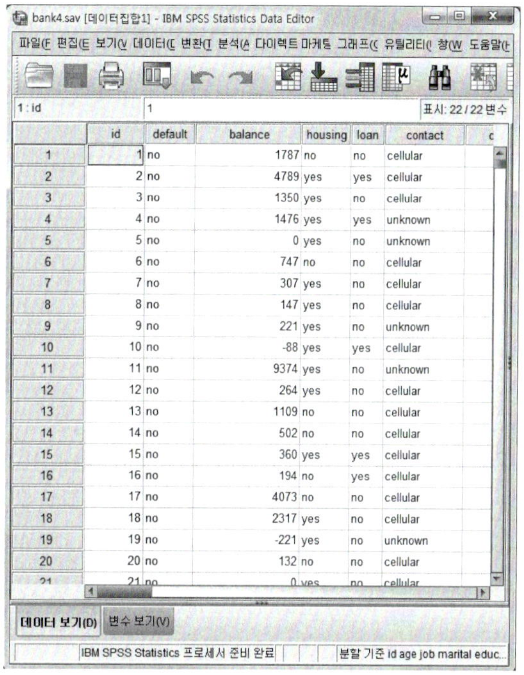

〈test3.sav〉

② bank3 데이터가 열려있는 창의 메뉴에서『데이터(D) → 파일 합치기(G) → 변수추가(V)를 선택한다.

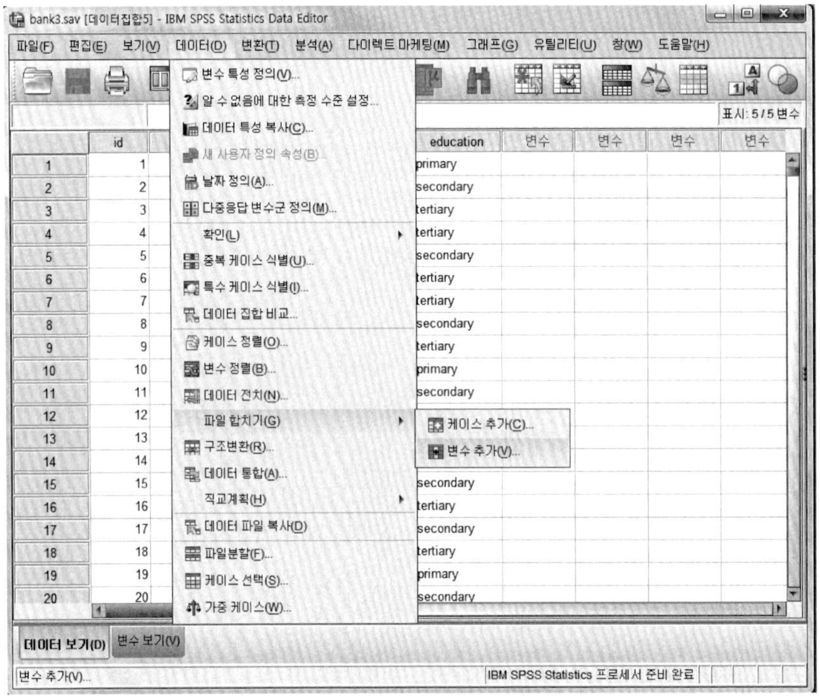

③「변수추가」창에서 '열려있는 데이터 파일(D)'의 목록 중 'bank3.sav를 선택하고 [계속]을 누른다.

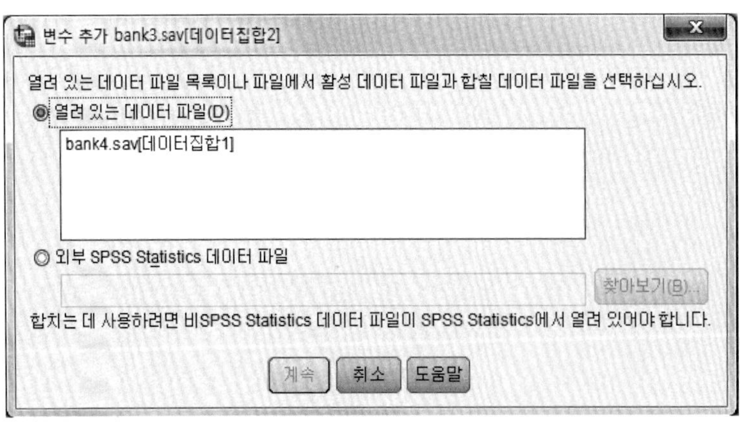

〈변수추가를 위한 파일열기〉

④ 두 데이터 셋에 id 변수가 공통적으로 있으므로 [제외된 변수(E)]에 id가 보일 것이다. 변수 id는 양 데이터 셋을 합치는 기준변수이다. 키변수에서 일치하는 사례를 선택하고,'양쪽 파일에 기준이 있음(B)'을 선택한다. [제외된 변수(E)]리스트의 id를 ➡를 눌러 [기준변수(V)] 리스트에 보내고 확인 버튼을 누른다.

〈변수추가하는 방법〉

⑤ 다음과 같이 bank3.sav 데이터 셋에 결과가 합쳐진다.

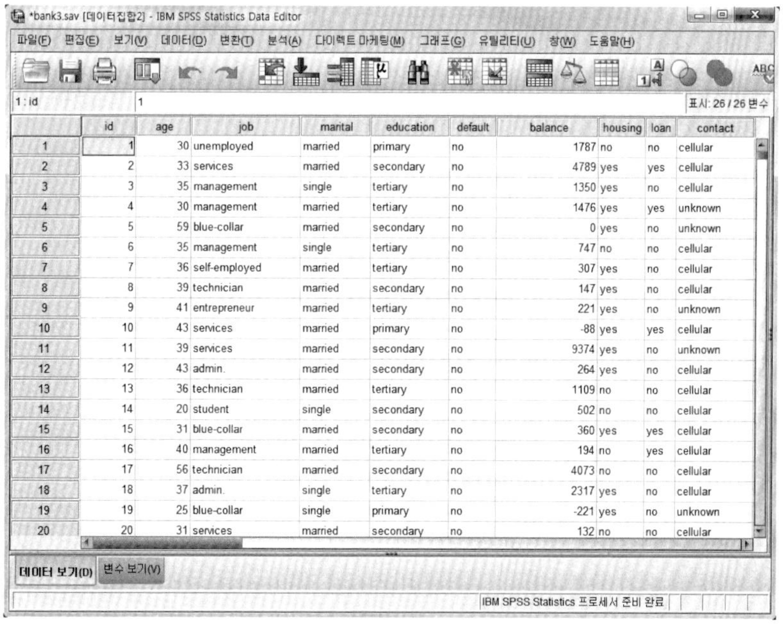

	id	age	job	marital	education	default	balance	housing	loan	contact
1	1	30	unemployed	married	primary	no	1787	no	no	cellular
2	2	33	services	married	secondary	no	4789	yes	yes	cellular
3	3	35	management	single	tertiary	no	1350	yes	no	cellular
4	4	30	management	married	tertiary	no	1476	yes	yes	unknown
5	5	59	blue-collar	married	secondary	no	0	yes	no	unknown
6	6	35	management	single	tertiary	no	747	no	no	cellular
7	7	36	self-employed	married	tertiary	no	307	yes	no	cellular
8	8	39	technician	married	secondary	no	147	yes	no	cellular
9	9	41	entrepreneur	married	tertiary	no	221	yes	no	unknown
10	10	43	services	married	primary	no	-88	yes	yes	cellular
11	11	39	services	married	secondary	no	9374	yes	no	unknown
12	12	43	admin.	married	secondary	no	264	yes	no	cellular
13	13	36	technician	married	tertiary	no	1109	no	no	cellular
14	14	20	student	single	secondary	no	502	no	no	cellular
15	15	31	blue-collar	married	secondary	no	360	yes	yes	cellular
16	16	40	management	married	tertiary	no	194	no	yes	cellular
17	17	56	technician	married	secondary	no	4073	no	no	cellular
18	18	37	admin.	single	tertiary	no	2317	yes	no	cellular
19	19	25	blue-collar	single	primary	no	-221	yes	no	unknown
20	20	31	services	married	secondary	no	132	no	no	cellular

〈새 변수 추가된 후의 데이터 보기화면〉

(2) 데이터 변환

생성된 데이터를 정렬하거나, 코드를 변경하는 등의 데이터 변환기능과 새로운 변수의 생성기능에 대해 살펴보자. 주로 SPSS 메뉴 중 [변환(T)]을 사용한다.

1) 변수계산

변수계산은 기존 변수로부터 단순한 수식, 조건문, 함수 등을 이용하여 새로운 변수를 추가하는 기능이다.

▶ bank.sav 데이터를 열고 변수변환을 이용하여 새로운 변수를 만들어보자.

① 메뉴에서 『변환(T) → 변수계산(C)』을 선택한다.

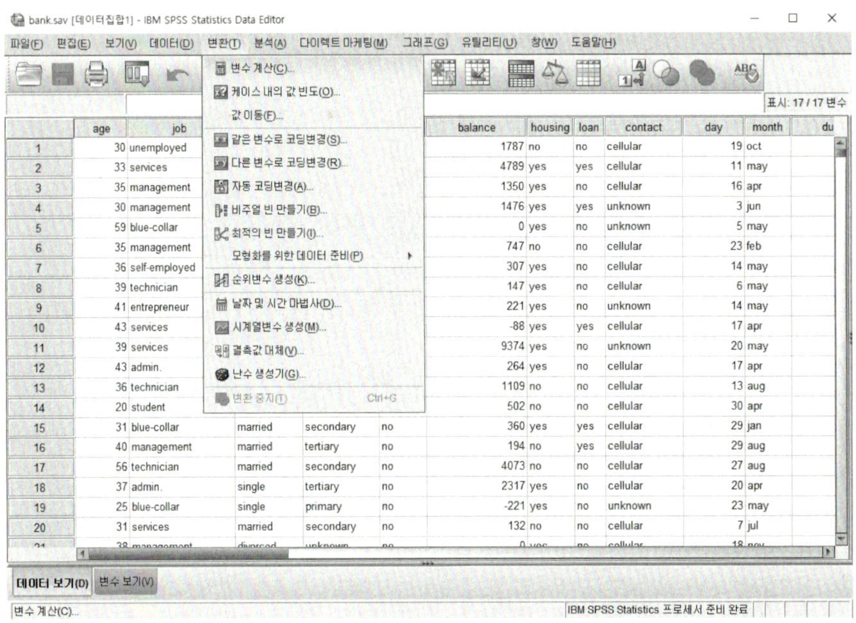

〈변수계산 명령어〉

② 「변수계산」창에서 [대상 변수(T)]에 새로 추가할 변수이름을 입력하고, [숫자 표현식(E)]에 기존에 있던 변수를 이용한 수식을 완성하면 된다. [숫자 표현식(E)]을 완성하기 위하여는 왼쪽에 있는 변수창에서 필요한 변수를 선택한 후 를 클릭하여 오른쪽의 [숫자 표현식(E)]으로 보내고, 아래에 있는 부등호와 연산자를 이용한다.

〈새로운 변수 계산식의 표현〉

③ 로그함수를 이용해 변수 balance를 변환을 해보자. [함수집단(G)]에서 산술을 선택하면 [함수 및 특수 변수(F)]에 가능한 함수명이 나열된다. 이중 자연로그 Ln을 선택하고 를 누른 후, 변수명단 중 balance를 선택하고 를 누른다. [대상 변수(T)]에 'ln_balance'라고 쓴 후, 확인 을 누른다.

연속으로 변수변환을 이용하려면 두 번째 새변수를 만들기 전에 「변수계산」창에서 〈재설정(R)〉버튼을 눌러서 새로운 변수계산을 실시할 것임을 알려야 한다.

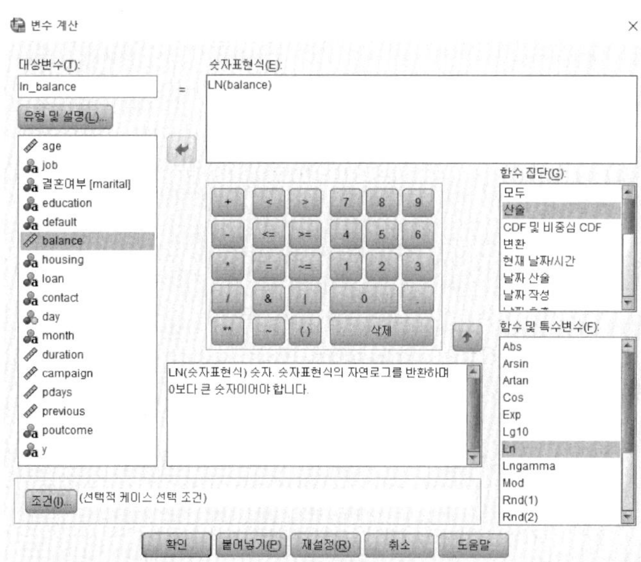

〈새로운 계산식의 표현〉

[유형 및 설명(L)...] 을 클릭하여 아래와 같은 화면을 얻으면 새로 생성한 변수 ln_balance에 대한 설명을 입력할 수 있다.

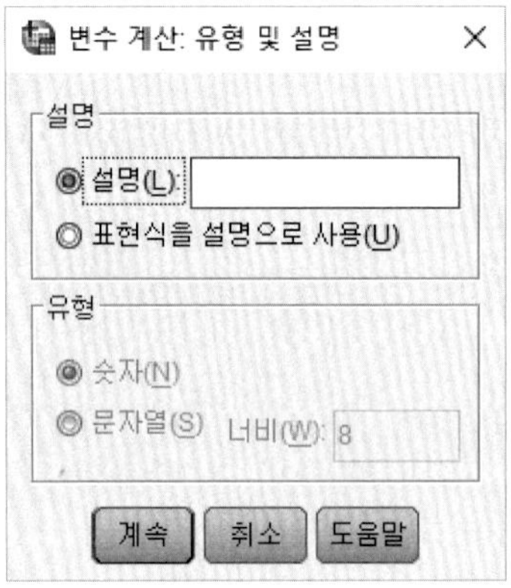

〈새로운 변수의 설명〉

[계속]과 [확인]을 클릭하면 아래와 같이 ln_balance라는 변수가 데이터 보기의 창에 새로 생성된다.

④ 다음과 같이 ln_balance가 계산되어 추가되었다.

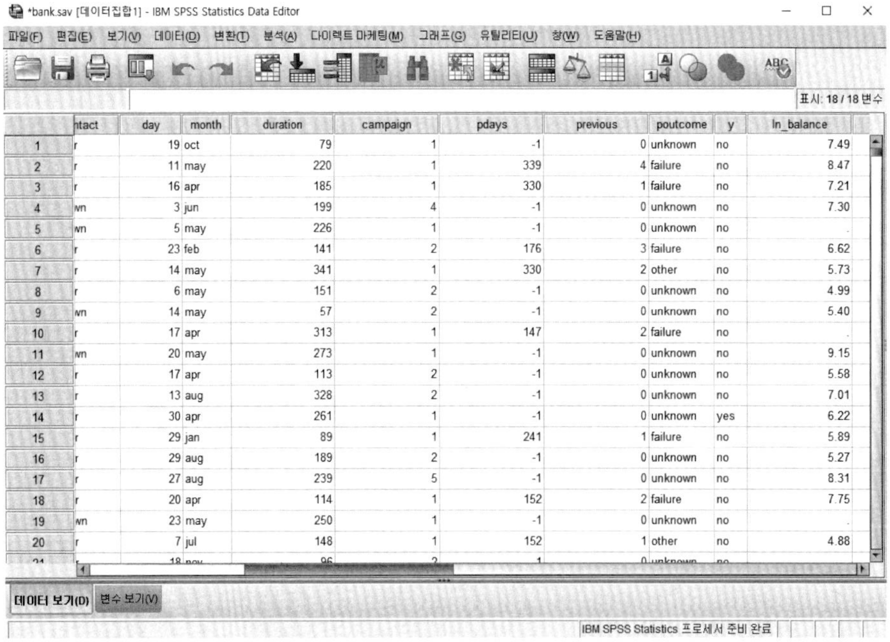

	ntact	day	month	duration	campaign	pdays	previous	poutcome	y	ln_balance
1	r	19	oct	79	1	-1	0	unknown	no	7.49
2	r	11	may	220	1	339	4	failure	no	8.47
3	r	16	apr	185	1	330	1	failure	no	7.21
4	wn	3	jun	199	4	-1	0	unknown	no	7.30
5	wn	5	may	226	1	-1	0	unknown	no	.
6	r	23	feb	141	2	176	3	failure	no	6.62
7	r	14	may	341	1	330	2	other	no	5.73
8	r	6	may	151	2	-1	0	unknown	no	4.99
9	wn	14	may	57	2	-1	0	unknown	no	5.40
10	r	17	apr	313	1	147	2	failure	no	.
11	wn	20	may	273	1	-1	0	unknown	no	9.15
12	r	17	apr	113	2	-1	0	unknown	no	5.58
13	r	13	aug	328	2	-1	0	unknown	no	7.01
14	r	30	apr	261	1	-1	0	unknown	yes	6.22
15	r	29	jan	89	1	241	1	failure	no	5.89
16	r	29	aug	189	2	-1	0	unknown	no	5.27
17	r	27	aug	239	5	-1	0	unknown	no	8.31
18	r	20	apr	114	1	152	2	failure	no	7.75
19	wn	23	may	250	1	-1	0	unknown	no	.
20	r	7	jul	148	1	152	1	other	no	4.88

〈새로운 변수가 생성된 후의 데이터 보기화면〉

(3) 데이터 조건설정

분석을 진행하다 보면 전체 데이터를 성별 등으로 분할하여 각각 분석하거나 특정 조건을 가진 집단에 대해서만 분석할 경우가 있다. 분석을 진행할 때 기존 데이터에 일정조건을 부여하여 향후에 수행할 통계분석에 작용하는 방법에 대해 알아보도록 한다.

1) 파일분할

데이터에서 특정 변수에 대한 일부 집단별로 분석을 실시하고자 할 때 적용할 수 있는 방법이다. 예를 들면, 남성과 여성을 나누어 성별 특성을 보고자 하거나 연령대별 환자의 특성을 보고자 하는 경우를 생각하면 된다.

▶ bank.sav 데이터에서 marital로 각각 분석을 실시하기 위한 파일분할을 하여 보자.

① 『데이터(D) → 파일분할(F)』을 선택한다.

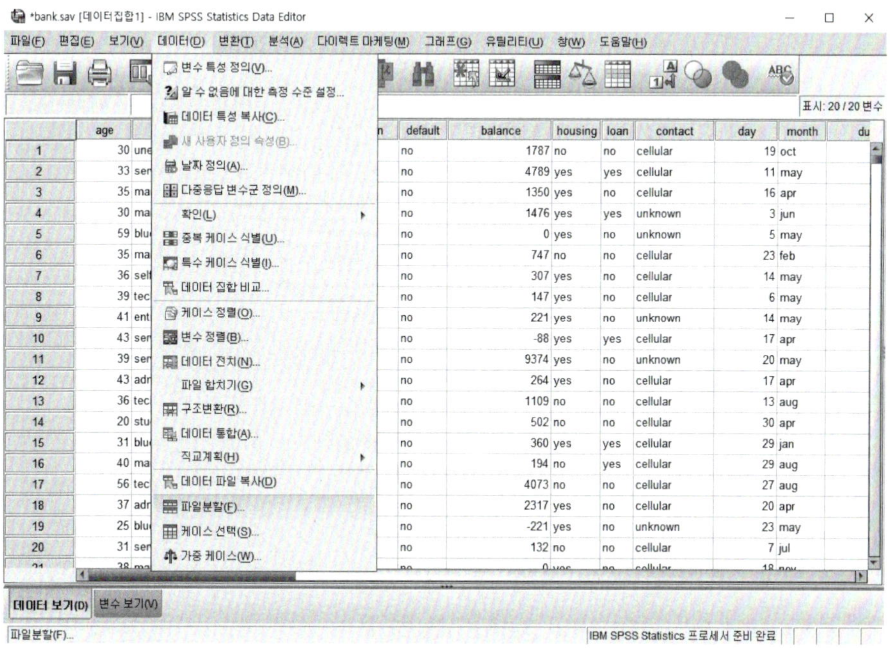

〈파일분할 명령어〉

② 「파일분할」창에서 '집단들 비교(C)'를 선택하고 조건으로 만들 변수를 왼쪽에 있는 변수창에서 선택한 후 [→]을 클릭한다. 만약 데이터가 선택된 변수를 기준으로 정렬이 되어 있지 않으면, '집단변수 기준으로 케이스 정렬(S)'을 선택하고, [확인]을 누른다.

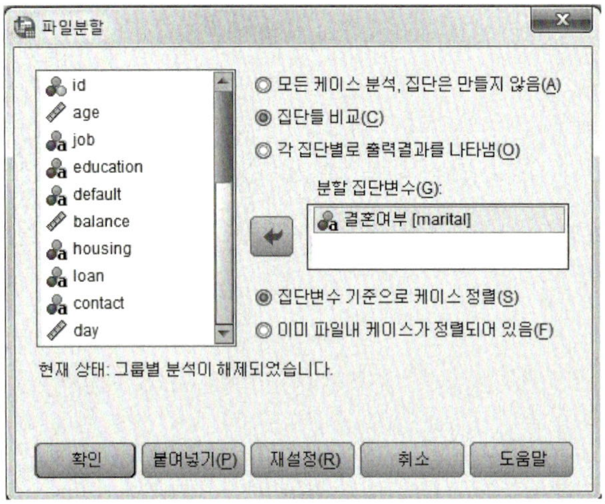

〈파일분할 설명〉

③ 파일분할이 실시된 상태에서 『분석(A) → 기술통계량(E) → 기술통계(D)』를 선택하고 변수중 age를 선택하여 보자. 다음과 같이 marital 결과가 각각 계산된다. 참고로 「파일분할」창에서 '각 집단별로 출력결과 나타냄(O)'을 선택하면 남녀별로 표가 따로 작성된다.

기술통계량

marital		N	최소값	최대값	평균	표준편차
divorced	age	528	26	84	45.48	10.116
	유효수(목록별)	528				
married	age	2797	23	87	43.45	10.310
	유효수(목록별)	2797				
single	age	1196	19	69	33.93	7.506
	유효수(목록별)	1196				

〈marital별 기술통계 결과〉

◆ 파일분할 기능의 해제

해제를 위해서는 다시 『데이터(D) → 파일분할(F)』을 선택한 후, 「파일분할」창에서 '모든 케이스 분석, 집단은 만들지 않음(A)'을 선택하거나 [분할집단 변수(G)]로 지정된 것을 삭제하며 된다. 해제를 하지 않으면 이 후에 진행되는 모든 분석에 대해 파일분할 결과를 출력하므로 주의가 필요하다.

2) 케이스 선택

데이터에서 특정 조건에 부합하는 데이터만 선별하여 통계분석을 실시하고자 할 때 적용할 수 있는 방법이다. 예를 들면 남성만을 분석하거나 조건에 해당하는 것만을 분석하고자 할 때 사용된다.

▶ bank.sav 데이터에서 age가 40세 미만인 사람만 선택하여 분석하는 방법에 대해 알아보자.

① 메뉴에서 『데이터(D) → 케이스 선택(C)』을 선택한다.

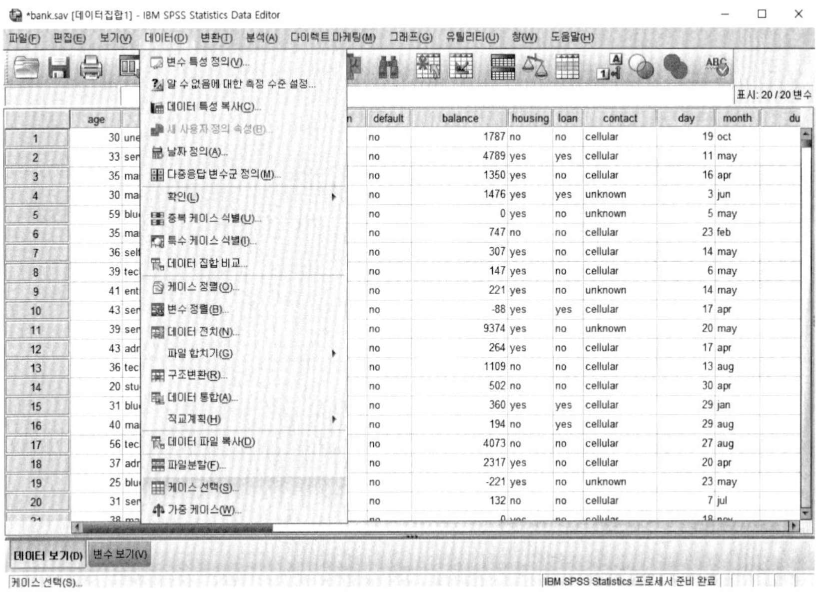

〈케이스 선택 명령어〉

② 「케이스 선택」창에서 '조건을 만족하는 케이스(C)'를 선택하고 〈조건(I)〉을 누른다.

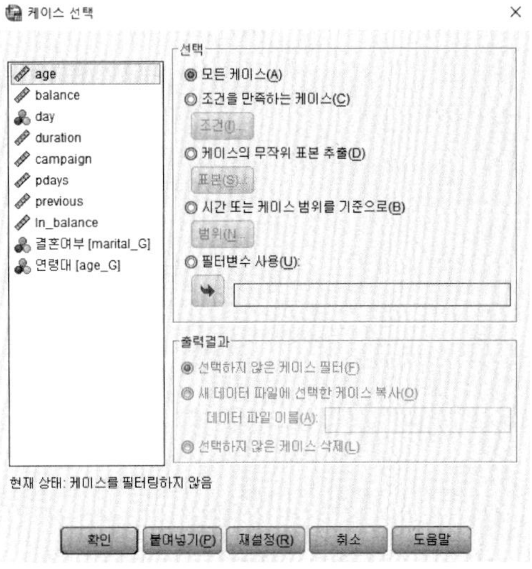

〈케이스 선택에서 조건 명령어〉

- 모든 케이스(A) : 조건없이 모든 데이터를 선택함
- 조건을 만족하는 케이스(C) : 조건식을 만족하는 데이터를 선택함
- 케이스의 무작위 표본추출(D) : 무작위 표본을 추출함(선택될 데이터의 백분율 또는 개체수를 지정할 수 있음)
- 시간 또는 케이스 범위를 기준으로(B) : 개체번호의 범위나 시계열 변수의 기간을 지정하여 선택함

③ 조건을 지정할 변수를 왼쪽에 있는 변수창에서 선택한 후 ➡와 연산자를 이용하여 조건식을 작성한다. 본 예제에서는 age 가 40세 미만인 조건식을 아래와 같이 지정하였다. 계속을 누르고 나와「케이스 선택」창에서 확인을 누른다.

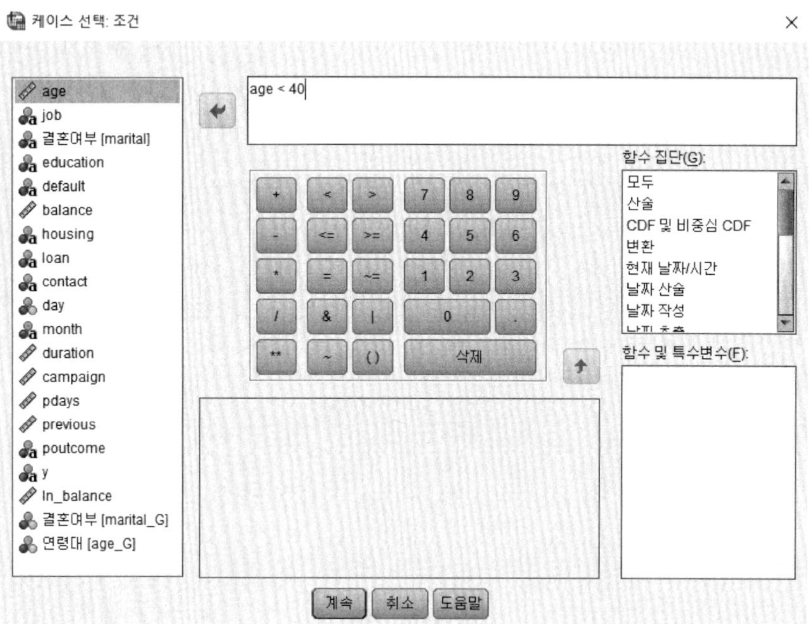

〈케이스 선택 조건〉

④ 조건에 맞는 age가 40세 미만인 고객만 선택되었음을 'filter_$' 변수에서 확인할 수 있다. 화면 왼쪽에 선택되지 않은 케이스에서 빗금이 그어지게 된다.

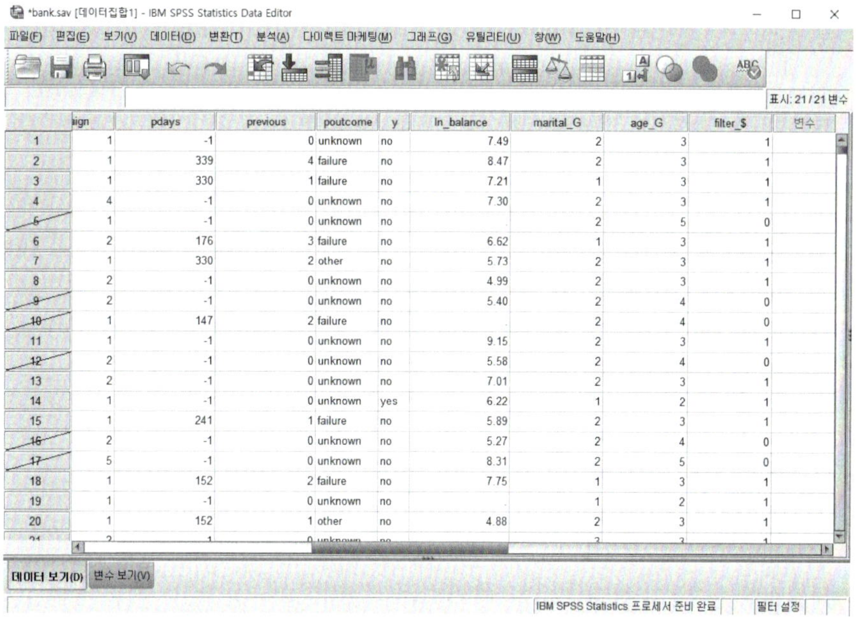

〈케이스 선택된 후의 화면〉

⑤ 아래 '기술통계량'에 대한 분석결과는 40세 미만의 고객이 선택된 상태에서 『분석(A) → 기술통계량(E) → 기술통계(D)』를 이용하여 연령에 대한 기술통계량을 계산한 결과이다. 전체 4,521명 중 2,290명이 선택되었음을 알 수 있다.

기술통계량

	N	최소값	최대값	평균	표준편차
age	2290	19	39	32.67	4.044
유효수(목록별)	2290				

〈기술통계결과〉

◆ 케이스 선택 기능의 해제

메뉴에서 『데이터(D) → 케이스 선택(C)』을 선택하고 「케이스 선택」창에서 '모든 케이스(A)를 선택한다. 해제를 하지 않으면 이후의 모든 분석에서 선택된 케이스만 분석한다.

3 기술통계량 분석

각종 통계분석에 앞서 측정된 변수들이 지닌 분포의 특성을 알아보자.

빈도분석(Frequency Analysis)은 도수분포표나 막대그림을 이용하여 측정된 변수들이 지닌 분포의 특성을 알게하여 준다. 분포의 특성이란 자료가 어느 곳에 몰려있으며, 또한 어느 정도 흩어져 있으며, 정규분포를 기준으로 어느 정도 뾰족한지의 정도 등을 나타낸다. 이러한 분포의 특성은 평균, 분산, 빈도 등과 같은 수치로 파악할 수 있다.

(1) 빈도분석_범주형 변수

빈도분석을 사용하여 범주형 변수에 대한 통계표를 얻고 연속변수에 대한 통계표 및 그래픽 표시를 얻을 수도 있다.

① [분석]-[기술통계량]-[빈도분석]

② 변수 중 빈도분석을 수행하고자 하는 변수를 선택한다.

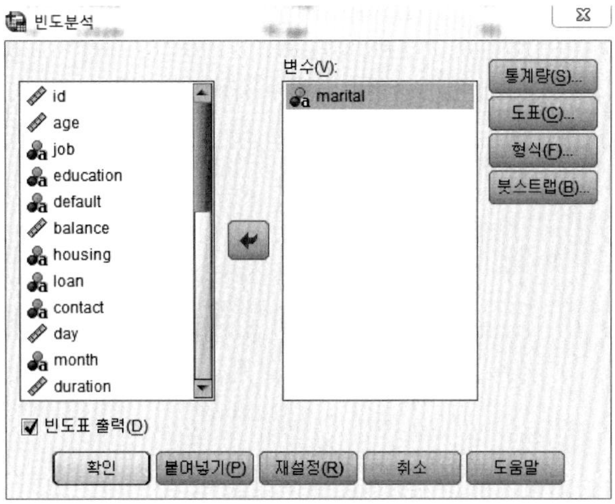

③ 〈도표〉를 클릭하고 도표유형에서 "막대도표"를 체크한다.

④ 결과

marital

		빈도	퍼센트	유효퍼센트	누적퍼센트
유효	divorced	528	11.7	11.7	11.7
	married	2797	61.9	61.9	73.5
	single	1196	26.5	26.5	100.0
	합계	4521	100.0	100.0	

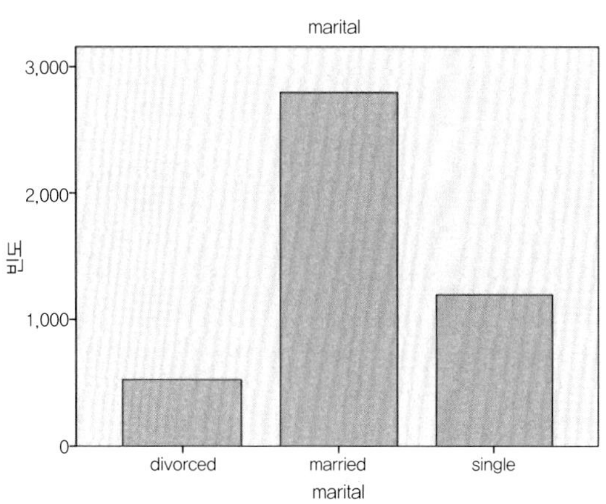

(2) 빈도분석_연속형 변수

① [분석]–[기술통계량]–[빈도분석]

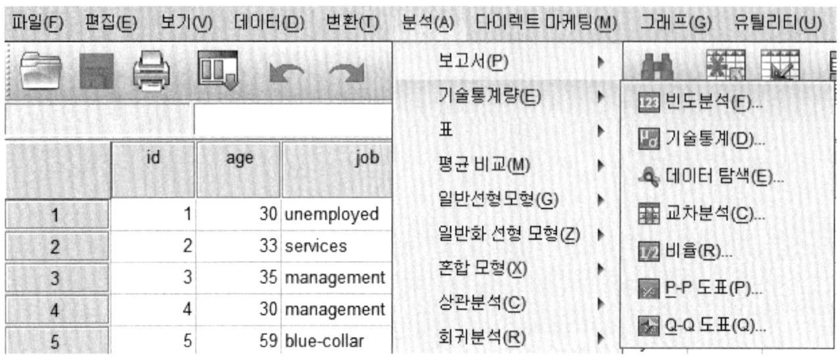

② 변수 중 빈도분석을 수행하고자 하는 변수를 선택한다.

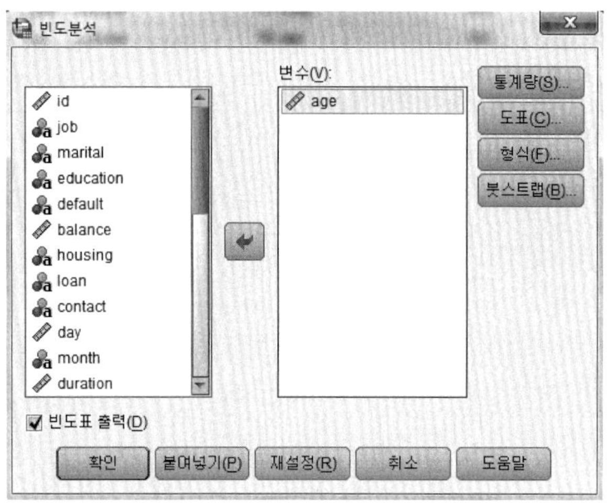

③ 〈통계량〉을 클릭하고 확인하고자 하는 통계량을 체크해 선택한다.

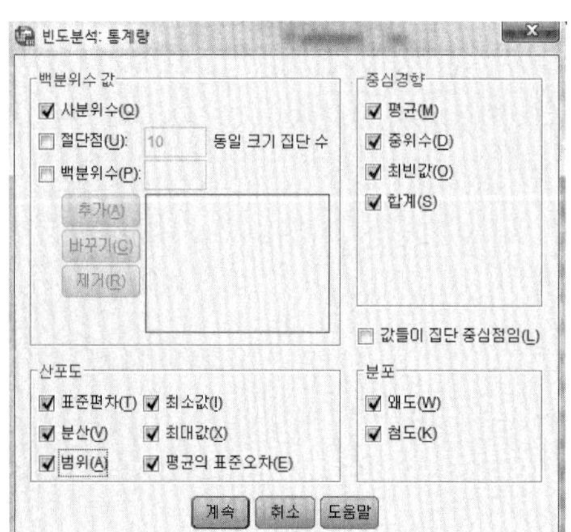

④ 〈도표〉를 클릭하고 도표유형에서 “히스토그램에 정규곡선 표시”를 체크한다.

⑤ 결과

통계량

N	유효	4521
	결측	0
평균		41.17
평균의 표준오차		.157
중위수		39.00
최빈값		34
표준편차		10.576
분산		111.856
왜도		.700
왜도의 표준편차		.036
첨도		.349
첨도의 표준편차		.073
범위		68
최소값		19
최대값		87
합계		186130
백분위수	25	33.00
	50	39.00
	75	49.00

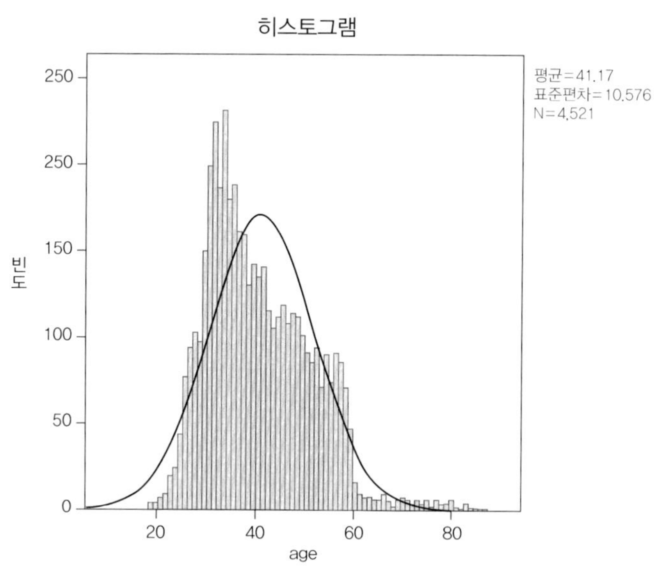

왜도(skewness)와 첨도(kurtosis)

확률이론 및 통계학에서, 비대칭도(非對稱度, skewness) 또는 왜도(歪度)는 확률분포의 비대칭성을 나타내는 지표이다. 왜도가 음수일 경우에는 확률밀도 함수의 왼쪽부분에 긴 꼬리를 가지며 중앙값을 포함한 자료가 오른쪽에 더 많이 분포해 있다. 왜도가 양수일 때는 확률밀도함수의 오른쪽 부분에 긴 꼬리를 가지며 자료가 왼쪽에 더 많이 분포해 있다는 것을 나타낸다. 평균과 중앙값이 같으면 왜도는 0이 된다.

$$\text{왜도} = \frac{\Sigma(Xi-\overline{X})^3/N}{\sigma^3}$$

첨도(尖度, kurtosis)는 확률분포의 뾰족한 정도를 나타내는 척도이다. 관측치들이 어느 정도 집중적으로 중심에 몰려 있는가를 측정할 때 사용된다. 첨도값(K)이 3에 가까우면 산포도가 정규분포에 가깝다. 3보다 작을 경우에는(K<3) 정규분포보다 더 완만하게 납작한 분포로 판단할 수 있으며, 첨도값이 3보다 큰 양수이면(K>3) 산포는 정규분포보다 더 뾰족한 분포로 생각할 수 있다. SPSS 결과표에서는 첨도값에서 3을 뺀 숫자를 출력해 주기 때문에 0을 기준으로 해석해야 한다.

$$\text{첨도} = \frac{\Sigma(Xi-\overline{X})^4/N}{\sigma^4} - 3$$

◆ Bank.sav로 왜도, 첨도 이해하기

통계량

		age	balance	duration	campaign	day	pdays	previous
N	유효	4521	4521	4521	4521	4521	4521	4521
	결측	0	0	0	0	0	0	0
평균		41.17	1422.66	263.96	2.79	15.92	39.77	.54
중위수		39.00	444.00	185.00	2.00	16.00	-1.00	.00
최빈값		34	0	123	1	20	-1	0
표준편차		10.576	3009.638	259.857	3.110	8.248	100.121	1.694
분산		111.856	9057921.749	67525.470	9.671	68.024	10024.240	2.868
왜도		.700	6.596	2.772	4.744	.095	2.717	5.875
왜도의 표준오차		.036	.036	.036	.036	.036	.036	.036
첨도		.349	88.390	12.530	37.169	-1.040	7.957	51.995
첨도의 표준오차		.073	.073	.073	.073	.073	.073	.073
범위		68	74501	3021	49	30	872	25
최소값		19	-3313	4	1	1	-1	0
최대값		87	71188	3025	50	31	871	25

(3) 기술통계 분석

① [분석]–[기술통계량]–[기술통계]

② 변수중 기술통계분석을 수행하고자 하는 변수를 선택한다.

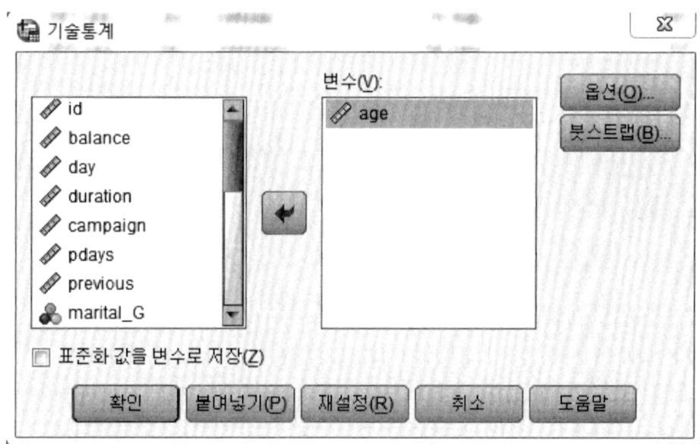

③ 옵션을 클릭하여 분석하고자 하는 통계량을 체크한다.

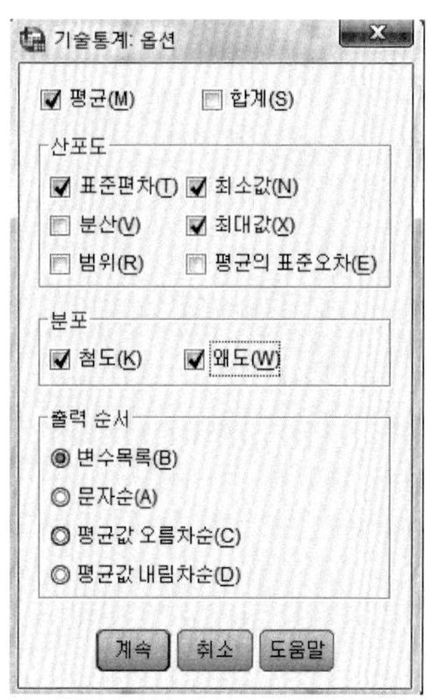

④ 결과

기술통계량

	N	최소값	최대값	평균	표준편차	왜도		첨도	
	통계량	통계량	통계량	통계량	통계량	통계량	표준오차	통계량	표준오차
age	4521	19	87	41.17	10.576	.700	.036	.349	.073
유효수(목록별)	4521								

(4) 데이터 탐색

① [분석]-[기술통계량]-[데이터 탐색]

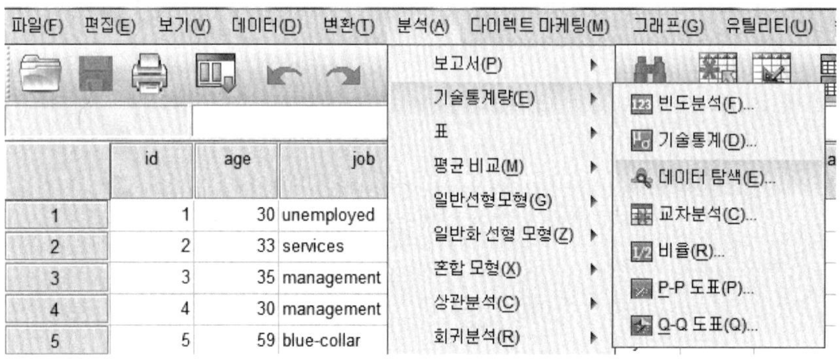

② 변수중 데이터 탐색을 수행하고자 하는 변수를 선택한다.

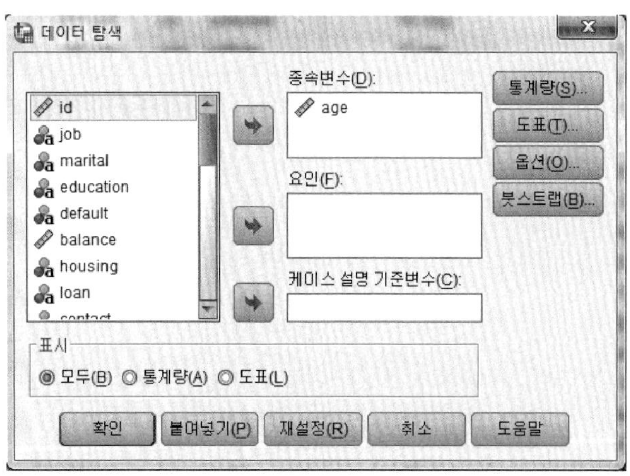

③ 도표를 클릭한 후 기술통계에서 "줄기와 잎그림", "검정과 함께 정규성 도표"를 체크한다.

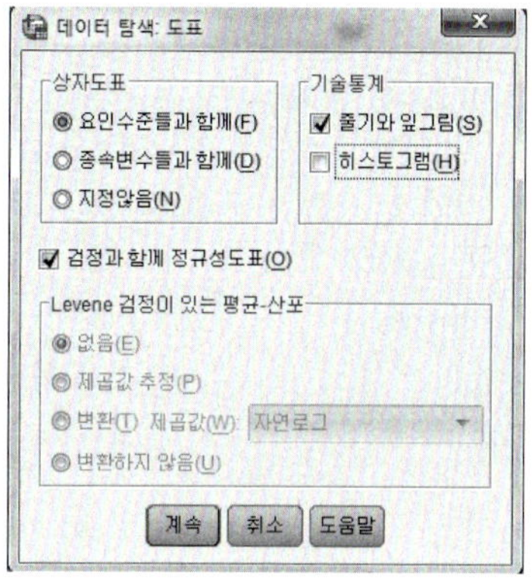

④ 결과

기술통계

			통계량	표준오차
age	평균		41.17	.157
	평균의95% 신뢰구간	하한	40.86	
		상한	41.48	
	5% 절삭평균		40.73	
	중위수		39.00	
	분산		111.856	
	표준편차		10.576	
	최소값		19	
	최대값		87	
	범위		68	
	사분위수 범위		16	
	왜도		.700	.036
	첨도		.349	.073

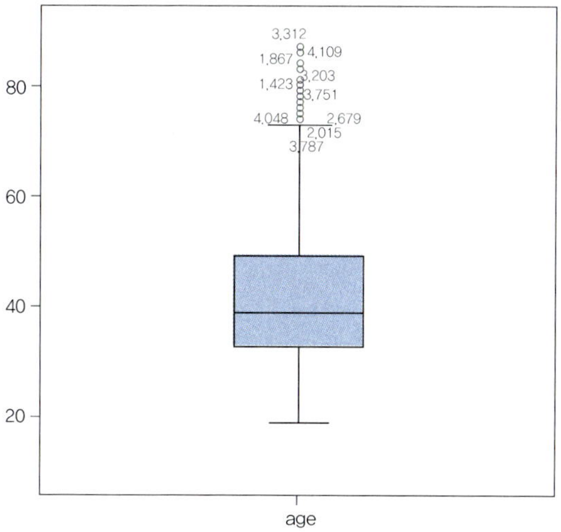

age의 정규 Q-Q 도표

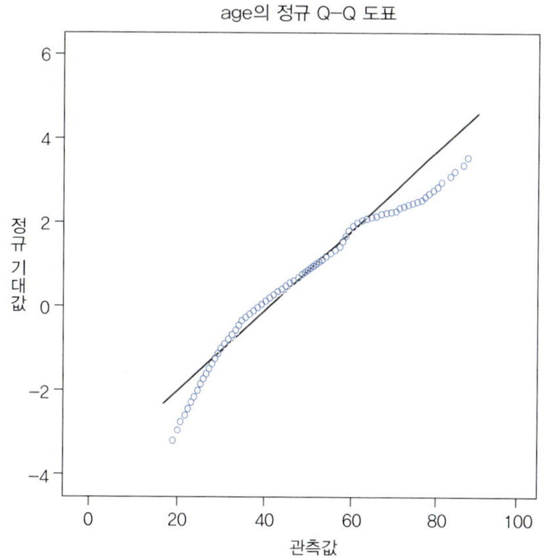

BoxPlot 그림 이해하기

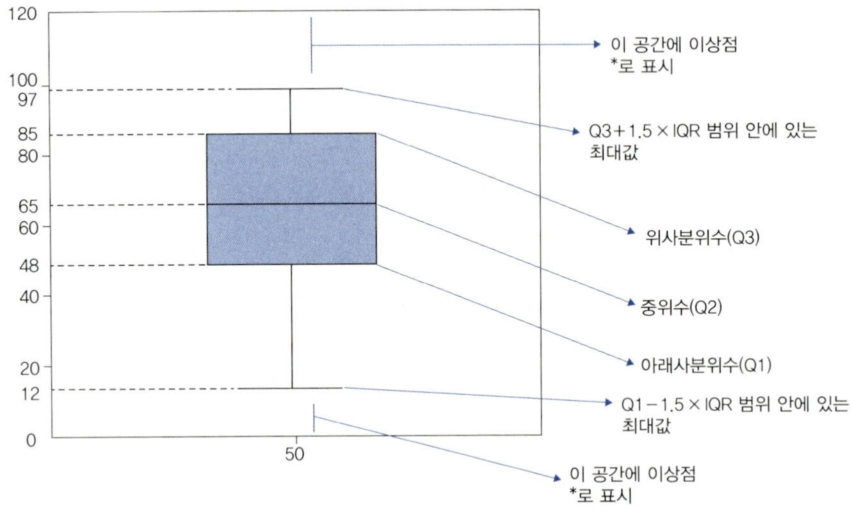

기술통계학에서 '상자수염그림'(box-and-whisker plot) 또는 '상자그림'(box plot)은 수치자료를 표현하는 그래프이다. 이 그래프는 자료로부터 얻어낸 통계량인 5가지 요약수치(다섯 숫자 요약, five-number summary)를 가지고 그린다. 이때 5가지 요약수치란 최소값, 제1 사분위(Q1), 제2 사분위(Q2), 제3 사분위(Q3), 최대값을 일컫는 말이다. 히스토그램과는 다르게 집단이 여러 개인 경우에도 한 공간에 수월하게 나타낼 수 있다.

◆ 그리는 방법

- 주어진 데이터에서 각 사분위수를 계산한다.(Q_1, Q_2, Q_3)
- 그래프에서 제1 사분위와 제3 사분위를 밑변으로 하는 직사각형을 그리고, 제2 사분위에 해당하는 위치에 선분을 긋는다.
- 사분위수 범위(IQR, Interquartile range, Q3−Q1)를 계산한다.
- Q3와 차이가 1.5*IQR 이내인 값 중에서 최대값을 Q3와 직선으로 연결하고, 마찬가지로 Q1과 차이가 1.5*IQR 이내인 값 중에서 최소값을 Q1과 연결한다.
- Q3보다 1.5*IQR 이상 초과하는 값과 Q1보다 1.5*IQR 이상 미달하는 값은 점이나, 원, 별표 등으로 따로 표시한다(이상치 표시).

정규성 검증

◆ 통계 – 정규성 검토 : Q–Q plot (Quantile–Quantile Plot)

통계추론은 대부분의 모집단이 정규분포를 따른다는 가정하에 진행이 된다. 이렇기 때문에 통계적 추론의 방법을 적용하기 전에 데이터에 대한 정규모 집단의 가정에 대한 검토가 필요하다. 정규분포 가정을 검증하는 방법 중 Q–Q plot(정규분포 분위수 대조도)을 그리는 방법이 있다.

◆ Q–Q plot이란

qqplot은 분위수 대조도로 불리며 정규모 집단가정을 하는 방법 중 하나이며 수집데이터를 표준정규분포의 분위수와 비교하여 그리는 그래프이다. 이는 간단하게 데이터의 정규성 가정에 대한 검토를 가능하게 해 준다. 아래의 그림이 qqplot의 일종으로 모집단이 정규성을 따른다면 아래와 같이 직선의 형태로 그려지게 된다.

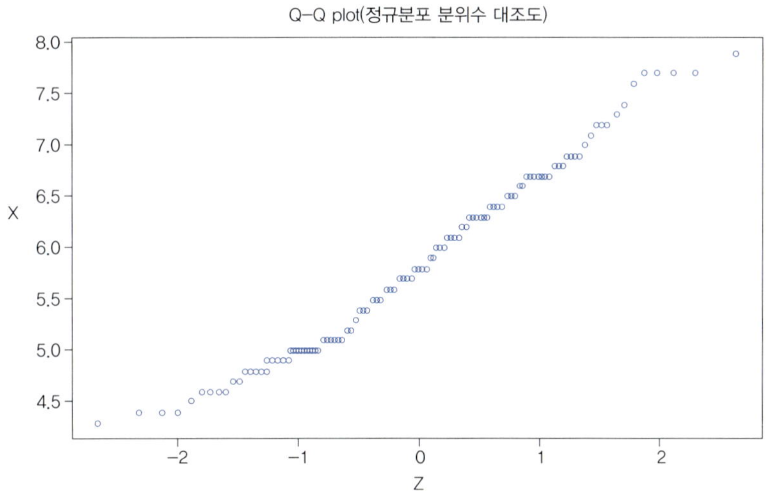

이 그래프를 그리는 방법과 이를 통해 정규성을 검토하는 방법은 아래와 같다.

분위수(Quantile)에 대한 개념이 먼저 필요하다.

분위수란 데이터의 분포에서 전체넓이를 일정 비로 나누어 위치에 있는 값을 의미한다.

* 사분위수(quartile)와 분위수(quantile)의 발음이 유사하여 개념을 혼동하면 안된다. 사분위수는 통계학에서 Min(최소값) – Q1(제1 분위수) – Median(중위수) – Q3(제3 분위수) – Max(최대값)을 의미하는 개념으로 각 0분 위수, 1/4 분위수, 2/4 분위수, 3/4 분위수, 4/4 분위수를 의미한다.

표준정규분포의 분위수와 이에 대응하는 분포의 분위수를 x, y 좌표평면에 plotting 해 보자.

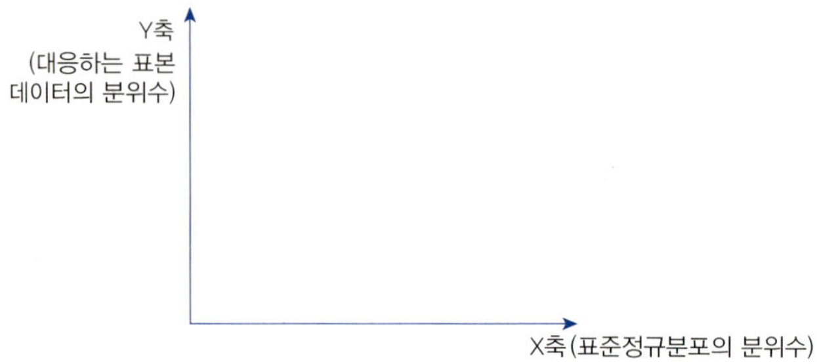

확률표본(X1, X2, X3, X4 ··· X100)의 평균이 m, 표준편차가 s인 정규모 집단을 따르는 모집단에서 추출된 표본인지에 대한 검토를 예로 들어보자.

X축에 해당하는 표준정규 분포의 분위수는 1~n(표본의 수)의 백분율 값만큼의 표준정규분포 X좌표 value가 된다. 분위수는 $Z_{0.01}$, $Z_{0.02}$, ··· $Z_{1.00}$의 값이 된다.

그리고 Y축에는 표본데이터를 크기 순으로 정렬(X1<X2<X3 ··· Xn)한 값을 가지고 분위수를 계산하여 plotting 하게 되면 qqplot을 얻을 수 있게 된다.

가장 일반적으로 qqplot 내 점들이 기울기가 45도인 직선에 점들이 밀집되어 있어야 정규분포를 만족할 수 있다.

◆ 정규성검토의 다른 방법

정규성검토에는 qqplot을 그려 검토하는 방법말고도 여러 가지 방법이 존재한다. 가장 간단하게 확인하려 한다면 히스토그램을 그려 그 자료의 분포를 살피는 방법이 있다. 표본의 분포를 histogram이나 density plot을 그려 정규분포와 유사한가 살피는 방법이다.

SPSS를 이용한 정규성 검증은 Kolmogorov-Smirnov, Shapiro-Wilk Test를 이용하여 검증할 수 있다.

4 상관분석

◆ 피어슨 상관계수에 대한 이해[coefficient of correlation, 相關係數]

상관계수는 다음과 같이 계산된다.

$$r_{xy} = \frac{\Sigma(x-\bar{x})(y-\bar{y})}{\sqrt{\Sigma(x-\bar{x})^2(y-\bar{y})^2}}$$

요약 두 변량 X, Y 사이의 상관관계의 정도를 나타내는 수치(계수)이다.

즉, x, y 두 변량의 교차곱을 각각의 표준편차로 나눈값이다.

$$r_{xy} = \frac{\sum_{i=1}^{n}(x_i-\bar{x})(y_i-\bar{y})}{(n-1)s_x s_y}$$

상관계수 r는 항상 부등식 $-1 \le r \le 1$을 만족시키며, 양의 상관관계가 있을 때는 $r>0$, 음의 상관관계가 있을 때는 $r<0$이다. 또 무상관일 때는 $r=0$이 된다.

공분산[covariance, 共分散] : 두 변수(變數)의 관계를 나타내는 양(量)을 말한다.

x, y의 공분산(共分散)은 다음과 같이 계산된다.

$$\frac{\sum_{i=1}^{n}(x_i-\bar{x})(y_i-\bar{y})}{(n-1)}$$

즉, x, y 두 변량의 교차곱을 (n−1)로 나눈 값이다.

◆ 공분산과 상관계수

과제1 : bank.csv를 엑셀로 읽어들여 피어슨 상관계수 산출하기

과제2 : bank.csv를 SPSS로 읽어들여 피어슨 상관분석 실시하기

상관계수

		age	balance
age	Pearson 상관계수	1	.084**
	유의확률(양쪽)		.000
	제곱합 및 교차곱	505590.197	12059553.137
	공분산	111.856	2668.043
	N	4521	4521
balance	Pearson 상관계수	.084**	1
	유의확률(양쪽)	.000	
	제곱합 및 교차곱	12059553.137	40941806303.646
	공분산	2668.043	9057921.749
	N	4521	4521

**. 상관계수는 0.01 수준(양쪽)에서 유의합니다.

실습 age와 balance간에 상관관계가 있는가?

① [분석]–[상관분석]–[이변량 상관계수]

② 변수목록의 변수 중 상관관계를 알아보고자 하는 변수를 선택하여 "변수"로 옮긴 후 상관계수에서 "pearson"을 선택한다.

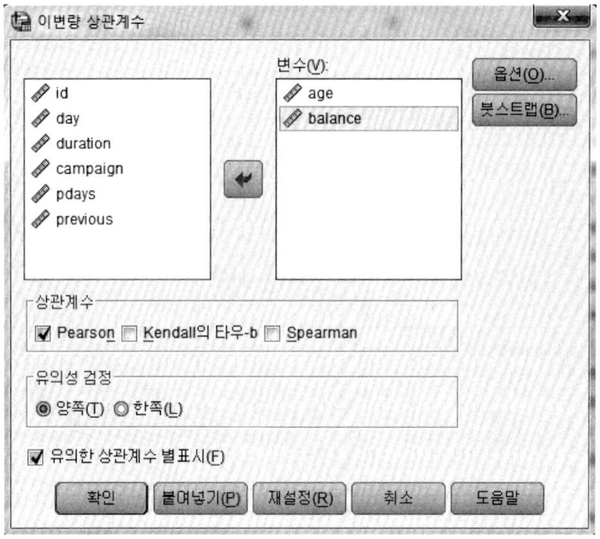

③ 옵션을 클릭하여 옵션대화상자를 열고 통계량에서 "평균과 표준편차", "교차곱편차와 공분산"에 체크한다.

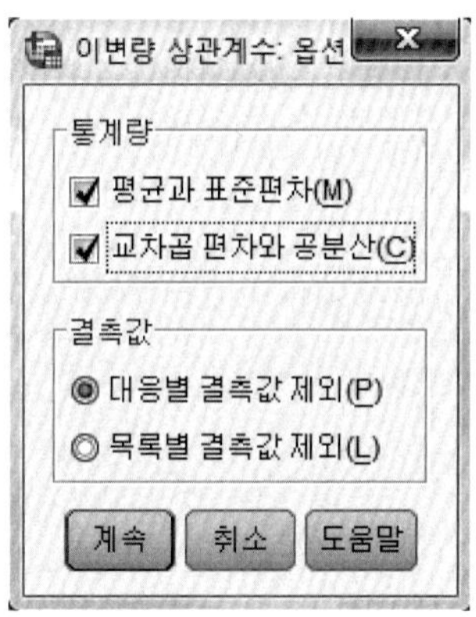

④ 결과

기술통계량

	평균	표준편차	N
age	41.17	10.576	4521
balance	1422.66	3009.638	4521

상관계수

		age	balance
age	Pearson 상관계수	1	.084**
	유의확률(양쪽)		.000
	제곱합 및 교차곱	505590.197	12059553.14
	공분산	111.856	2668.043
	N	4521	4521
balance	Pearson 상관계수	.084**	1
	유의확률(양쪽)	.000	
	제곱합 및 교차곱	12059553.14	40941806304
	공분산	2668.043	9057921.749
	N	4521	4521

**. 상관계수는 0.01 수준(양쪽)에서 유의합니다.

age와 balance 간의 상관계수를 살펴보면 0.084로 양의 상관관계가 있으나 상관이 매우 낮으며, 유의확률이 .000으로 유의수준 0.05에서 유의하다. 즉, age와 balance 간 상관관계는 존재하지만 그 수준이 매우 낮다고 볼 수 있다.

상관계수는 두 변수 사이의 일차적인 관계가 얼마나 강한가를 측정해 주는 지수이다. 이것은 두 변수 사이의 1차 관계적인(선형적인) 방향과 관련정도를 나타낸다.

산포도를 그려봄으로써 두 변수 사이의 개략적인 관계를 파악할 수 있고, 공식을 이용하여 상관계수를 구하고 해석을 내릴 수 있다.

상관관계는 인과관계와는 다르다. 즉, 상관분석은 종속과 독립이라는 인과관계가 아니라, 상호 동등한 위치에서 단순히 변수들 상호간 변화의 방향과 정도를 파악하고자 하는 것이다.

5 교차분석(카이제곱 검정)

연구자가 복잡한 자료를 상황표로 만들어서 범주형 변수 사이의 연관성을 파악할 수 있는 것이 교차분석이다. 교차분석에서 두 변수가 상호 독립적인지 아니면 관련성(연관성)이 있는지를 분석하는 것이 카이제곱 검정이다.

예를 들어 결혼상태에 따라 교육수준에 대한 차이가 있는지를 알아보기 위한 카이제곱 검정의 가설은 다음과 같다.

귀무가설 : 결혼상태에 따라 교육수준에 차이가 없다.

대립가설 : 결혼상태에 따라 교육수준에 차이가 있다.

여기서 귀무가설은 두 변수간의 관계가 독립적이라는 의미이고, 대립가설은 두 변수간의 관계가 독립적이지 않고 어떤 관계가 있음을 의미한다. 카이제곱 검정은 단지 두 변수가 독립적인지 아닌지만 알 수 있을 뿐 구체적으로 어떤 관계가 있는지는 알 수 없다.

◆ 카이제곱 통계량 계산

카이제곱 통계량은 실제의 자료에서 얻은 관찰빈도와 기대빈도의 차이를 비교함으로써, 즉 주어진 관찰빈도가 기대빈도에 얼마나 가까운지를 봄으로써 귀무가설을 검증하게 된다.

$$\chi^2 = \Sigma\Sigma \frac{(\text{관측빈도} - \text{기대빈도})^2}{\text{기대빈도}}$$

통계량과 자유도와 유의수준을 이용하여 카이제곱 분포표를 찾아 카이제곱 임계값을 가지고 비교하여 카이제곱 통계량이 임계값보다 크면, 두 변수가 독립이라는 귀무가설을 기각한다. 카이제곱 통계량이 임계값보다 작으면 귀무가설을 채택한다. 귀무가설을 채택한다는 것은 두 집단간에 차이가 없다는 의미이다. 즉, 독립적이다는 의미이다.

SPSS에서 교차분석을 위해서는 CROSSTABS(교차분석) 명령어를 사용한다. CROSSTABS는 한정된 수의 고유값을 갖는 둘 이상의 변수의 결합분포를 보여주는 빈도테이블을 생성한다.

실습 marital에 따라 education에 차이가 있는가?

① [분석]-[기술통계량]-[교차분석]

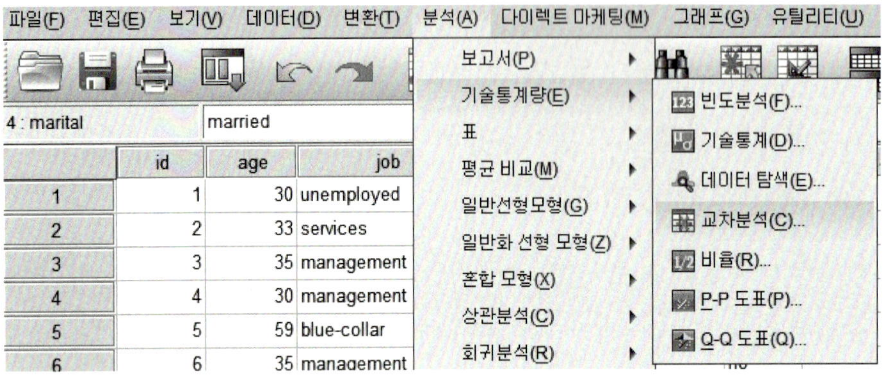

② 변수목록 중에서 교차분석을 수행하고자 하는 변수를 행과 열에 각각 선택한다.

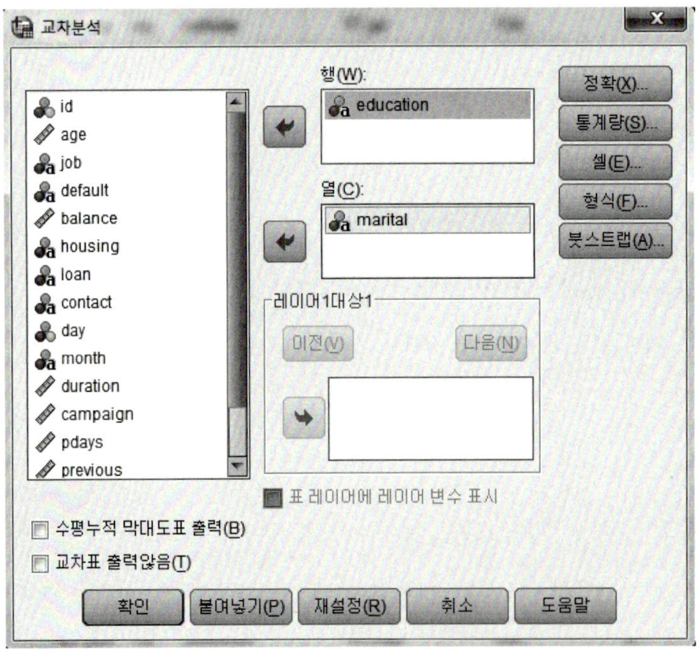

③ 통계량을 선택하여 통계량 대화상자를 열고 카이제곱을 선택한다.

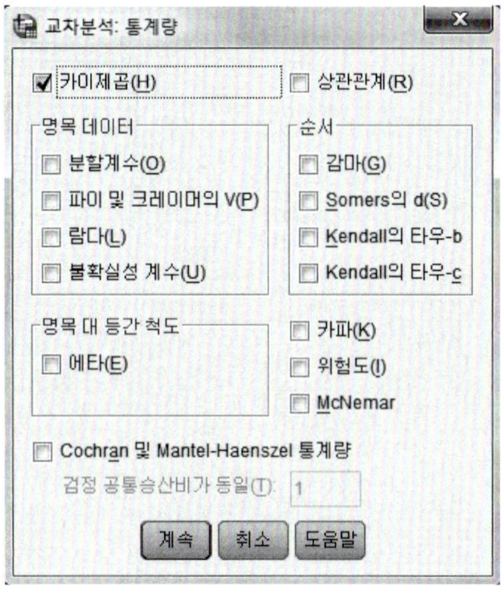

④ 셀을 선택하여 셀출력 대화상자를 열고 교차표에 표시하고자 하는 빈도, 퍼센트를 선택한다.

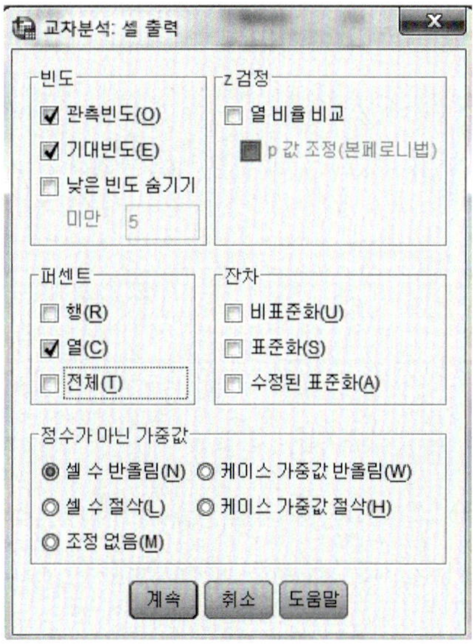

⑤ 결과

카이제곱 검정

	값	자유도	접근 유의확률 (양측검정)
Pearson 카이제곱	139.089[a]	6	.000
우도비	153.008	6	.000
유효 케이스 수	4521		

a. 0셀 (0.0%)은(는) 5보다 작은 기대빈도를 가지는 셀입니다.
최소 기대빈도는 21.84입니다.

education*marital 교차표

			marital			전체
			divorced	married	single	
education	primary	빈도	79	526	73	678
		기대빈도	79.2	419.5	179.4	678.0
		marital 중 %	15.0%	18.8%	6.1%	15.0%
	secondary	빈도	270	1427	609	2306
		기대빈도	269.3	1426.6	610.0	2306.0
		marital 중 %	51.1%	51.0%	50.9%	51.0%
	tertiary	빈도	155	727	468	1350
		기대빈도	157.7	835.2	357.1	1350.0
		marital 중 %	29.4%	26.0%	39.1%	29.9%
	unknown	빈도	24	117	46	187
		기대빈도	21.8	115.7	49.5	187.0
		marital 중 %	4.5%	4.2%	3.8%	4.1%
전체		빈도	528	2797	1196	4521
		기대빈도	528.0	2797.0	1196.0	4521.0
		marital 중 %	100.0%	100.0%	100.0%	100.0%

※ 위 표을 보고 교차분석 결과 해석추가하기

education이 primary인 경우 married의 기대빈도는 아래와 같이 계산된다.

$$전체빈도 \times \frac{married빈도}{전체빈도} \times \frac{primary빈도}{전체빈도} = 419.5$$

education에 따라 married에 차이가 없다라고 한다면 기대빈도와 실제빈도의 값은 비슷하게 나와야 한다. 그러나 education이 primary인 경우 기대빈도(419.5)와 실제 빈도값(526)은 106명 정도 차이가 남을 확인할 수 있다. marital이 single인 경우의 기대빈도(179.4)와 실제 빈도값(73)도 크게 차이나는 것을 볼 수 있다. 따라서 education에 따라 married에 차이가 있을 것이라 예상할 수 있다.

카이제곱 검정결과, 카이제곱 값이 139.089일 때 유의확률은 .000으로서 .05에서 유의하다. 그러므로 'education에 따라 marital에 차이가 있다.'라고 할 수 있다. 즉, 'education과 marital 간에는 연관성이 있다.'라고 할 수 있다.

6 평균차이 검정

평균차이 검정은 두 그룹(집단)의 평균을 비교해서 이들의 차이가 모집단에도 있다고 할 수 있는지를 검정하는 것이다. 검정대상이 되는 개체를 두 그룹(집단)으로 구분하여 측정한 다음, 이들의 평균을 비교해서 검정하게 된다.

귀무가설 : 두 그룹(집단)의 모평균에 차이가 없다.(즉, 동일하다)
대립가설 : 두 그룹(집단)의 모평균에 차이가 있다.(즉, 동일하지 않다)

평균차이의 검정을 3 집단 이상으로 확장하면 F 분포를 이용하여 검정한다.

$$\text{검정통계량(F)} = \frac{\text{집단간 제곱합/집단간 자유도}}{\text{집단내 제곱합/집단내 자유도}},$$

$\sum_j \sum_i (x_{ij} - \bar{x})^2$: 총변동(총평균과의 차이)
$\sum_j n_j (\bar{x}_{\cdot j} - \bar{x})^2$: 집단간 제곱합=집단간 변동(집단간 평균과 총평균과의 차이)
$\sum_j \sum_i (x_{ij} - \bar{x}_{\cdot j})^2$: 집단내 제곱합=집단내 변동(x_{ij}와 집단내 평균과의 차이)

bank data 실습 Y(정기예금상품 가입여부)에 따라 duration에 차이가 있는가?

① [분석]–[평균비교]–[집단별 평균분석]

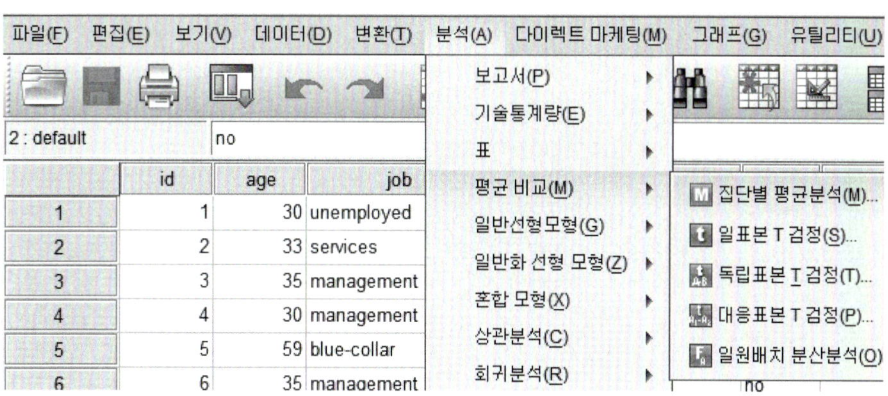

② 변수목록에서 종속변수와 독립변수를 지정한다. 이때 종속변수는 연속형 변수이고, 독립변수는 범주형(이산형) 변수여야 한다.

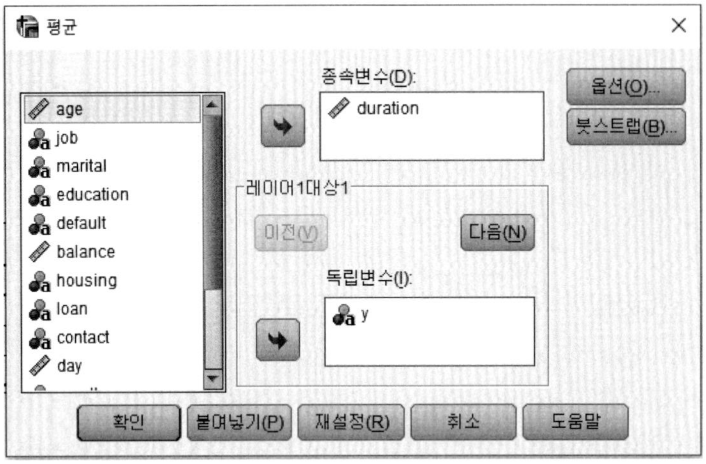

③ 옵션을 클릭하여 옵션 대화상자를 열고 첫 번째 레이어에 대한 통계량에서 "분산분석표 및 에타"에 체크한다.

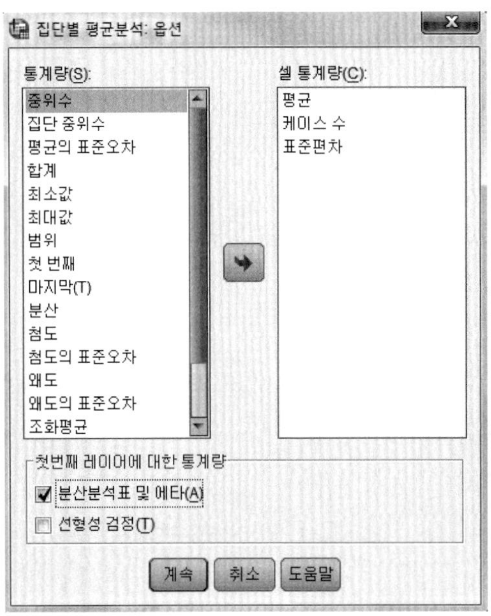

④ 결과

보고서

y	평균	N	표준편차
no	226.35	4000	210.314
yes	552.74	521	390.326
합계	263.96	4521	259.857

분산분석표

		제곱합	자유도	평균제곱	F	유의확률
duration*y	집단-간 (조합)	49107859.72	1	49107859.72	866.506	.000
	집단-내	256107262.5	4519	56673.437		
	합계	305215122.2	4520			

$$검정통계량(F) = \frac{집단간\ 제곱합/집단간\ 자유도}{집단내\ 제곱합/집단내\ 자유도}$$

검정통계량(F) 값이 임계값보다 크면 귀무가설을 기각한다. 즉, 집단간 제곱합이 집단내 제곱합보다 상대적으로 커질수록 집단간 평균차이가 있다고 할 수 있다.

검정통계량(F)이 임계값보다 작으면 귀무가설을 채택하고, 집단간 평균차이가 없다고 할 수 있다.

집단간(Between groups) 자유도는 2(요인수준의 수 − 1)로 구해지며, 집단내(Within groups) 자유도는 4519(전체 관찰수 − 요인수준의 수)이다.

F 분포의 확률로 설명하면 유의확률 $p = 0.000 < 0.05$이므로 귀무가설을 기각한다. 따라서 평균간에 통계적으로 유의한 차이를 나타낸다고 할 수 있다.

7 회귀분석

회귀분석(regression analysis)은 변수 x(원인)가 변수 y(결과)에 주는 영향을 알아보기 위한 분석방법이다. 변수 x(원인)를 독립변수(independent variable) 또는 설명변수라 하고, 변수 y(결과)를 종속변수(dependent variable)라 한다.

독립변수가 1개인 경우를 단순회귀분석(simple regression)이라 하며, 2개 이상인 경우를 다중회귀분석(multiple regression)이라 한다.

회귀분석을 이용하면 변수 x(원인)가 변수 y(결과)에 주는 영향의 정도를 수치화할 수 있기 때문에 예측 등에 활용이 가능하다.

회귀분석에서 종속변수는 간격척도 혹은 비율척도로 측정된 계량적 자료이어야 하며, 독립변수도 마찬가지로 간격척도 혹은 비율척도로 측정된 계량적 자료여야 한다. 하지만 경우에 따라 명목척도 혹은 서열척도로 측정된 자료가 사용될 수 있으며, 이 경우 독립변수를 더미변수(dummy variable)라고 한다.

변수 x(원인)와 변수 y(결과)의 산점도(scatter plot)가 아래와 같다고 할 때, 회귀분석은 관측값과 예측값의 차이를 최소화하는 직선의 기울기와 절편을 찾는 것을 말한다. 수식으로 표현하면 아래와 같다.

$$\begin{aligned}\min\Sigma\varepsilon_i^2 &= \min\Sigma(y_i - \hat{y})^2\\ &= \min\Sigma(y_i - \hat{\alpha} - \hat{\beta}x_i)^2\end{aligned}$$

즉, 회귀분석은 관측값(y_i)과 예측값($\hat{y}_i$)의 차이를 최소화하는 직선의 기울기($\hat{\beta}$)와 절편($\hat{\alpha}$)를 찾는 것이다.

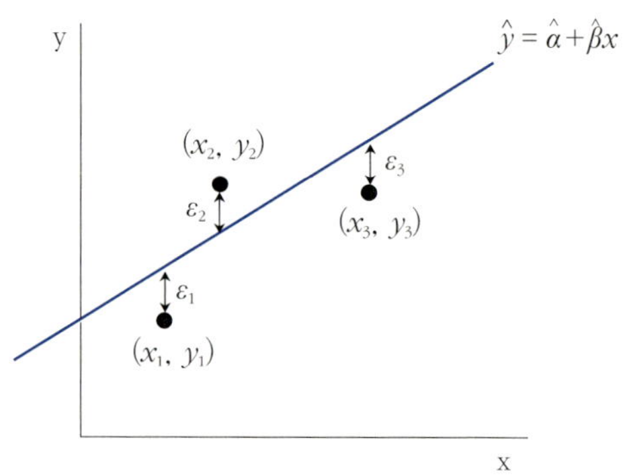

SPSS를 활용한 회귀분석

실습 age는 balance에 유의한 영향을 미치는가?

① [분석]-[회귀분석]-[선형]

② 변수목록에서 종속변수와 독립변수를 지정한다. 이때 종속변수는 balance이고, 독립변수는 age이다.

③ 통계량을 클릭하여 통계량 대화상자를 열고 회귀계수에서 “추정값”, 모형적합에 체크한다.

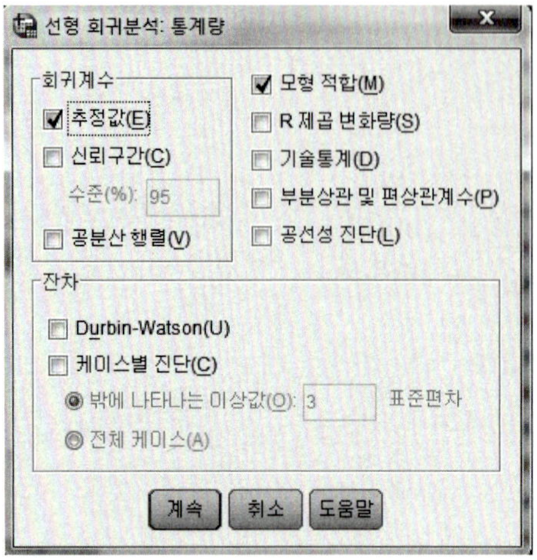

④ 결과

진입/제거된 변수[a]

모형	진입된 변수	제거된 변수	방법
1	age[b]		입력

a. 종속변수 : balance
b. 요청된 모든 변수가 입력되었습니다.

모형 요약

모형	R	R제곱	수정된 R제곱	추정값의 표준오차
1	.084[a]	.007	.007	2999.379

a. 예측값 : (상수), age

분산분석[a]

		제곱합	자유도	평균 제곱	F	유의확률
1	회귀모형	287649607.9	1	287649607.9	31.974	.000[b]
	잔차	40654156696	4519	8996272.781		
	합계	40941806304	4520			

a. 종속변수 : balance
b. 예측값 : (상수), age

계수[a]

모형		비표준화 계수		표준화 계수	t	유의확률
		B	표준오차	베타		
1	(상수)	440.651	179.303		2.458	.014
	age	23.852	4.218	.084	5.655	.000

a. 종속변수 : balance

결정계수(R제곱)는 총변동중에서 회귀선에 의하여 설명되는 비율을 의미한다.

결정계수의 범위는 0≦결정계수≦1의 값을 지닌다. 모든 관찰값과 회귀식이 일치한다면 결정계수가 1이 되어 종속변수는 독립변수에 의해 100% 설명된다고 할 수 있다. 즉, 결정계수의 값이 1에 가까울수록 회귀선은 표본을 설명하는데 유용하다.

수정된 결정계수는 회귀분석이 단계적으로 전개될 때 자유도를 고려하여 조정된 결정계수 값으로서, 일반적으로 모집단의 결정계수를 추정할 때 더 자주 사용된다. 표본의 수가 충분히 큰 경우에는 결정계수값(R제곱)과 동일하다.

회귀식이 통계적으로 유의한지를 검정하는 분산분석표에서 통계량의 유의확률이 0.000으로서 0.05보다 작다. 즉, 이 회귀식은 통계적으로 매우 유의하다고 할 수 있다.

[age=23.852, 유의확률 0.000] age의 회귀계수는 23.852이고, 이 회귀계수의 통계적 유의성을 검정하는 t값은 5.655로 유의확률이 0.000(<0.05)이므로, 이 회귀계수는 통계적으로 유의하다고 볼 수 있다. 다만, 결정계수값이 0.007로 매우 작기 때문에 balance에 영향을 주는 요인으로서의 설명력은 매우 낮다고 할 수 있다.

8 로지스틱 회귀분석

로지스틱 회귀(logistic regression)는 독립변수의 선형결합을 이용하여 사건의 발생 가능성을 예측하는데 사용하는 통계기법이다. 로지스틱 회귀의 목적은 일반적인 회귀분석의 목표와 동일하게 종속변수와 독립변수 간의 관계를 구체적인 함수로 나타내어 향후 예측모델에 사용하는 것이다. 이는 독립변수의 선형결합으로 종속변수를 설명한다는 관점에서는 선형회귀분석과 유사하다. 하지만 로지스틱 회귀는 선형회귀분석과는 다르게 종속변수가 범주형 데이터를 대상으로 하며 입력데이터가 주어졌을 때 해당 데이터의 결과가 특정 분류로 나뉘기 때문에 일종의 분류(classification)기법으로도 볼 수 있다.

로지스틱 회귀모형은 로짓(logit) 회귀모형이라고도 불리며, 일반적으로 종속변수가 두 개의 범주를 가지는 명목형 변수인 경우 사용된다. 종속변수가 1과 0만의 값을 갖는 가변수(dummy variable)인 경우에 y의 기대값을 나타내는 반응함수의 모양이 x가 증가함에 따라 y의 값이 1로 서서히 수렴하는 S형 곡선이 되도록 추정하는데, 이와 같은 함수를 로지스틱 함수(logistic function)라 부른다.

로지스틱 회귀분석(logistic regression)에서는 단지 두 개의 값만을 가지는 종속변수(구매=1, 비구매=0)와 독립변수들 간의 인과관계를 로지스틱 함수를 이용하여 추정한다. 예를 들어, Duration(캠페인 상담진행시간)을 보고 구매(1)할 것인지 비구매(0)할 것인지 통계적으로 예측하고자 할 때, 사용한다.

로지스틱 회귀분석에 중요한 요소 세 가지는 ▲"Odds"라고 불리는 파라미터, ▲"로짓변환", ▲출력값을 만들어내는 "시그모이드 함수"이다.

Odds(오즈)는 사건이 일어나지 않을 확률(1 − p) 대비 사건이 일어날 확률(p)을 말한다.
Odds(오즈) = p/(1 − p), 이때 Odds의 범위는 [0, ∞] 이다.

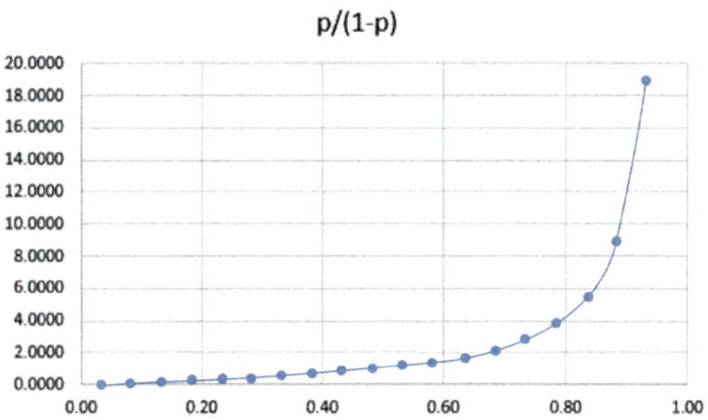

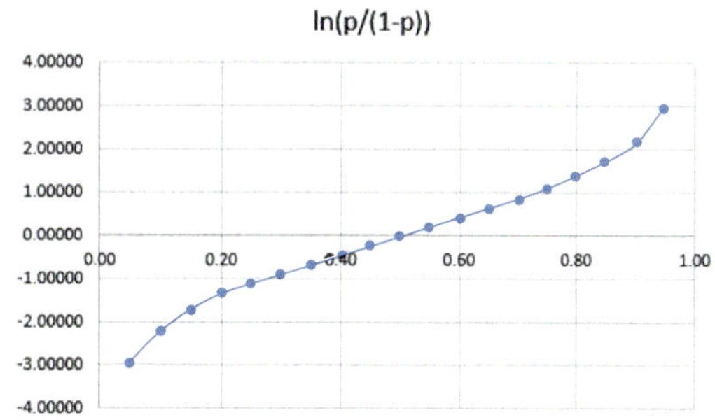

로짓변환 : Odds(오즈)를 로그변환하면 선형모형에 가까워지고 그 범위는 [−∞, +∞]가 된다.

$$\mathrm{logit}(p) = \log\frac{p}{1-p},$$

$$l = \log\frac{p}{1-p} = \beta_0 + \beta_1 x_1$$

우리가 알고 싶은 값은 어떤 사건이 발생할 확률(p)을 계산하는 것이다. 확률을 구하면 사건이 발생할지, 아니면 발생하지 않을지 예측할 수 있다. 위 식을 계산하여 p를 구하며 아래와 같이 산출된다.

$$p = \frac{1}{1+e^{-(\beta_0+\beta_1 X)}}$$

Sigmoid(시그모이드) 함수 : X값이 변함에 따라 달라지는 p의 모습은 아래 그림처럼 S곡선형태이다. 이러한 함수를 Sigmoid(시그모이드) 함수라고 한다.

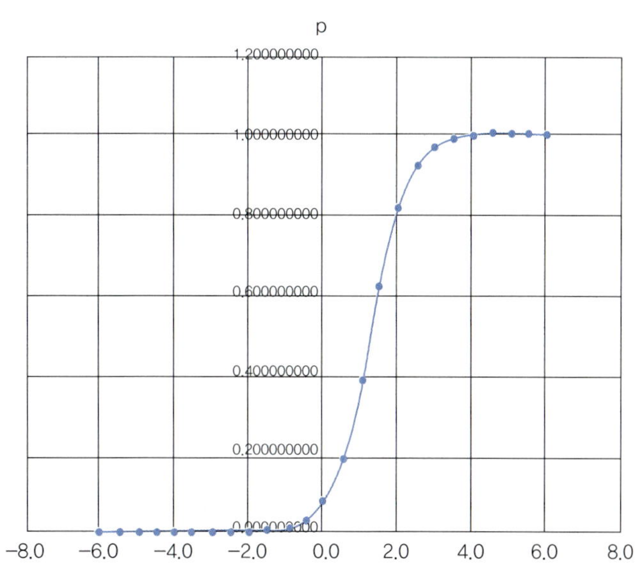

즉, X가 주어졌을 때 발생확률(p)을 예측하는 로지스틱 회귀분석은 학습데이터를 잘 설명하는 시그모이드 함수의 절편(β_0)과 기울기(β_1)를 찾는 문제인 것이다.

실습 age, duration, pdays, housing, loan, marital 중 y를 예측하는데 가장 큰 영향을 주는 변수는 무엇인가?

(1) RECODE

기존에 기록되어 있는 코드방식을 변경하는 기능으로 저장되어 있는 변수의 값을 변경할 수도 있고, 새로운 코딩규칙에 따른 새 변수를 추가할 수도 있다. 가급적 기본변수를 그대로 두고 새로운 변수를 추가하는 것이 좋다.

▶ bank.sav 데이터에서 기존의 marital 변수를 이용하여 marital_G라는 새로운 변수를 만들어 보자. marital이 single이면 1, married이면 2, divorced이면 3이 되도록 코딩을 변경하여 보자.

① 메뉴에서 『변환(T) → 다른 변수로 코딩변경(R)』을 선택한다.

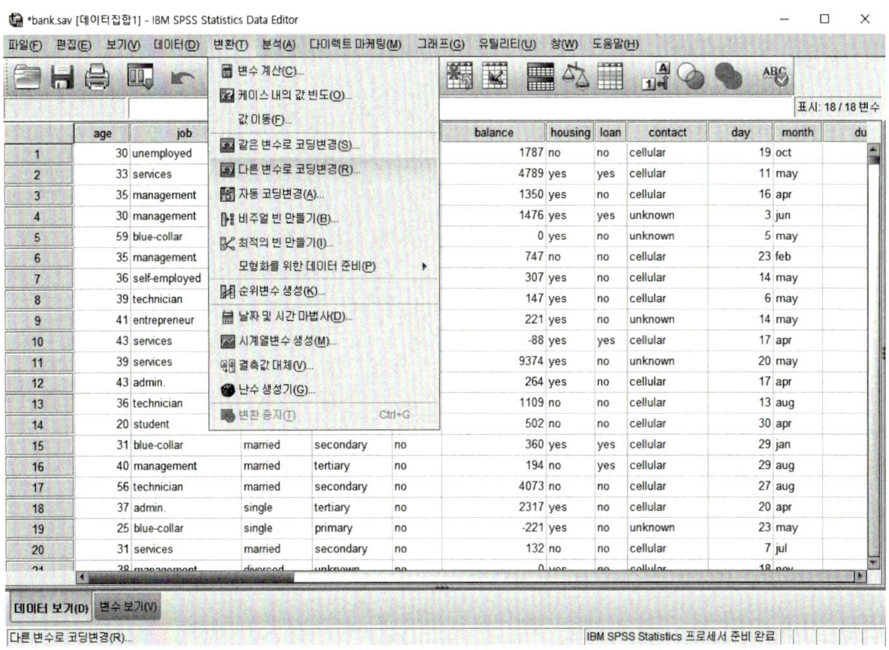

② 「다른 변수로 코딩변경」창의 왼쪽에 있는 변수창에서 코딩변경을 실시할 변수를 선택한 후 를 클릭하면 아래와 같은 화면이 된다.

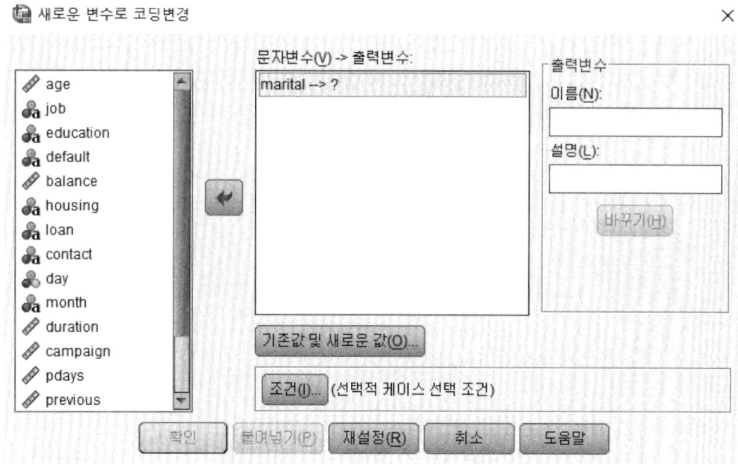

③ 오른쪽 [출력변수]에 새 변수이름과 변수설명을 쓰고 〈바꾸기(H)〉를 누르면 가운데 [문자변수(V) → 출력변수] 창이 완성된다.

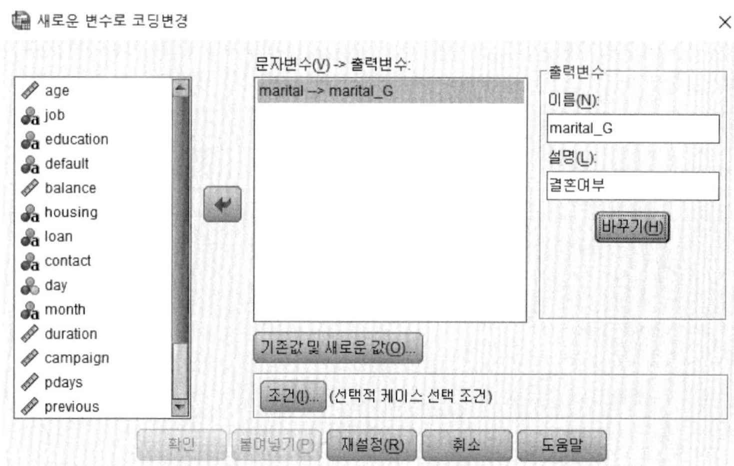

④ 〈기존값 및 새로운 값(O)〉 버튼을 누르면 변경할 코드의 조건을 입력할 수 있는 창이 열린다. 만약, 새 변수를 문자열로 지정하고 싶으면 오른쪽 아래의 출력변수가 문자열임(B)을 선택한다. [기존값]의 값(V)에 marital 의 single을 입력하고, [새로운 값]의 값(L)에 1을 입력한 후 〈추가(A)〉를 누른다. 동일한 방법으로 아래의 그림을 참조하여 새로운 코드값을 입력한다. 계속을 누른다.

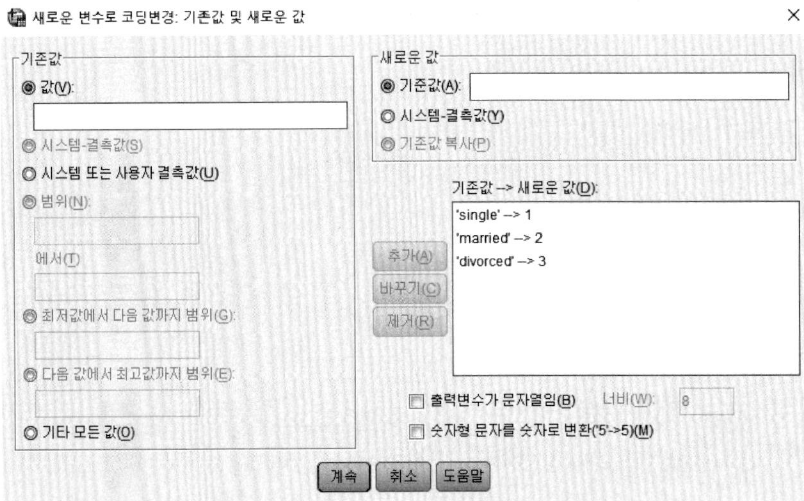

⑤「새로운 변수로 코딩변경」창에서 [확인]을 누른다. 다음과 같이 marital_G라는 새로운 변수가 추가된 데이터를 얻을 수 있다.

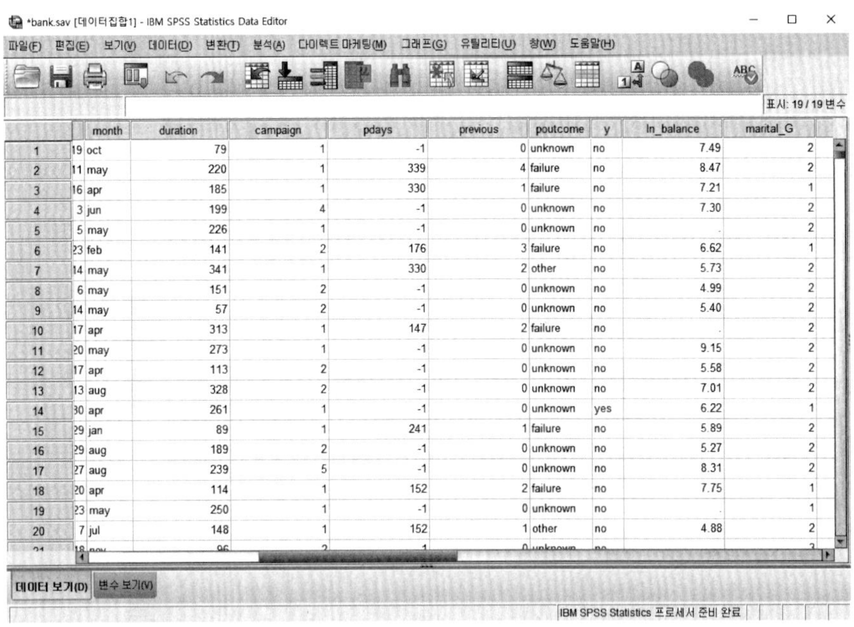

marital

		빈도	퍼센트	유효퍼센트	누적퍼센트
유효	divorced	528	11.7	11.7	11.7
	married	2797	61.9	61.9	73.5
	single	1196	26.5	26.5	100.0
	합계	4521	100.0	100.0	

marital_G

		빈도	퍼센트	유효퍼센트	누적퍼센트
유효	1	1196	26.5	26.5	26.5
	2	2797	61.9	61.9	88.3
	3	528	11.7	11.7	100.0
	합계	4521	100.0	100.0	

>> 예제

education, default, housing, loan, contact, poutcome, y를 모두 RECODE 한다.(단, unknown, other 값은 결측값으로 변환한다)

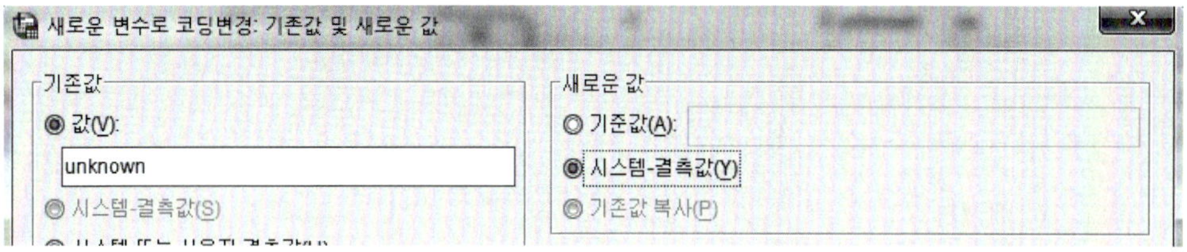

(2) 분석

① [분석]-[회귀분석]-[이분형 로지스틱]

② 종속변수에 이분변수인 종속변수를 공변량에 독립변수를 옮긴다. 그리고 방법을 “앞으로 : 조건”으로 변경한다.

③ 범주형을 클릭한 후 독립변수 중 범주형 변수가 있다면 범주형 공변량으로 옮긴다.

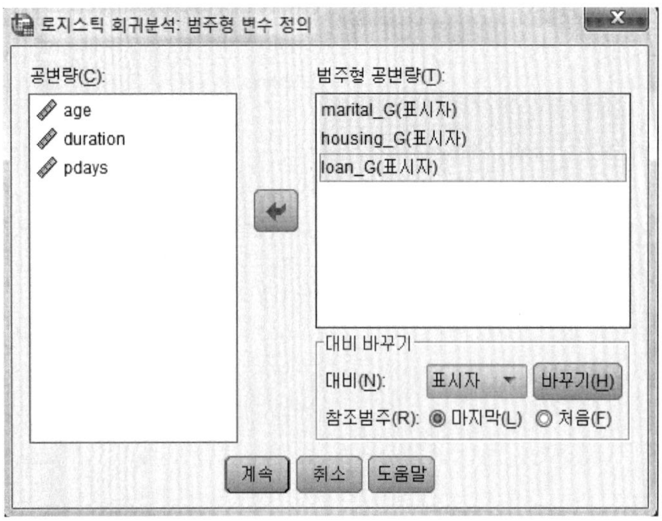

④ 저장을 클릭한 후 예측값에서 "확률", "소속집단"을 체크한다.

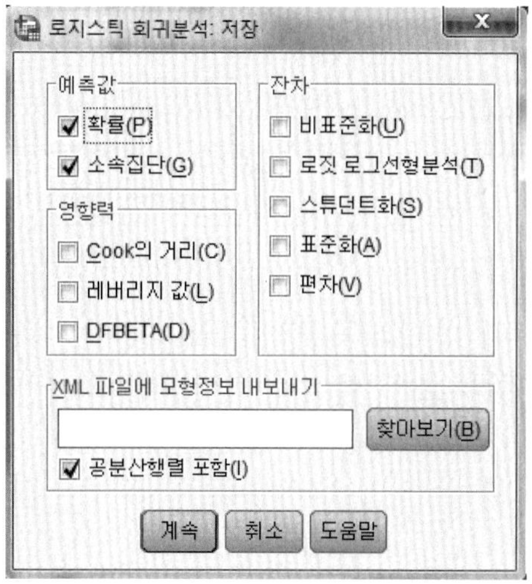

⑤ 옵션을 클릭한 후 통계량 및 도표에서 "분류도표"를 체크한다.

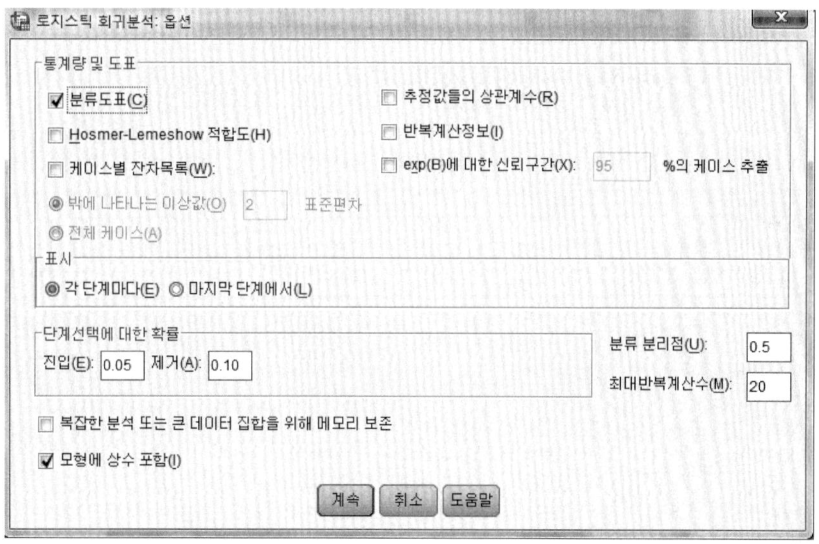

⑥ 결과

분류표[a]

감시됨			예측 y_G 0	예측 y_G 1	분류정확 %
1단계	y_G	0	3937	63	98.4
		1	442	79	15.2
	전체 퍼센트				88.8
2단계	y_G	0	3941	59	98.5
		1	430	91	17.5
	전체 퍼센트				89.2
3단계	y_G	0	3936	64	98.4
		1	427	94	18.0
	전체 퍼센트				89.1
4단계	y_G	0	3934	66	98.4
		1	423	98	18.8
	전체 퍼센트				89.2
5단계	y_G	0	3935	65	98.4
		1	421	100	19.2
	전체 퍼센트				89.3

a. 절단값은 .500입니다.

방정식에 포함된 변수

감시됨		B	S.E.	Wals	자유도	유의확률	Exp(B)
1단계[a]	duration	.004	.000	429.085	1	.000	1.004
	상수항	−3.256	.085	1481.990	1	.000	.039
2단계[b]	duration	.004	.000	438.564	1	.000	1.004
	housing_G(1)	.866	.106	66.762	1	.000	2.378
3단계[c]	상수항	−3.743	.112	1126.754	1	.000	.024
	duration	.004	.000	439.146	1	.000	1.004
	pdays	.004	.000	70.991	1	.000	1.004
	housing_G(1)	.993	.109	82.830	1	.000	2.700
	상수항	−4.027	.122	1088.329	1	.000	.018
4단계[d]	duration	.004	.000	439.573	1	.000	1.004
	pdays	.004	.000	67.817	1	.000	1.004
	housing_G(1)	.985	.109	80.927	1	.000	2.678
	loan_G(1)	.888	.185	22.967	1	.000	2.430
	상수항	−4.824	.214	507.712	1	.000	.008
5단계[e]	duration	.004	.000	434.924	1	.000	1.004
	pdays	.004	.000	66.508	1	.000	1.004
	marital_G			8.747	2	.013	
	marital_G(1)	−.091	.171	.283	1	.595	.913
	marital_G(2)	−.371	.159	5.470	1	.019	.690
	housing_G(1)	.976	.110	79.218	1	.000	2.655
	loan_G(1)	.882	.186	22.538	1	.000	2.415
	상수항	−4.565	.250	332.742	1	.000	.010

a. 변수가 1: 단계에 진입했습니다 duration. duration.
b. 변수가 2: 단계에 진입했습니다 housing_G. housing_G.
c. 변수가 2: 단계에 진입했습니다 pdays. pdays.
d. 변수가 2: 단계에 진입했습니다 loan_G. loan_G.
e. 변수가 2: 단계에 진입했습니다 marital_G. marital_G.

y를 예측하는데 5단계가 실행되었는데 예측력이 가장 높은 것은 5단계이다. 이때는 duration, pdays, marital, housing, loan 등 5개 독립변수가 사용된 것으로 나타났고, 예측력은 89.3%이다.

2단계에서 duration, housing 2개의 변수만 사용하고도 예측력이 89.2%가 나왔다. 즉, duration, housing 2개 변수로도 y를 예측하는데 충분히 활용될 수 있다는 의미이다.

특히, duration은 1~5단계에서 모두 가장 먼저 선정된 변수로 나타나, age, duration, pdays, housing, loan, marital 중 y를 예측하는데 가장 큰 영향을 주는 변수로 판정되었다. age는 1~5단계에서 모두 선정되지 않아 y를 예측하는데 영향력이 없는 변수로 판정되었다.

오즈비는 구매 안 할 확률$(1-p)$ 대비 구매할 확률(p)로서 구매가능성을 의미한다. 오즈비가 1보다 크다는 것은 구매가능성$(=\dfrac{p}{1-p})$이 1보다 크다는 것이다.

Exp(B)는 오즈비를 의미하므로, 5단계에서 duration의 Exp(B) 값이 1.004라는 것은 duration이 1초 증가할 때마다 구매가능성(Exp(B))이 1.004배 증가한다는 의미이다.

항이 제거된 경우의 모형[a]

변수		로그우도 모형	-2로그우도에서 변경	자유도	변화량의 유의확률
1단계	duration	-1622.984	544.216	1	.000
2단계	duration	-1600.835	569.081	1	.000
	housing	-1351.737	70.885	1	.000
3단계	duration	-1573.884	579.426	1	.000
	pdays	-1316.958	65.573	1	.000
	housing	-1328.909	89.474	1	.000
4단계	duration	-1563.979	586.837	1	.000
	pdays	-1301.906	62.691	1	.000
	housing	-1314.198	87.275	1	.000
	loan	-1284.302	27.484	1	.000
5단계	duration	-1556.241	580.020	1	.000
	pdays	-1297.069	61.677	1	.000
	marital	-1270.573	8.685	1	.000
	housing	-1308.888	85.316	1	.000
	loan	-1279.682	26.903	1	.000

a. 조건부 모수 추정값 기준

또한 분류에 영향을 주는 정도를 파악하는데 -2LL(-2로그우도) 값을 사용할 수 있다. -2LL $(0 \le -2LL < \infty)$ 값이 0에 가까울수록 영향력이 없는 변수이고 -2LL 값이 크면 분류(Classification)에 큰 영향을 준다고 할 수 있다.

9 의사결정나무 분석

의사결정나무(Decision Tree)는 의사결정규칙을 나무구조로 나타내어 전체자료를 몇 개의 소그룹으로 분류하거나 예측할 때 수행하는 분석방법이다. 의사결정나무는 시각적이고 명시적인 방법으로 의사결정과정과 결정된 의사를 보여주는데 사용된다. 의사결정나무 분석방법은 지도분류학습에서 가장 유용하게 사용되고 있는 기법 중 하나로서, 노드(집단)내에서는 동질성이 커지고, 노드(집단)간에는 이질성이 가장 커지도록 개체를 분류한다.

목표변수가 이산형인 경우 상위노드에서 가지분할을 수행할 때, 분류기준 변수와 분류기준 값의 선택방법으로 카이제곱 통계량의 p-값, 지니 지수(Gini index), 엔트로피 지수(Entropy index) 등이 사용된다.

CHAID(Chi-square Automatic Interaction Detection) 알고리즘은 최적의 분할, 즉 최적의 예측변수를 선택하는데 있어 카이제곱검정 또는 F-검정을 이용하여 데이터를 분리하는 방법을 사용한다. 범주형 변수에 대해서는 카이제곱 검정을 사용하고, 연속형 변수에 대해서는 F-검정을 사용한다.

CART(Classification and Regression Trees) 알고리즘은 지니 지수(Gini Index) 또는 분산의 감소량을 사용하여 나무의 가지를 이진(Binary)분리한다. 범주형 변수에 대해서는 지니 지수를 사용하고, 연속형 변수에 대해서는 분산의 감소량을 사용한다.

실습 age, duration, pdays, housing, loan, marital 중 y에 유의한 영향을 미치는 변수는 무엇인가. 그중에서 가장 큰 영향을 미치는 변수는 무엇인가?

(1) RECODE

문자로 되어 있는 범주형(이산형) 변수를 숫자코드로 변경

(2) 분석

① [분석]-[분류분석]-[트리]

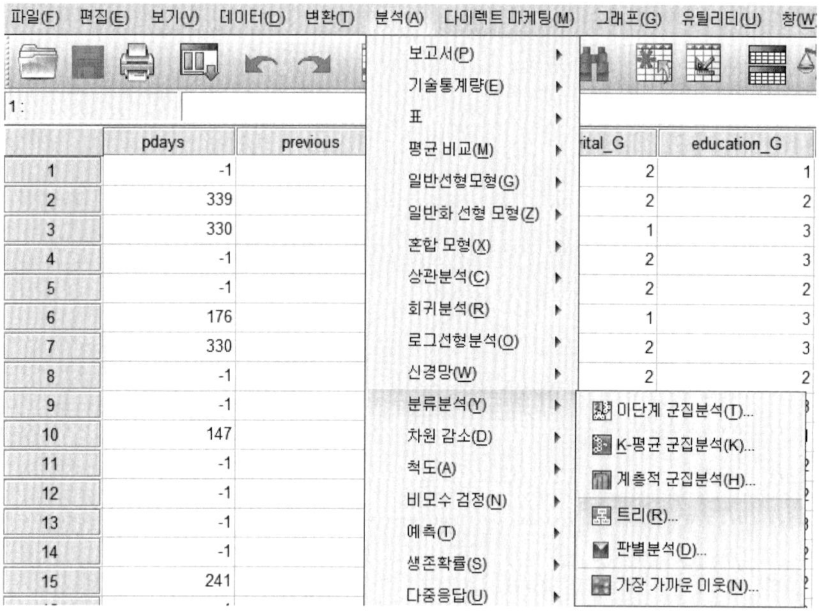

② 종속변수에 타겟변수를 옮기고 독립변수에 분석할 독립변수들을 옮긴다.

③ 출력결과를 클릭한 후 규칙에서 "분류규칙 생성"을 체크한다.

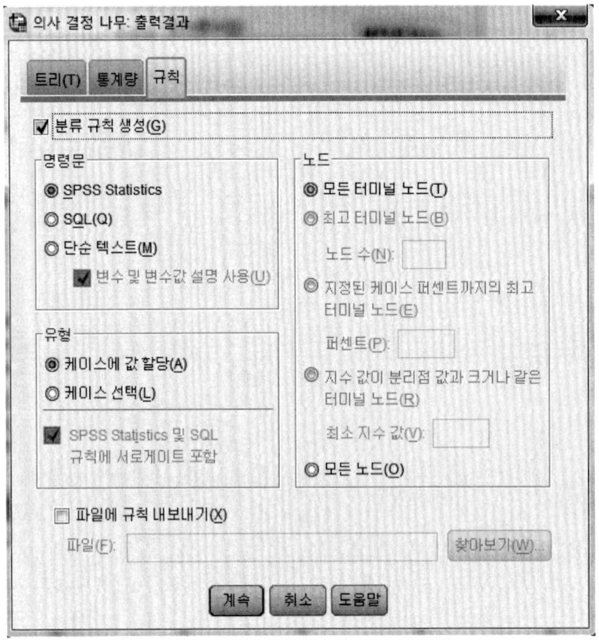

④ 저장을 클릭한 후 저장된 변수에서 "예측값", "예측확률"을 체크한다.

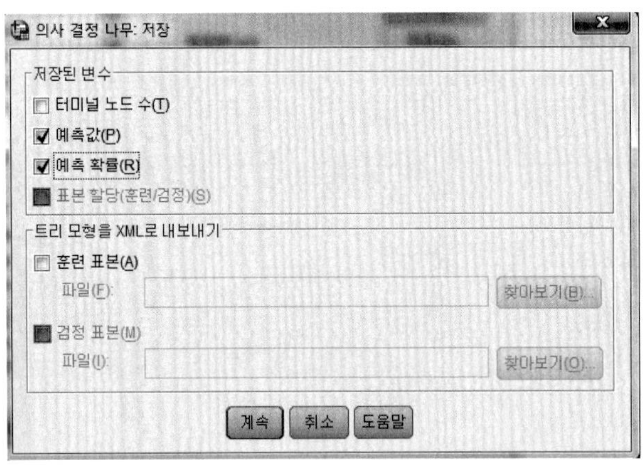

⑤ 결과

분류

감시됨	예측		
	0	1	정확도(%)
0	3907	93	97.7%
1	415	106	20.3%
전체 퍼센트	95.6%	4.4%	88.8%

성장방법 : CHAID
종속변수 : y_G

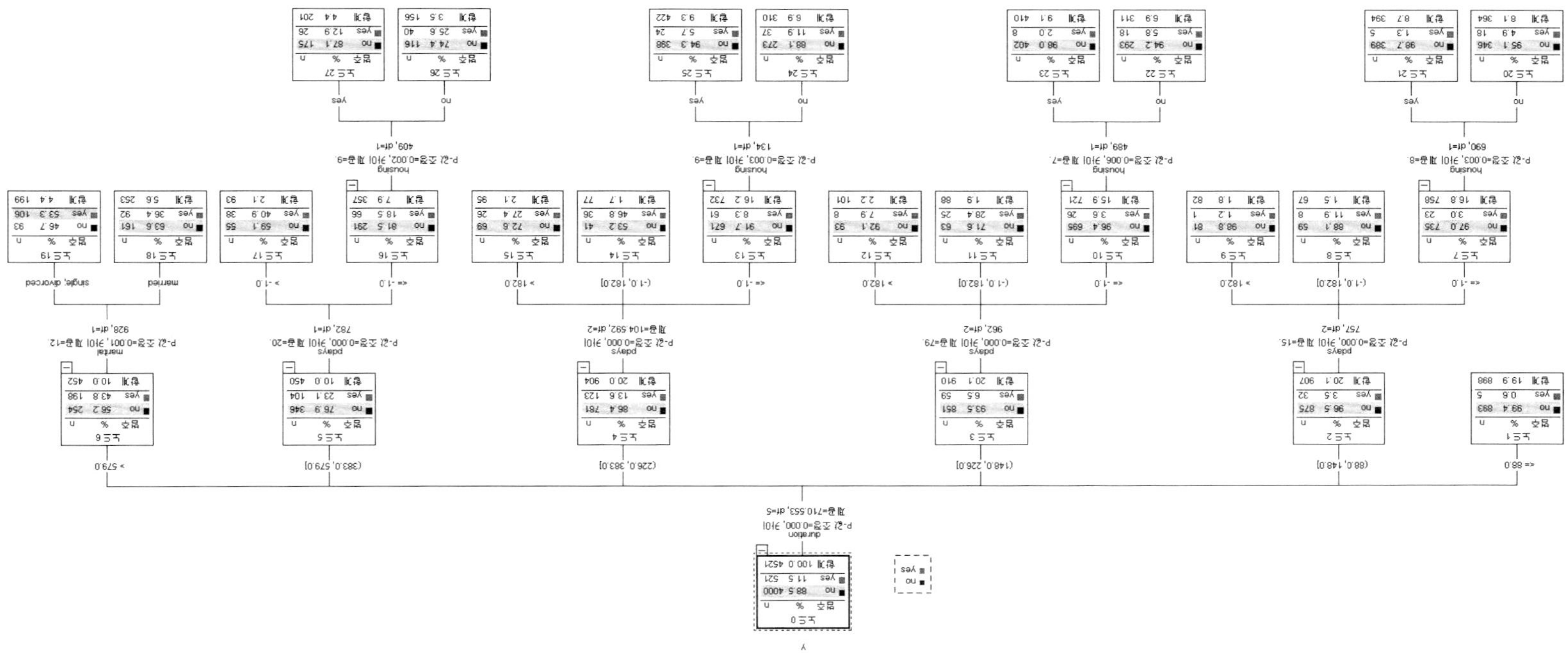

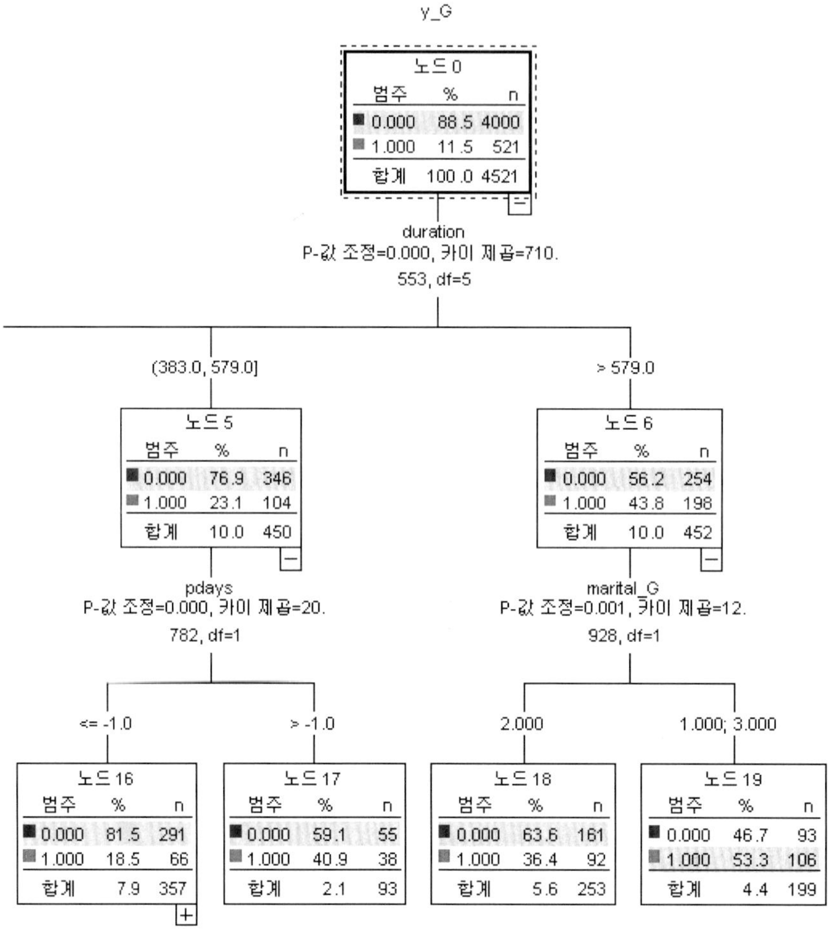

* 분석결과 가지분할을 수행할 때 최상위 노드에서 duration이 사용된 것으로 나타나 duration의 영향력이 가장 크다고 할 수 있다.

10 SPSS Syntax 사용하기

```
GET
  FILE='C:\bank.sav'.

  DATASET NAME DataSet1 WINDOW= FRONT.
  DATASET NAME bank_data.

FREQUENCIES VARIABLES= age balance duration campaign pdays previous
  /NTILES= 4
  /STATISTICS= STDDEV VARIANCE RANGE MINIMUM MAXIMUM SEMEAN MEAN MEDIAN
   MODE SUM SKEWNESS SESKEW KURTOSIS SEKURT
  /HISTOGRAM NORMAL
  /ORDER= ANALYSIS.

EXAMINE VARIABLES= age balance
  /PLOT BOXPLOT HISTOGRAM NPPLOT
  /COMPARE GROUPS
  /STATISTICS DESCRIPTIVES
  /CINTERVAL 95
  /MISSING LISTWISE
  /NOTOTAL.

EXAMINE VARIABLES= age balance BY default
  /PLOT BOXPLOT HISTOGRAM NPPLOT
  /COMPARE GROUPS
  /STATISTICS DESCRIPTIVES
  /CINTERVAL 95
  /MISSING LISTWISE
```

```
  /NOTOTAL.

CORRELATIONS
  /VARIABLES= age balance
  /PRINT= TWOTAIL NOSIG
  /STATISTICS DESCRIPTIVES XPROD
  /MISSING= PAIRWISE.

CROSSTABS
  /TABLES= y BY job marital education default housing loan contact poutcome
  /FORMAT= AVALUE TABLES
  /STATISTICS= CHISQ
  /CELLS= COUNT EXPECTED ROW COLUMN TOTAL
  /COUNT ROUND CELL
  /BARCHART.

CORRELATIONS
  /VARIABLES= age balance duration campaign pdays previous
  /PRINT= TWOTAIL NOSIG
  /STATISTICS DESCRIPTIVES XPROD
  /MISSING= PAIRWISE.

EXAMINE VARIABLES= age balance duration campaign pdays previous BY y
  /PLOT BOXPLOT HISTOGRAM NPPLOT
  /COMPARE GROUPS
  /STATISTICS DESCRIPTIVES
  /CINTERVAL 95
  /MISSING LISTWISE
  /NOTOTAL.

MEANS TABLES= age balance duration campaign pdays previous BY y
```

```
  /CELLS MEAN COUNT STDDEV MEDIAN GMEDIAN SEMEAN SUM MIN MAX RANGE FIRST
   LAST VAR KURT SEKURT SKEW SESKEW HARMONIC GEOMETRIC SPCT NPCT
  /STATISTICS ANOVA.

RECODE y ('yes'=1) ('no'=0) INTO YG.
EXECUTE.

RECODE marital ('single'=1) ('married'=2) ('divorced'=3) INTO maritalG.
EXECUTE.

RECODE education ('primary'=1) ('secondary'=2) ('tertiary'=3) ('unknown'=SYSMIS) INTO
eduG.
EXECUTE.

RECODE housing ('yes'=1) ('no'=0) INTO housingG.
EXECUTE.

RECODE loan ('yes'=1) ('no'=0) INTO loanG.
EXECUTE.

RECODE contact ('cellular'=1) ('telephone'=2) ('unknown'=SYSMIS) INTO contactG.
EXECUTE.

RECODE poutcome ('failure'=0) ('success'=1) ('unknown'=SYSMIS) ('other'=SYSMIS) INTO
poutcomeG.
EXECUTE.

FREQUENCIES VARIABLES= marital maritalG education eduG housing housingG loan loanG
contact contactG poutcome poutcomeG y YG
  /ORDER= ANALYSIS.

ONEWAY age balance duration campaign pdays previous BY YG
  /STATISTICS DESCRIPTIVES
```

```
  /PLOT MEANS
  /MISSING ANALYSIS.

LOGISTIC REGRESSION VARIABLES YG
  /METHOD= FSTEP(COND) age duration pdays maritalG housingG loanG
  /CONTRAST (maritalG)= Indicator
  /CONTRAST (eduG)= Indicator
  /CONTRAST (housingG)= Indicator
  /CONTRAST (loanG)= Indicator
  /CONTRAST (contactG)= Indicator
  /CONTRAST (poutcomeG)= Indicator
  /SAVE= PRED PGROUP
  /CLASSPLOT
  /CRITERIA= PIN(0.05) POUT(0.10) ITERATE(20) CUT(0.5).

LOGISTIC REGRESSION VARIABLES YG
  /METHOD= FSTEP(COND)  duration  maritalG loanG eduG
  /CONTRAST (maritalG)= Indicator
  /CONTRAST (eduG)= Indicator
  /CONTRAST (housingG)= Indicator
  /CONTRAST (loanG)= Indicator
  /CONTRAST (contactG)= Indicator
  /CONTRAST (poutcomeG)= Indicator
  /SAVE= PRED PGROUP
  /CLASSPLOT
  /CRITERIA= PIN(0.05) POUT(0.10) ITERATE(20) CUT(0.5).
```

```
* Decision Tree.
TREE YG [n] BY age [s] duration [s] pdays [s] maritalG [n] housingG [n] loanG [n]
  /TREE DISPLAY= TOPDOWN NODES= STATISTICS BRANCHSTATISTICS= YES NOD-
   EDEFS= YES SCALE= AUTO
  /DEPCATEGORIES USEVALUES= [VALID]
  /PRINT MODELSUMMARY CLASSIFICATION RISK
  /RULES NODES= TERMINAL SYNTAX= INTERNAL TYPE= SCORING
  /METHOD TYPE= CHAID
  /GROWTHLIMIT MAXDEPTH= AUTO MINPARENTSIZE= 100 MINCHILDSIZE= 50
  /VALIDATION TYPE= NONE OUTPUT= BOTHSAMPLES
  /CHAID ALPHASPLIT= 0.05 ALPHAMERGE= 0.05 SPLITMERGED= NO CHISQUARE= PEAR-
   SON CONVERGE= 0.001 MAXITERATIONS= 100 ADJUST= BONFERRONI INTERVALS= 10
  /COSTS EQUAL
  /MISSING NOMINALMISSING= MISSING.

* Decision Tree.
TREE YG [n] BY duration [s] maritalG [n] loanG [n] eduG [n]
  /TREE DISPLAY= TOPDOWN NODES= STATISTICS BRANCHSTATISTICS= YES NOD-
   EDEFS= YES SCALE= AUTO
  /DEPCATEGORIES USEVALUES= [VALID]
  /PRINT MODELSUMMARY CLASSIFICATION RISK
  /RULES NODES= TERMINAL SYNTAX= INTERNAL TYPE= SCORING
  /METHOD TYPE= CHAID
  /GROWTHLIMIT MAXDEPTH= AUTO MINPARENTSIZE= 100 MINCHILDSIZE= 50
  /VALIDATION TYPE= NONE OUTPUT= BOTHSAMPLES
  /CHAID ALPHASPLIT= 0.05 ALPHAMERGE= 0.05 SPLITMERGED= NO CHISQUARE= PEAR-
   SON CONVERGE= 0.001 MAXITERATIONS= 100 ADJUST= BONFERRONI INTERVALS= 10
  /COSTS EQUAL
  /MISSING NOMINALMISSING= MISSING.
```

```
* Decision Tree.
TREE YG [n] BY maritalG [n] eduG [n] housingG [n] loanG [n] contactG [n] poutcomeG [n]
duration [s] campaign [s] pdays [s] previous [s] balance [s] age [s]
  /TREE DISPLAY= TOPDOWN NODES= STATISTICS BRANCHSTATISTICS= YES NOD-
   EDEFS= YES SCALE= AUTO
  /DEPCATEGORIES USEVALUES= [VALID]
  /PRINT MODELSUMMARY CLASSIFICATION RISK
  /RULES NODES= TERMINAL SYNTAX= INTERNAL TYPE= SCORING
  /METHOD TYPE= CHAID
  /GROWTHLIMIT MAXDEPTH= AUTO MINPARENTSIZE= 100 MINCHILDSIZE= 50
  /VALIDATION TYPE= NONE OUTPUT= BOTHSAMPLES
  /CHAID ALPHASPLIT= 0.05 ALPHAMERGE= 0.05 SPLITMERGED= NO CHISQUARE= PEAR-
   SON CONVERGE= 0.001 MAXITERATIONS= 100 ADJUST= BONFERRONI INTERVALS= 10
  /COSTS EQUAL
  /MISSING NOMINALMISSING= MISSING.
```

PART

II

SPSS와 Python, R, 그리고 Excel을 활용한 데이터 분석 따라하기

파이썬(Python)을 활용한 데이터 분석

1 파이썬 설치하기

파이썬을 이용하여 코딩이나 개발을 하기 위해서 파이썬 IDEL을 사용하기도 하지만 작업의 효율성을 높이기 위하여 Anaconda의 Jupyter Notebook이나 PyCharm, Colab 등의 프로그램을 사용하는 것이 좋다. 우리는 Anaconda의 Jupyter Notebook을 사용하기로 한다.

아나콘다는 https://www.anaconda.com/products/individual에서 다운로드를 받을 수 있다. 웹사이트에 접속하여 사용하고 있는 운영체제를 선택하여 클릭하면 된다. 교재에서 설치는 윈도우 기준으로 하나 Mac 사용자도 동일한 방법으로 다운로드하면 된다.

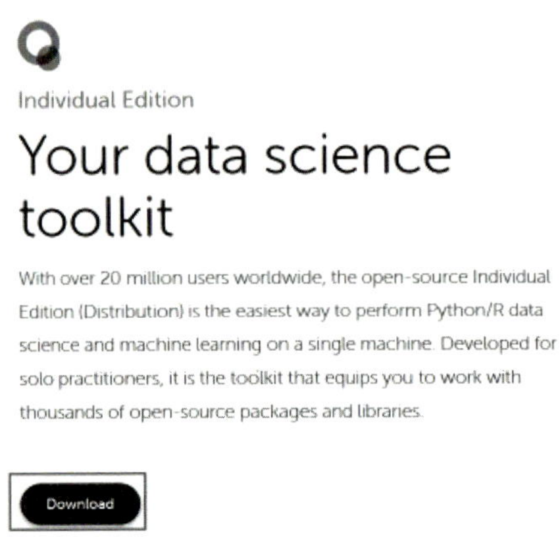

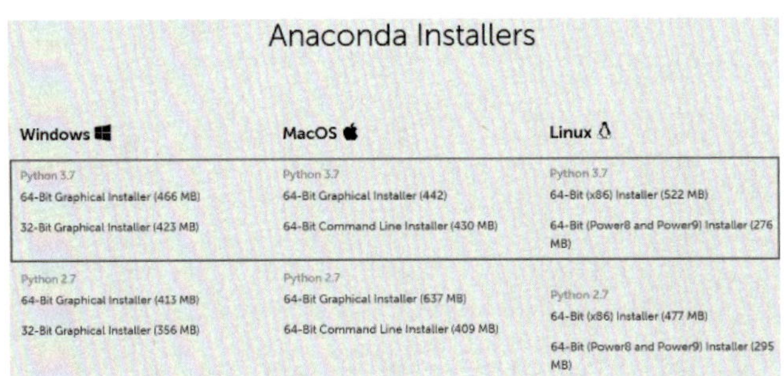

사용하는 파이썬 버전에 맞게 선택하여 다운로드하면 우리는 3.x 버전의 사용하고 있는 윈도우의 아키텍쳐(32bit, 64bit)를 선택하여 다운로드 후 설치하면 된다.

설치과정은 다음과 같다.

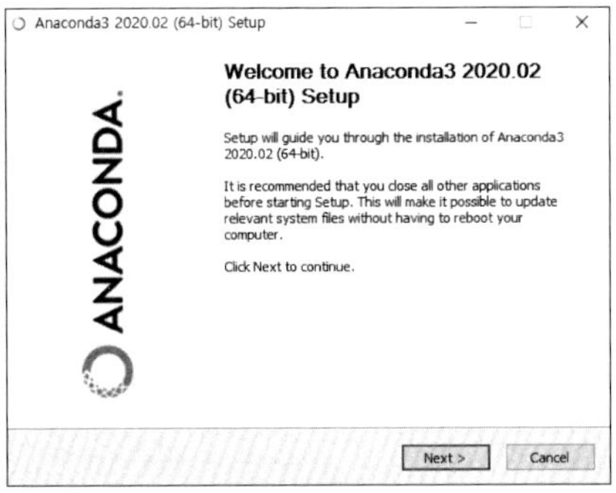

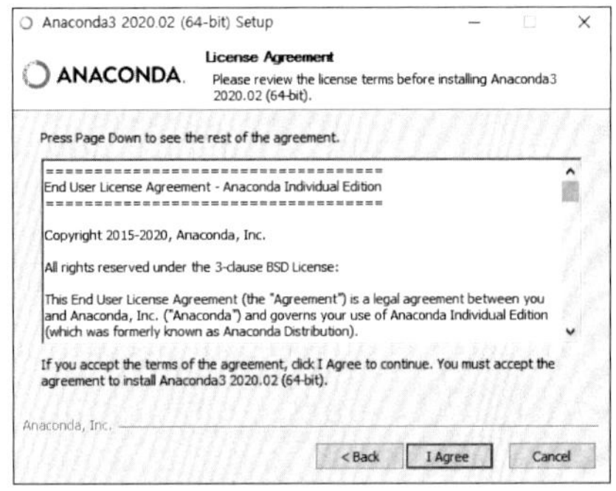

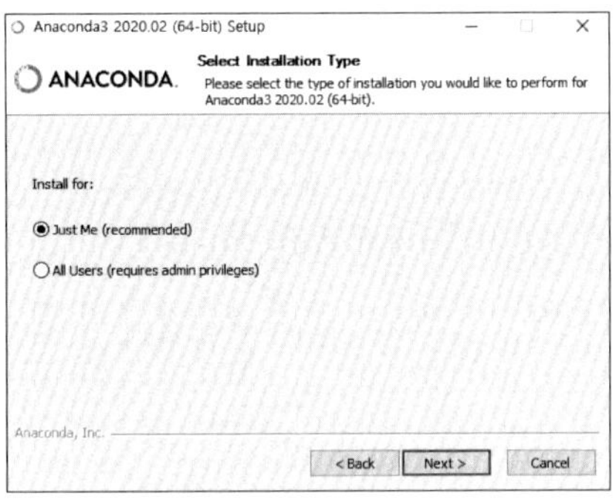

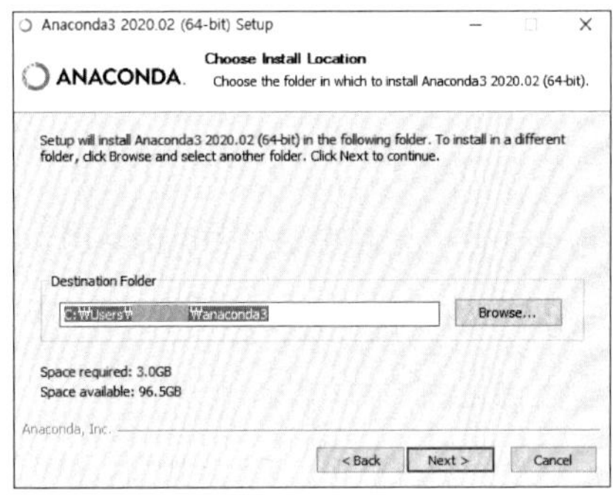

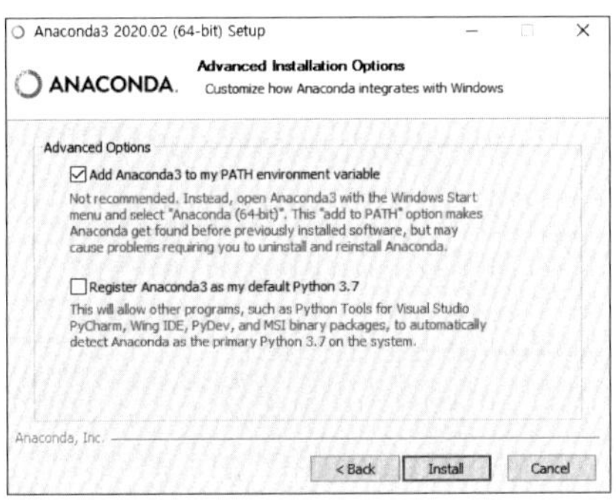

아나콘다 내비게이터를 열면 jupyter notebook이 설치되어 있을 것이며, 더블클릭하여 창을 연다. 또는 터미널("cmd")을 열어 jupyter notebook을 입력하면 된다.

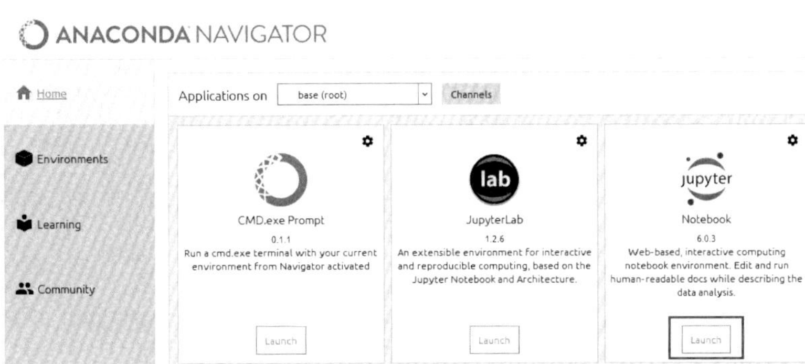

jupyter notebook을 열면 다음과 같은 창이 열린다.

앞으로 진행하는데 편리함을 위해 기본 폴더경로를 정해 놓으면 좋다. 이 책에서는 Document>DataAnalysis_statistics로 정하고 모든 코드와 데이터 파일들은 이 폴더에 저장하기로 한다. 오른쪽 위의 New 탭을 클릭 후 Folder를 클릭하면 Untitled Folder가 생성되며, 상단의 Rename을 클릭해 폴더이름을 작성한다.

지정한 폴더로 이동하여 오른쪽 위의 New 탭을 클릭후 python 3을 클릭하면 코드를 입력할 수 있는 에디터가 생성된다.

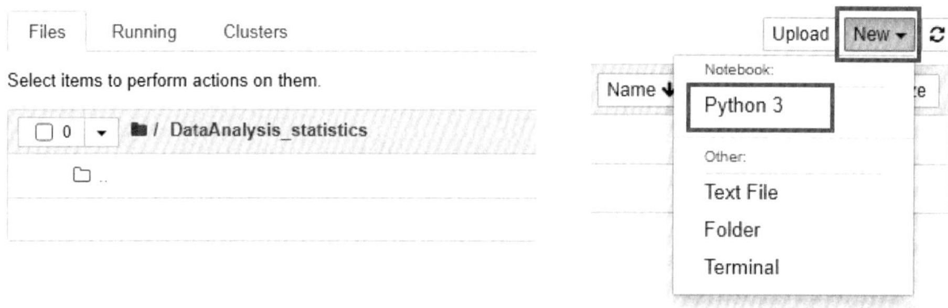

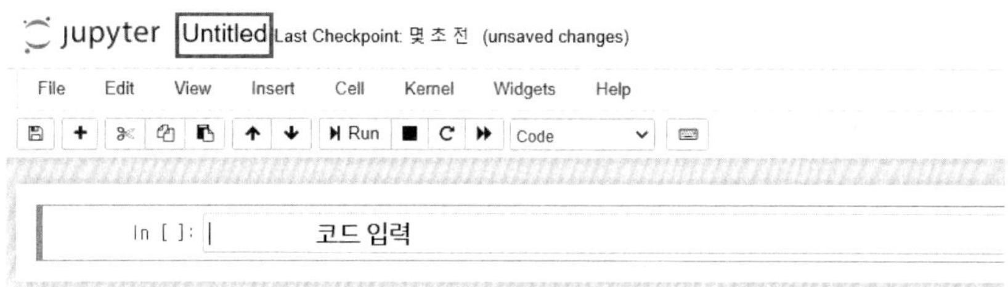

코드를 입력하고 [shift]+[Enter]를 누르면 실행이 된다. 상단의 Untitled를 클릭하면 제목 변경이 가능한다. jupyter notebook은 코드와 실행결과를 동시에 확인할 수 있어 수정이 편리하다.

2 파이썬 기본문법

(1) 변수

변수란 데이터 또는 자료를 담을 수 있는 메모리의 저장장소로 정의할 수 있다. 보이지는 않으나 상자와 같은 하나의 빈공간으로서 변화하는 값들을 담는 역할을 하는 것이다. 문자, 숫자, 함수 등을 변수로 사용한다.

파이썬에서 문자형 데이터는 ' '(작은 따옴표), " "(큰 따옴표)를 이용해 선언해주며, 숫자형 데이터는 따옴표를 쓰지 않는다.

▶ 예시

변수 a에 홍길동이라는 문자형 데이터, 1003라는 숫자형 데이터를 다음과 같이 담을 수 있다.

a = '홍길동' # a와 홍길동이 같다는 수학적인 의미가 아니라, a라는 상자에 홍길동이라는 문자를 넣으라는 의미

a = 1003 # a와 1003이 같다는 수학적인 의미가 아니라, a라는 상자에 1003이라는 숫자를 넣으라는 의미

▶ [참고] 만일 a = '1003'이라고 선언하는 경우에는 1003을 숫자가 아닌 문자로 인식하여 숫자형 데이터의 기본인 연산오류가 생기게 된다.

(2) 데이터 형태

변수에서 문자형, 숫자형 데이터를 잠깐 언급했는데, 이외에 파이썬에서 사용하는 다양한 데이터 형태를 짚고 넘어가고자 한다.

▶ 문자형(string) 데이터

문자형 데이터는 문자로 구성된 자료이며 순서에 의미가 있다.

즉, 문자형 데이터 ABC와 BCA는 다른 데이터로 볼 수 있으며, 이렇게 순서에 의미가 있기 때문에 순서형 데이터(sequence data)라 부르기도 한다.

▶ 숫자형(numeric) 데이터

숫자형 데이터는 실수(rational number)로 구성된 자료를 의미한다. 파이썬에서의 숫자형 데이터는 크게 정수(integer, int), 실수(floating-point decimal number, float)로 구분되며, 사칙연산이 가능하다.

숫자가 문자형 데이터로 선언되어 있다면 숫자형 데이터로의 변경이 가능하며, 반대로 숫자형 데이터로 선언된 데이터도 문자형 데이터로 변경이 가능하다.

▶ 리스트(list)

리스트는 여러 형태의 데이터가 순서형(sequence)으로 결합된 모음을 의미한다. 이때 여러 형태란 문자형, 숫자형 또는 문자형과 숫자형 데이터를 의미한다.

파이썬에서 리스트 데이터는 [ ] 또는 list( )로 표기하며, 문자형 데이터와 유사하게 처리될 수 있다.

▶ 튜플(Tuple)

튜플은 여러 형태의 데이터결합이란 점에서 리스트와 유사하나, 값의 변경이 불가능하다는 점에서 리스트와 차이가 있다.

또한 인덱싱, 슬라이싱, 사칙연산 등에 있어서는 리스트와 유사하나, 새로운 데이터를 변경, 추가 또는 제거하지는 못한다. 따라서 데이터가 보존되어야 할 경우에는 튜플형태로 데이터를 저장하는 것이 바람직하다.

파이썬에서 튜플은 tuple( ), 또는 ( )를 사용하여 선언한다.

주로 튜플보다는 리스트를 사용한다.

▶ 집합(set)

집합은 순서에 의미가 없는 데이터의 모음을 의미한다. 파이썬에서 집합은 set( ), 또는 { }로 표기하며 새로운 값을 추가하거나 삭제가 가능하다. 이때 중복된 값은 추가되지 않는다.

수학에서 사용되는 교집합(intersection( )), 합집합(union( )), 차집합(difference( )) 등 다양한 집합연산이 가능하다.

▶ 사전형 자료(dictionary)

사전형 자료는 키-값 쌍(key-value pair)의 모음을 의미한다. Key는 고유한 값으로서 다른 값들과 구분할 수 있는 기준이 되며, Value는 각 key에 덧붙여진 정보이다.

파이썬에서 사전선언은 dict( ), 또는 { }이며, {key1:value1, key2:value2, key3:value3, … } 형태로 구성된다.

사용자가 key를 알고 있으면, 이에 해당하는 value를 불러올 수 있으나 반대로 value를 알고 있다고 하여 key값을 불러올 수는 없다.

사전형 자료는 자연어처리할 때 주로 사용한다.

(3) 입출력

1) 출력하기(print)

파이썬에서 print( )는 괄호안의 글자들을 화면에 표시하는 함수이다. print함수 실행 후 무조건 줄바꿈을 하게 되어 있으나 매개변수 end에 적절한 값을 넣어 줄바꿈을 대체할 수 있다.

▶ 예제

```
print("안녕하세요")  #영문, 한글 모두 출력가능하다.
print("결과값은", 2+7, "입니다.")  # 여러 개의 값들을 쉼표로 분리하여 화면에 차례로 출력
                                  가능하다.
```

▶ 예제(end 조건연습)

```
print("안녕하세요")
print("반갑습니다.")

print("안녕하세요", end=" ")
print("반갑습니다.")

print("안녕하세요", end="^^ ")
print("반갑습니다.")
```

▶ [참고] 파이썬에서 사용 가능한 연산은 다음과 같다.

• 기본연산

연산	기호	사용 예	결과
덧셈	+	7 + 4	11
뺄셈	−	7 − 4	3
곱셈	*	7 * 4	28
제곱	**	7 ** 4	2401
나누셈	/	7 / 4	1.75
나누셈(몫)	//	7 // 4	1
나누셈(나머지)	%	7 % 4	3

• 비교연산자

연산	의미
A == B	A와 B가 같은가?
A != B	A와 B가 다른가?
A > B	A가 B보다 큰가?
A < B	A가 B보다 작은가?
A >= B	A가 B보다 크거나 같은가?
A <= B	A가 B보다 작거나 같은가?

• 논리연산자

연산자	의미
A and B	AND연산. A와 B가 모두 참이면 참, 그렇지 않으면 거짓
A or B	OR 연산. A나 B중에서 하나만 참이면 참, 모두 거짓이면 거짓
not A	NOT연산, A가 참이면 거짓, A가 거짓이면 참

2) 입력하기(input)

파이썬에서 input( )은 사용자에게 입력을 받는 함수이다. input( )이 호출되면 사용자가 입력할 때까지 프로그램 실행이 잠시 중지된다.

▶ 예제

```
name = input("이름이 무엇인가요?")  # 사용자의 이름을 입력받음
print("만나서 반갑습니다. ", name, "님!")  # 입력받은 이름을 넣어 인사말 출력
```

▶ 예제. 사용자로부터 정수 2개를 입력받아 합계를 출력하는 프로그램 작성

```
x = int(input("첫번째 정수:"))
y = int(input("두번째 정수:"))
sum = x + y
print("합은", sum)
```

(4) 제어문

1) 조건문(condition)

조건문은 조건에 따라 특정한 동작을 수행하는 명령문이다. if−elif−else 구조로 되어 있다.

```
if  <조건1> :                  # <조건1>이 참이면 <명령문 1>을 수행
    <명령문 1>
elif <조건2>                   # <조건1>이 거짓이고 <조건2>가 참일 경우 <명령문 2>을 수행
     <명령문 2>                # if-else만 사용해도 됨
else : <명령문 3>              # <조건1>이 거짓이고 <조건2>도 거짓일 경우 <명령문 3>을 수행
                               # if만 사용해도 됨
```

2) 반복문(loop)

반복문은 특정 동작을 반복적으로 수행하는 명령문으로 while, for 등이 있다.

▶ while : 조건과 명령문으로 구성된다.

```
while  <조건> :               # 조건이 만족되는 동안 <명령문> 수행
       <명령어>
```

▶ for : 범위와 명령문으로 구성된다.

```
for  <범위> :                 # 범위에 제시된 값 하나하나를 변수에 할당하고 <명령문> 수행
     <명령어>
```

3 데이터 불러오기

파이썬에서는 pandas 모듈을 이용하여 CSV, 엑셀파일을 쉽게 불러올 수 있다. Anaconda에 기본으로 설치되어 있어 그냥 사용하면 된다.

(1) CSV 파일 불러오기

① import를 이용하여 pandas 모듈을 불러온다. 모듈명 다음 as를 사용해 불러온 모듈을 재정의하여 사용할 수 있다. 즉, 아래 코드는 앞으로 pandas 는 pd로 재정의해 사용하기로 한다는 의미이다.

```
import pandas as pd
```

② pandas 모듈의 read_csv 함수를 이용해 CSV 파일을 읽어와 bank 에 저장한다. bank.csv 파일의 데이터는 ';'로 구분되어 있으므로, sep 옵션에 ';'을 지정한다.

③ 그리고 변수명 bank를 실행시켜 읽어온 데이터를 확인한다.

```
bank = pd.read_csv("bank.csv", sep=";")
bank
```

	age	job	marital	education	default	balance	housing	loan	contact	da
0	30	unemployed	married	primary	no	1787	no	no	cellular	1
1	33	services	married	secondary	no	4789	yes	yes	cellular	1
2	35	management	single	tertiary	no	1350	yes	no	cellular	1
3	30	management	married	tertiary	no	1476	yes	yes	unknown	
4	59	blue-collar	married	secondary	no	0	yes	no	unknown	
5	35	management	single	tertiary	no	747	no	no	cellular	2
6	36	self-employed	married	tertiary	no	307	yes	no	cellular	1
7	39	technician	married	secondary	no	147	yes	no	cellular	
8	41	entrepreneur	married	tertiary	no	221	yes	no	unknown	1

④ 변수명 뒤에 head 함수를 넣어 pandas 데이터인 bank의 첫 5행만 확인한다.

```
bank.head()
```

	age	job	marital	education	default	balance	housing	loan	contact	day	m
0	30	unemployed	married	primary	no	1787	no	no	cellular	19	
1	33	services	married	secondary	no	4789	yes	yes	cellular	11	
2	35	management	single	tertiary	no	1350	yes	no	cellular	16	
3	30	management	married	tertiary	no	1476	yes	yes	unknown	3	
4	59	blue-collar	married	secondary	no	0	yes	no	unknown	5	

(2) Excel 파일 불러오기

① pandas 모듈을 불러와 pd로 재정의해 사용하기로 한다.

```
import pandas as pd
```

② pandas 모듈의 read_excel 함수를 이용해 excel 파일을 읽어와 df_excel 변수에 저장한다.

③ 그리고 변수명 df_excel를 실행시켜 읽어온 데이터를 확인한다.

```
df_excel = pd.read_excel("bank.xlsx")
df_excel
```

	age	job	marital	education	default	balance	housing	loan	contact	da
0	30	unemployed	married	primary	no	1787	no	no	cellular	1
1	33	services	married	secondary	no	4789	yes	yes	cellular	1
2	35	management	single	tertiary	no	1350	yes	no	cellular	1
3	30	management	married	tertiary	no	1476	yes	yes	unknown	
4	59	blue-collar	married	secondary	no	0	yes	no	unknown	
5	35	management	single	tertiary	no	747	no	no	cellular	2
6	36	self-employed	married	tertiary	no	307	yes	no	cellular	1
7	39	technician	married	secondary	no	147	yes	no	cellular	
8	41	entrepreneur	married	tertiary	no	221	yes	no	unknown	1
9	43	services	married	primary	no	-88	yes	yes	cellular	1

4 기초통계 분석하기

① bank.csv 파일을 읽어와 bank에 저장한다. (3. 데이터 불러오기 참고)

② info 함수를 이용해 bank 데이터의 개요를 확인한다.

```
bank.info()
```

```
<class 'pandas.core.frame.DataFrame'>
RangeIndex: 4521 entries, 0 to 4520
Data columns (total 17 columns):
age          4521 non-null int64
job          4521 non-null object
marital      4521 non-null object
education    4521 non-null object
default      4521 non-null object
balance      4521 non-null int64
housing      4521 non-null object
loan         4521 non-null object
contact      4521 non-null object
day          4521 non-null int64
month        4521 non-null object
duration     4521 non-null int64
campaign     4521 non-null int64
pdays        4521 non-null int64
previous     4521 non-null int64
poutcome     4521 non-null object
y            4521 non-null object
dtypes: int64(7), object(10)
memory usage: 600.5+ KB
```

③ min 함수를 이용해 각 변수의 최소값을 확인

```
bank.min()
```

```
age                19
job            admin.
marital      divorced
education     primary
default            no
balance         -3313
housing            no
loan               no
contact      cellular
day                 1
month             apr
duration            4
campaign            1
pdays              -1
previous            0
poutcome      failure
y                  no
dtype: object
```

④ describe 함수를 이용하여 수치형 데이터의 통계적 개요를 확인한다. 개수, 평균뿐만 아니라 최대, 최소, 각 1/4 지점, 표준편차까지 한번에 확인할 수 있다.

```
bank.describe()
```

	age	balance	day	duration	campaign	pdays	previous
count	4521.000000	4521.000000	4521.000000	4521.000000	4521.000000	4521.000000	4521.000000
mean	41.170095	1422.657819	15.915284	263.961292	2.793630	39.766645	0.542579
std	10.576211	3009.638142	8.247767	259.856633	3.109807	100.121124	1.693562
min	19.000000	-3313.000000	1.000000	4.000000	1.000000	-1.000000	0.000000
25%	33.000000	69.000000	9.000000	104.000000	1.000000	-1.000000	0.000000
50%	39.000000	444.000000	16.000000	185.000000	2.000000	-1.000000	0.000000
75%	49.000000	1480.000000	21.000000	329.000000	3.000000	-1.000000	0.000000
max	87.000000	71188.000000	31.000000	3025.000000	50.000000	871.000000	25.000000

describe 함수에 include 옵션을 'all'로 지정하면 수치형 데이터뿐만 아니라 문자형 데이터의 통계적 개요도 확인할 수 있다.

```
bank.describe(include="all")
```

	age	job	marital	education	default	balance	housing	loan	contac
count	4521.000000	4521	4521	4521	4521	4521.000000	4521	4521	452
unique	NaN	12	3	4	2	NaN	2	2	:
top	NaN	management	married	secondary	no	NaN	yes	no	cellula
freq	NaN	969	2797	2306	4445	NaN	2559	3830	289
mean	41.170095	NaN	NaN	NaN	NaN	1422.657819	NaN	NaN	Na
std	10.576211	NaN	NaN	NaN	NaN	3009.638142	NaN	NaN	Na
min	19.000000	NaN	NaN	NaN	NaN	-3313.000000	NaN	NaN	Na
25%	33.000000	NaN	NaN	NaN	NaN	69.000000	NaN	NaN	Na
50%	39.000000	NaN	NaN	NaN	NaN	444.000000	NaN	NaN	Na
75%	49.000000	NaN	NaN	NaN	NaN	1480.000000	NaN	NaN	Na
max	87.000000	NaN	NaN	NaN	NaN	71188.000000	NaN	NaN	Na

(1) 이산형 변수의 기초통계량 확인

① bank 데이터 marital 변수의 각 value가 몇 개 있는지 value_counts 함수를 이용해 확인한다. 데이터명 뒤에 ['marital'] 로 변수명을 지정한다.

```
bank['marital'].value_counts()
```

```
married     2797
single      1196
divorced     528
Name: marital, dtype: int64
```

(2) 연속형 변수의 기초통계량 확인

① bank 데이터 age 변수의 최대값을 확인한다.

```
bank['age'].max()
```

```
87
```

② bank 데이터 age 변수의 최소값을 확인한다.

```
bank['age'].min()
```

```
19
```

③ bank 데이터 age 변수의 총합을 확인한다.

```
bank['age'].sum()
```

```
186130
```

④ bank 데이터 age 변수의 평균을 확인한다.

```
bank['age'].mean()
```

```
41.17009511170095
```

⑤ bank 데이터 age 변수의 분산을 확인한다.

```
bank['age'].var()
```

```
111.85623824316447
```

⑥ bank 데이터 age 변수의 표준편차를 확인한다.

```
bank['age'].std()
```

```
10.576210958711275
```

⑦ bank 데이터 age 변수의 왜도를 확인한다.

```
bank['age'].skew()
```

```
0.6995014533559305
```

⑧ bank 데이터 age 변수의 첨도를 확인한다.

```
bank['age'].kurtosis()
```

```
0.3487754872611486
```

⑨ bank 데이터 age 변수의 통계적 개요를 확인한다.

```
bank['age'].describe()
```

```
count    4521.000000
mean       41.170095
std        10.576211
min        19.000000
25%        33.000000
50%        39.000000
75%        49.000000
max        87.000000
Name: age, dtype: float64
```

5 plot 하기

matplotlib은 파이썬의 대표적인 시각화 도구이다. 그중 그래프를 그리는 모듈은 matplotlib.pyplot이다. 일반적으로 plt로 줄여 사용한다.

%matplotlib inline은 그래프의 결과를 출력세션에 나타나도록 하는 설정이다.

```
import matplotlib.pyplot as plt
%matplotlib inline
```

(1) 이산형 변수 plot

① 원그래프 : marital 변수의 value별 개수로 plot 함수의 kind 옵션을 'pie'로 지정하여 그려준다.

```
bank['marital'].value_counts().plot(kind = "pie")
```

<matplotlib.axes._subplots.AxesSubplot at 0x16a0de95240>

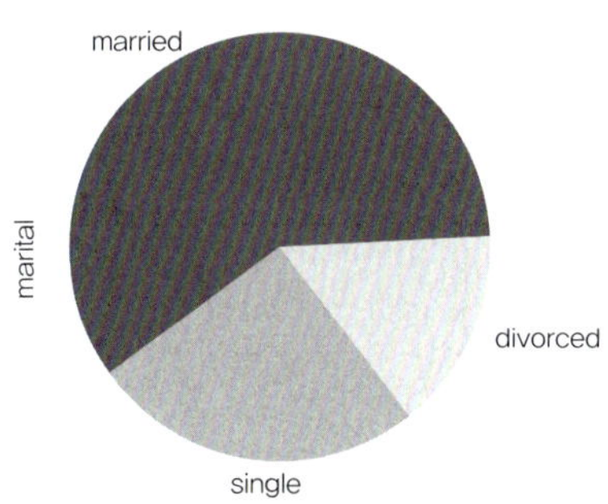

② 막대그래프 : marital 변수의 value별 개수로 plot 함수의 kind 옵션을 'bar'로 지정하여 그려준다.

```
bank['marital'].value_counts().plot(kind = "bar")
```

<matplotlib.axes._subplots.AxesSubplot at 0x16a0c64e6a0>

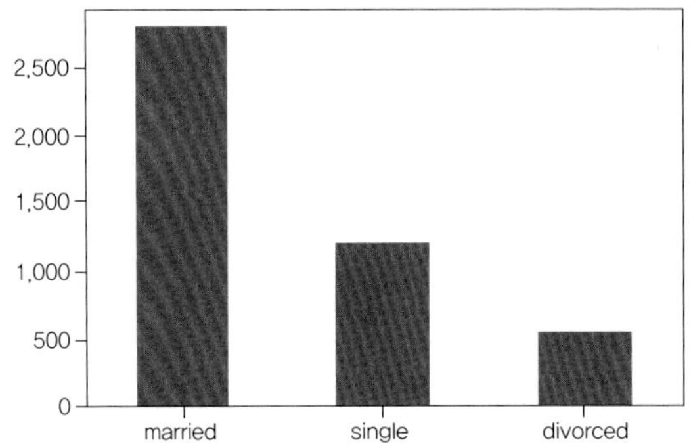

(2) 연속형 변수 plot

① 막대그래프 : age 변수의 value별 개수로 plot 함수의 kind 옵션을 'bar'로 지정하여 그려준다.

```
bank['age'].value_counts().plot(kind = "bar")
```

```
<matplotlib.axes._subplots.AxesSubplot at 0x16a0ba7b8d0>
```

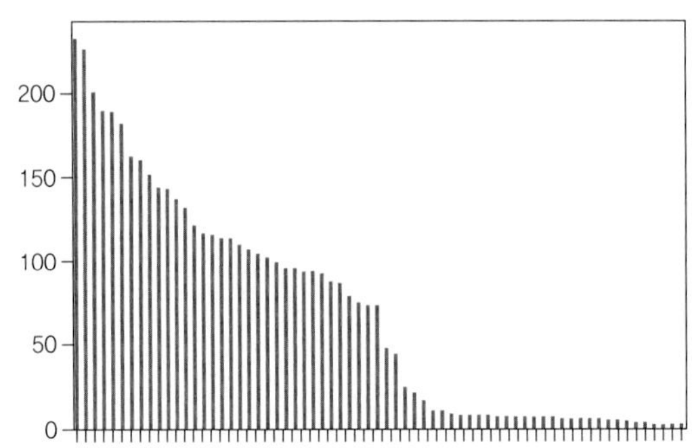

② 히스토그램 : age 변수를 대상으로 plot( ) 함수의 kind 옵션을 'hist'로 지정하여 그려준다.

```
bank['age'].plot(kind = "hist")
```

```
<matplotlib.axes._subplots.AxesSubplot at 0x16a0c6f87f0>
```

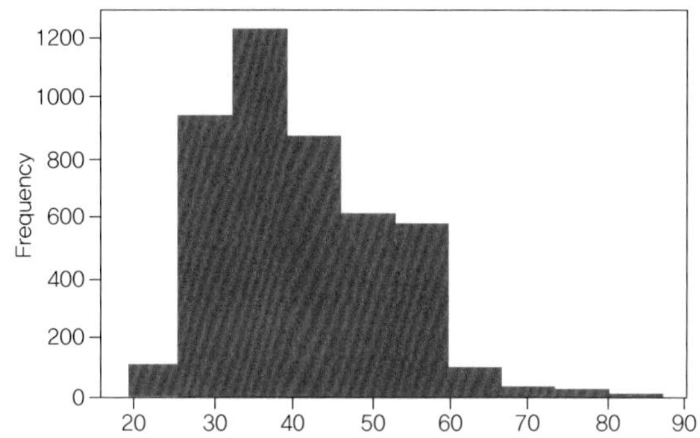

컬럼지정을 하지 않는 경우 bank의 모든 연속형 변수에 대한 히스토그램을 확인할 수 있다. bins 옵션으로 데이터를 집계할 구간을, figsize 옵션으로 그래프 사이즈를 지정한다.

```
bank.hist(bins=25, figsize=(20,15))
```

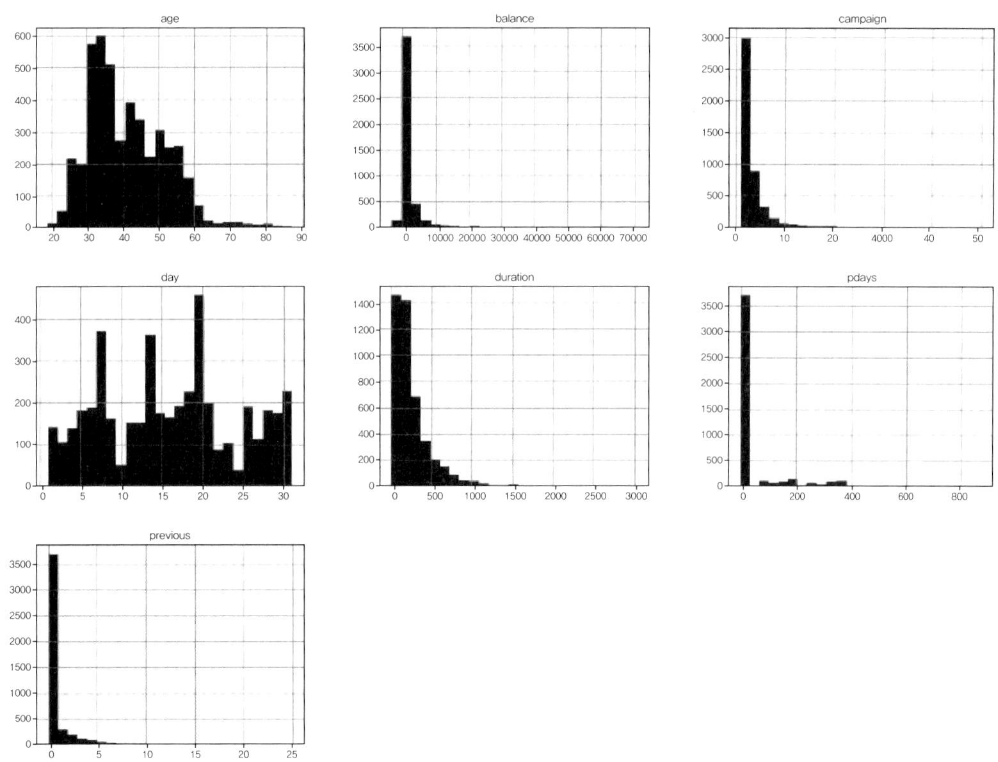

③ 상자그래프 : age 변수를 대상으로 plot 함수의 kind 옵션을 'box'로 지정하여 그려준다.

```
bank['age'].plot(kind = "box")
```

<matplotlib.axes._subplots.AxesSubplot at 0x16a0d73b240>

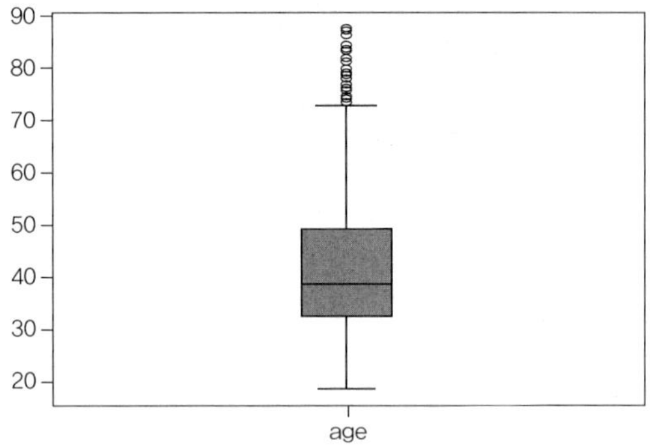

6 교차분석하기

◆ education에 따라 marital에 차이가 있는가?

① bank.csv 파일을 읽어와 bank에 저장한다.

```
import pandas as pd
```

```
bank = pd.read_csv("bank.csv", sep=";")
bank.head()
```

	age	job	marital	education	default	balance	housing	loan	contact	day	month
0	30	unemployed	married	primary	no	1787	no	no	cellular	19	oct
1	33	services	married	secondary	no	4789	yes	yes	cellular	11	may
2	35	management	single	tertiary	no	1350	yes	no	cellular	16	apr
3	30	management	married	tertiary	no	1476	yes	yes	unknown	3	jun
4	59	blue-collar	married	secondary	no	0	yes	no	unknown	5	may

② pandas 모듈의 crosstab 함수를 이용해 education과 marital의 교차표를 만들어 확인한다. margins옵션을 True로 지정하면 총합(All)확인이 가능하다.

```
crosstab = pd.crosstab(bank.education, bank.marital, margins=True)
crosstab
```

marital	divorced	married	single	All
education				
primary	79	526	73	678
secondary	270	1427	609	2306
tertiary	155	727	468	1350
unknown	24	117	46	187
All	528	2797	1196	4521

normalize 옵션을 True로 지정하면 전체에 대한 해당 비율로 표기가 된다.

```
crosstab_norm = pd.crosstab(bank.education, bank.marital, margins=True,
                            normalize=True)
crosstab_norm
```

marital education	divorced	married	single	All
primary	0.017474	0.116346	0.016147	0.149967
secondary	0.059721	0.315638	0.134705	0.510064
tertiary	0.034284	0.160805	0.103517	0.298607
unknown	0.005309	0.025879	0.010175	0.041363
All	0.116788	0.618668	0.264543	1.000000

③ scipy 모듈에서 통계를 위한 stats (함수/클래스)를 불러온다. scipy는 과학적 컴퓨팅영역의 기본적인 작업을 위한 모듈이다.

```
from scipy import stats
```

④ stats의 chi2_contingency 함수를 이용해 앞서 만든 교차표 crosstab의 교차분석을 실행한다.

```
stats.chi2_contingency(crosstab)
```

```
(139.0891646557848,
 9.145470071749415e-24,
 12,
 array([[  79.18248175,  419.45719973,  179.36031851,  678.        ],
        [ 269.31386861, 1426.64941385,  610.03671754, 2306.        ],
        [ 157.66423358,  835.20238885,  357.13337757, 1350.        ],
        [  21.83941606,  115.69099757,   49.46958637,  187.        ],
        [ 528.        , 2797.        , 1196.        , 4521.        ]]))
```

결과의 첫 번째 값은 χ^2, 두 번째 값은 p-value, 세 번째 값은 자유도, 네 번째 값은 기대빈도이다.

χ^2 검정결과, χ^2 값이 139.09일 때 유의확률은 .000으로서 .05에서 유의하다. 그러므로 'education에 따라 marital에 차이가 있다.'라고 할 수 있다.

7 상관분석하기

◆ age와 balance간에 상관관계가 있는가?

① bank.csv 파일을 읽어와 bank에 저장한다.

```
import pandas as pd
```

```
bank = pd.read_csv("bank.csv", sep=";")
bank.head()
```

	age	job	marital	education	default	balance	housing	loan	contact	day	month
0	30	unemployed	married	primary	no	1787	no	no	cellular	19	oct
1	33	services	married	secondary	no	4789	yes	yes	cellular	11	may
2	35	management	single	tertiary	no	1350	yes	no	cellular	16	apr
3	30	management	married	tertiary	no	1476	yes	yes	unknown	3	jun
4	59	blue-collar	married	secondary	no	0	yes	no	unknown	5	may

② matplotlib을 이용해 age와 balance 간의 산점도를 그려보자.

```
import matplotlib.pyplot as plt
%matplotlib inline
```

산점도는 scatter 함수로 그릴 수 있다. xlabel로 x축 라벨을, ylabel로 y축 라벨을 정할 수 있으며, 그래프의 격자무늬는 grid 함수로 만들 수 있다. figure 함수로 그림을 초기화하고, show 함수로 작업한 그림을 닫아준다.

```
plt.figure(figsize=(10,10))
plt.scatter(bank.age, bank.balance)
plt.xlabel("age")
plt.ylabel("balance")
plt.grid()
plt.show()
```

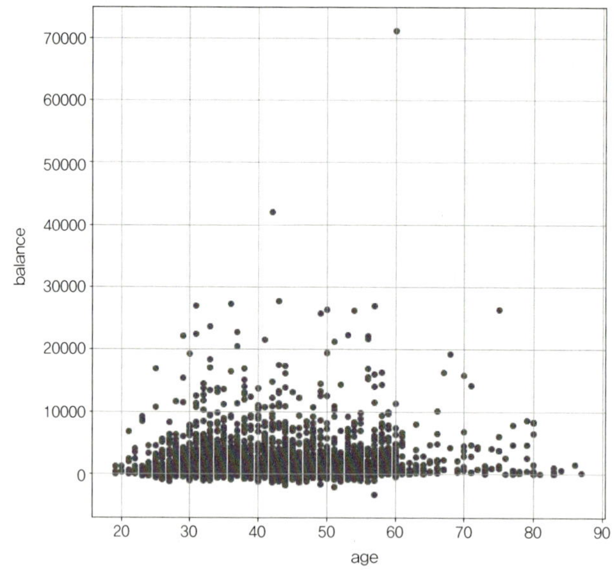

③ scipy 패키지의 통계를 위한 stats 모듈을 불러온다.

```
import scipy.stats as stats
```

④ stats 모듈의 pearsonr함수를 이용해 age와 balance 간의 상관분석을 실행한다.

```
corr = stats.pearsonr(bank.age, bank.balance)
corr
```

```
(0.08382014224477763, 1.658480874629723e-08)
```

결과의 첫 번째 값은 상관계수, 두 번째 값은 p-value이다.

age와 balance의 상관관계는 유의확률 .000으로서 유의수준 .05에서 유의하며, 상관계수는 0.084로 상관이 거의 없다.

⑤ bank의 연속형 데이터만을 선택해 새 데이터를 만들어 준다.

```
bank_ctn = bank[["age", "balance", "duration", "campaign", "pdays", "previous"]]
```

```
bank_ctn.head()
```

	age	balance	duration	campaign	pdays	previous
0	30	1787	79	1	-1	0
1	33	4789	220	1	339	4
2	35	1350	185	1	330	1
3	30	1476	199	4	-1	0
4	59	0	226	1	-1	0

⑥ pandas의 corr 함수를 이용해 연속형 데이터의 상관분석을 실행한다. method 옵션에 pearson을 지정한다.

```
bank_ctn.corr(method = "pearson")
```

	age	balance	duration	campaign	pdays	previous
age	1.000000	0.083820	-0.002367	-0.005148	-0.008894	-0.003511
balance	0.083820	1.000000	-0.015950	-0.009976	0.009437	0.026196
duration	-0.002367	-0.015950	1.000000	-0.068382	0.010380	0.018080
campaign	-0.005148	-0.009976	-0.068382	1.000000	-0.093137	-0.067833
pdays	-0.008894	0.009437	0.010380	-0.093137	1.000000	0.577562
previous	-0.003511	0.026196	0.018080	-0.067833	0.577562	1.000000

⑦ seaborn을 이용해 연속형 데이터별 산점도를 그려보자. seaborn은 matplotlib과 같은 시각화에 편리한 도구이다. seaborn을 불러올때는 matplotlip도 같이 불러오는 것이 좋다.

```
import seaborn as sns
```

```
sns.pairplot(bank_ctn)
plt.show()
```

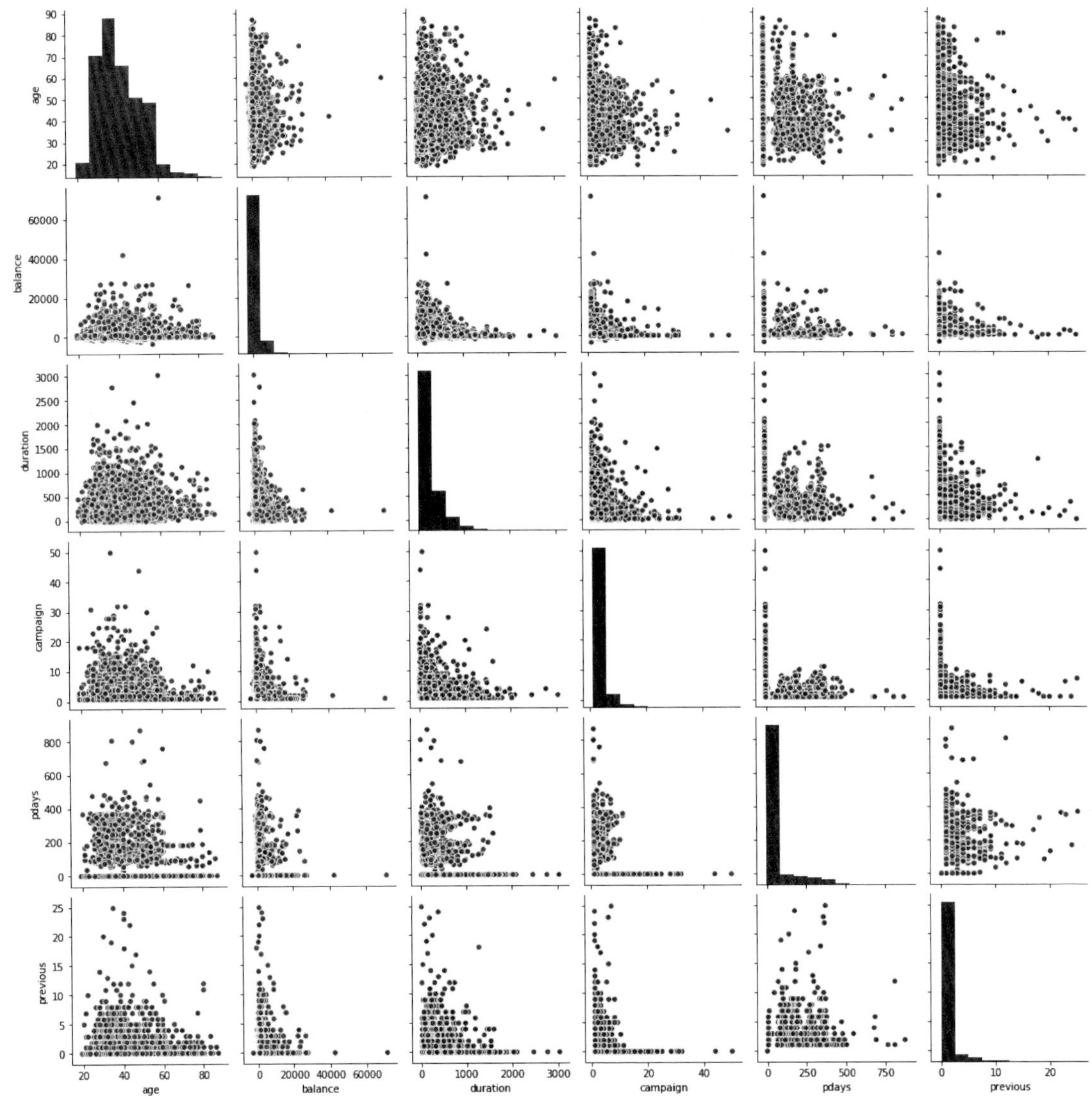
age
balance
duration
campaign
pdays
previous

8 평균차이 검정하기

◆ y에 따라 duration에 차이가 있는가?

① bank.csv 파일을 읽어와 bank에 저장한다.

```
import pandas as pd
```

```
bank = pd.read_csv("bank.csv", sep=";")
bank.head()
```

	age	job	marital	education	default	balance	housing	loan	contact	day	month
0	30	unemployed	married	primary	no	1787	no	no	cellular	19	oct
1	33	services	married	secondary	no	4789	yes	yes	cellular	11	may
2	35	management	single	tertiary	no	1350	yes	no	cellular	16	apr
3	30	management	married	tertiary	no	1476	yes	yes	unknown	3	jun
4	59	blue-collar	married	secondary	no	0	yes	no	unknown	5	may

② groupby 함수를 이용해 bank 데이터 y 변수의 value에 따른 모든 연속형 변수의 기술통계량을 확인한다.

```
bank.groupby(bank["y"]).describe()
```

	age								balance		...	pdays	
	count	mean	std	min	25%	50%	75%	max	count	mean	...	75%	ma
y													
no	4000.0	40.998000	10.188398	19.0	33.0	39.0	48.0	86.0	4000.0	1403.211750	...	-1.0	87
yes	521.0	42.491363	13.115772	19.0	32.0	40.0	50.0	87.0	521.0	1571.955854	...	98.0	80

2 rows × 56 columns

뒤에 T 기능으로 행-열을 바꿔 가독성을 높일 수 있다.

```
bank.groupby(bank["y"]).describe().T
```

	y	no	yes
age	**count**	4000.000000	521.000000
	mean	40.998000	42.491363
	std	10.188398	13.115772
	min	19.000000	19.000000
	25%	33.000000	32.000000
	50%	39.000000	40.000000
	75%	48.000000	50.000000
	max	86.000000	87.000000
balance	**count**	4000.000000	521.000000
	mean	1403.211750	1571.955854
	std	3075.349313	2444.398956
	min	-3313.000000	-1206.000000
	25%	61.000000	171.000000
	50%	419.500000	710.000000
	75%	1407.000000	2160.000000
	max	71188.000000	26965.000000

duration 변수에 대한 기술통계만 확인하고자 하는 경우 변수를 지정해주면 된다.

```
bank.groupby(bank["y"])[["duration"]].describe().T
```

	y	no	yes
duration	**count**	4000.000000	521.000000
	mean	226.347500	552.742802
	std	210.313631	390.325805
	min	4.000000	30.000000
	25%	96.000000	260.000000
	50%	167.000000	442.000000
	75%	283.000000	755.000000
	max	3025.000000	2769.000000

③ y 변수의 value를 구분해 duration 값을 새로운 데이터(변수)로 할당한다. 예를 들어 y의 값이 yes인 경우의 duration 값을 새로운 yes 데이터(변수)로 할당하도록 한다.

```
yes = bank[bank["y"] == "yes"].duration.values
no = bank[bank["y"] == "no"].duration.values
```

```
print(yes)
print(no)
```

```
[ 261  897  958  354   97  132  765  181 1018  441  268  652  398  224
  391  736  243  258  170  386 1877  161  489  324  676  382  185  768
  403  654 1097  487  120  526  988 1030 1484  317  772  223  429  178
  799 1370 1017  298  328  397  323  567  234  681  161  262 1212  279
  854  430  185  212  421  295  388 1735  104 1407  220  904  250  501
  651  278  356  352  222 1031  700  590  526 1181  767  232  347 1282
 1199  736   96  213  275  632  264 1663  342 1015  761  667  345  336
  882  654  457 1028  192  128  177  262  314  109  421  206  350 2087
  222  124  891  558  371  149  187  353  296  330  250  389  224  104
  164  968  159  344  238  648  593  289  319  803  409  244  352  152
  618  670  207  415  671  335  650  252  121  280  686 1060  230  712
 1081  224  757  653   91   93  883  293  578 1174  937  157 1063  301
  847 1558  860 1441 1259  307  166   80  415  328  796 1126  931  218
 1034  659  138   97  716 1029  388  755  385  594   91  574  258  215
  226 1275  229 1032   78  317  221  388  223  328  762  524  819  415
  657  488  207 1309  142  412  401  827  691  376 1473  294  910  609
 1532  226  352   93  332  356  378  955  300  377  809 1164  712  343
  228  709  500  955  436  309  543  378  968  860  325  606  480  227
  517  500  326  993  289  245  253  750  199  635  395 1689  485  184
  701  732  733  185  788 1073  709  543  470 1149  707 1451  563  477
  418  250  427  467  287  321  806  449  759  808  464  466  701  167
  316  562  515  215  134  780  904  386 1472  293  311  198 1139  504
  264  103  485  479  125  442  528  697 1018  998  171  205  270  442
  664  877 1971 1258  188  232  796  655  646  743  550  154  144  261
```

④ duratiln을 y의 value별로 구분하여 상자도표를 그려준다.

```
bank.boxplot(column="duration", by="y")
```

```
<AxesSubplot:title={'center':'duration'}, xlabel='y'>
```

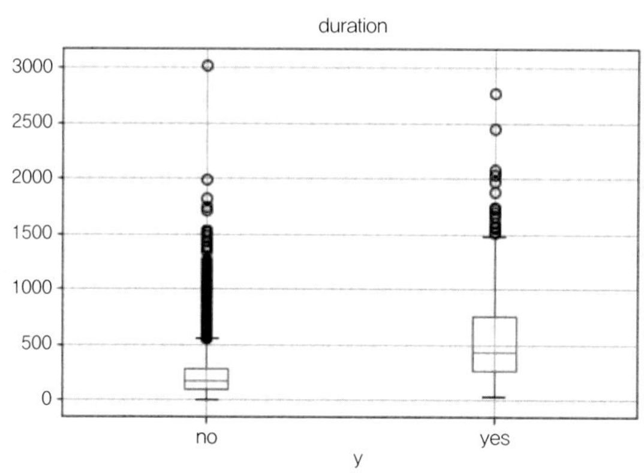

seaborn 모듈을 사용해서 상자도표를 그릴수도 있다.

```
sns.boxplot(data=bank, x="y", y="duration")
```

```
<AxesSubplot:xlabel='y', ylabel='duration'>
```

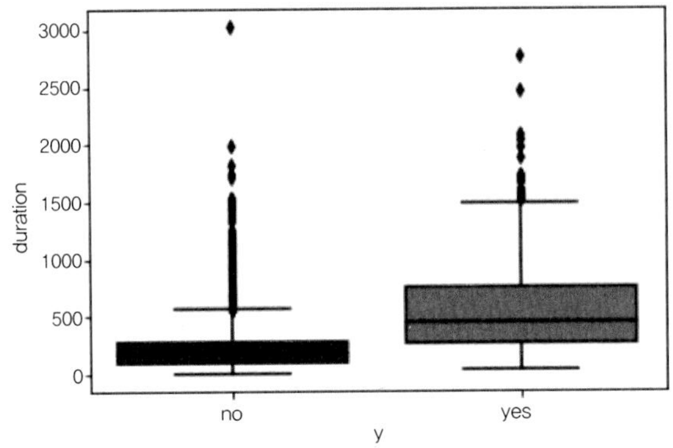

⑤ scipy 패키지의 통계를 위한 stats 모듈을 불러와 f_oneway 함수로 분산분석을 실행한다.

```
import scipy.stats as stats
```

```
stats.f_oneway(yes, no)
F_onewayResult(statistic=866.5057596539401, pvalue=2.1504449021590626e-174)
```

결과의 첫 번째 값은 F값, 두 번째 값은 p-value이다.

y의 duration 평균차이에 대한 F통계값이 866.51, 유의확률 .000으로서 유의수준 .05에서 y에 따라 duration에 유의한 차이가 있다.

9 회귀분석하기

◆ age는 balance에 유의한 영향을 미치는가?

① bank.csv 파일을 읽어와 bank에 저장한다.

```
import pandas as pd
```

```
bank = pd.read_csv("bank.csv", sep=";")
bank.head()
```

	age	job	marital	education	default	balance	housing	loan	contact	day	month
0	30	unemployed	married	primary	no	1787	no	no	cellular	19	oct
1	33	services	married	secondary	no	4789	yes	yes	cellular	11	may
2	35	management	single	tertiary	no	1350	yes	no	cellular	16	apr
3	30	management	married	tertiary	no	1476	yes	yes	unknown	3	jun
4	59	blue-collar	married	secondary	no	0	yes	no	unknown	5	may

② 회귀분석전 age와 balance 변수간 상관관계가 있는지 scipy 모듈의 stats를 이용해 확인한다.

```
from scipy import stats
```

```
corr = stats.pearsonr(bank.age, bank.balance)
corr
```

```
(0.08382014224477763, 1.658480874629723e-08)
```

age와 balance의 상관관계는 유의확률 .000으로서 유의수준 .05에서 유의하며, 상관계수는 0.0838로 상관이 거의 없다.

③ matplotlib과 seaborn 모듈을 불러와 산점도와 회귀선을 확인한다.

```
import matplotlib.pyplot as plt
import seaborn as sns

%matplotlib inline
```

```
sns.regplot("age", "balance", bank)
plt.show()
```

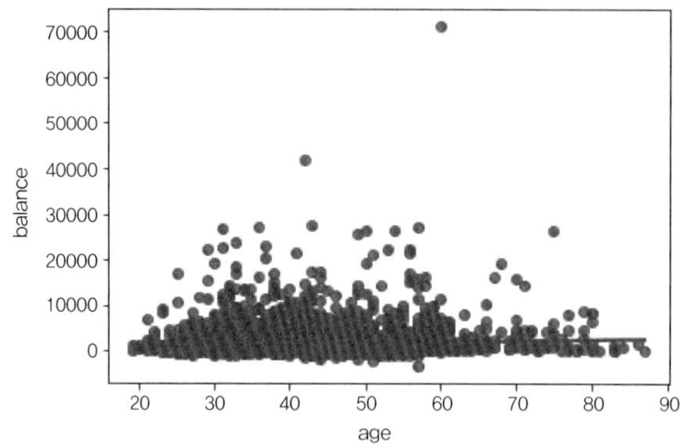

④ statsmodels 패키지의 formula.api 모듈을 불러온다. statsmodels는 다양한 통계모델을 평가하고 통계테스트를 수행하고 통계데이터를 탐색하는 데 필요한 클래스와 함수를 제공하는 패키지이다.

```
import statsmodels.formula.api as smf
```

⑤ statsmodels의 ols와 fit 함수를 이용해 회귀모형을 생성한다. formula 옵션에 종속변수와 독립변수를 ~로 연결하여 지정한다.

OLS(Ordinary Least Squares)는 잔차제곱합(RSS : Residual Sum of Squares)을 최소화하는 가중치 벡터를 행렬미분으로 구하는 방법이다.

```
linear_model = smf.ols(formula = "balance ~ age", data = bank).fit()
```

독립변수를 여러개 넣어 분석하고자 하는 경우 변수를 +로 연결해 준다.

```
linear_model2 = smf.ols(formula = 'previous ~ age + balance + campaign + duration + pdays',
                        data=bank).fit()
```

⑥ summary와 print 함수로 회귀모형의 결과를 확인할 수 있다.

```
print(linear_model.summary2())
```

```
                 Results: Ordinary least squares
==================================================================
Model:              OLS              Adj. R-squared:     0.007
Dependent Variable: balance          AIC:                85223.7446
Date:               2020-            BIC:                85236.5776
No. Observations:   4521             Log-Likelihood:     -42610.
Df Model:           1                F-statistic:        31.97
Df Residuals:       4519             Prob (F-statistic): 1.66e-08
R-squared:          0.007            Scale:              8.9963e+06
------------------------------------------------------------------
              Coef.    Std.Err.    t     P>|t|    [0.025   0.975]
------------------------------------------------------------------
Intercept    440.6511  179.3032 2.4576 0.0140  89.1292 792.1731
age           23.8524    4.2182 5.6546 0.0000  15.5826  32.1223
------------------------------------------------------------------
Omnibus:              5648.224      Durbin-Watson:         1.988
Prob(Omnibus):        0.000         Jarque-Bera (JB):      1475688.206
Skew:                 6.557         Prob(JB):              0.000
Kurtosis:             90.532        Condition No.:         171
==================================================================
```

R-square(설명력/결정계수)는 0.007로 balance(종속변수) 분산의 0.7%가 age(독립변수)에 의해 설명된다. (앞서 age와 balance간의 상관계수의 제곱과 같다)

F값은 31.97이며 유의확률은 .00으로 유의수준 .05에서 회귀모형이 통계적으로 유의하다고 할 수 있다.

t값은 5.65, 유의확률은 .000으로 영가설이 기각되므로 유의수준 .05에서 회귀계수가 0이 아니다.

분석결과 age에 대한 회귀계수는 정(+)로 나타났으며, 유의하므로 (t = 5.65, p = .000) 영가설은 기각되고 연구가설은 지지된다.

즉, age는 balance에 영향을 미치며, 특히 회귀계수가 정(+)의 값을 가지므로 age의 증가에 따라 balance가 증가하는 경향이 있는 것으로 해석할 수 있다.

10 로지스틱 회귀분석하기

(1) 로지스틱 회귀모형 만들기

① 분석에 필요한 모듈을 불러와 준비한다.

```
import pandas as pd
```

```
import statsmodels.formula.api as smf
```

② bank.csv 파일을 읽어와 bank에 저장한다.

```
bank = pd.read_csv("bank.csv", sep=";")
bank.head()
```

	age	job	marital	education	default	balance	housing	loan	contact	day	month
0	30	unemployed	married	primary	no	1787	no	no	cellular	19	oct
1	33	services	married	secondary	no	4789	yes	yes	cellular	11	may
2	35	management	single	tertiary	no	1350	yes	no	cellular	16	apr
3	30	management	married	tertiary	no	1476	yes	yes	unknown	3	jun
4	59	blue-collar	married	secondary	no	0	yes	no	unknown	5	may

로지스틱 회귀분석은 변수의 값이 모두 숫자형이어야 하므로 명목형 변수의 값을 숫자로 re-code 해주어야 한다.

명목형 변수 중 marital 변수의 value를 숫자로 변경한다.

③ 우선 marital 변수의 value와 각 value별 개수를 확인해 준다.

```
bank['marital'].value_counts()
```

```
married     2797
single      1196
divorced     528
Name: marital, dtype: int64
```

④ replace 함수를 이용해 single → 1, married → 2, divorced → 3으로 변경하여 새로운 marital_G 변수를 생성한다.

```
bank['marital_G'] = bank['marital'].replace(["single","married", "divorced" ],
                                            [1, 2, 3])
bank['marital_G'].head()
```

```
0    2
1    2
2    1
3    2
4    2
Name: marital_G, dtype: int64
```

⑤ 변경후 각 value별 개수를 ③ 결과와 비교해 의도대로 변경되었는지 확인한다.

```
bank['marital_G'].value_counts()
```

```
2    2797
1    1196
3     528
Name: marital_G, dtype: int64
```

이번에는 명목형 변수 중 education 변수의 value를 숫자로 변경해 보자.

⑥ education 변수의 value와 각 value별 개수를 확인해 준다.

```
bank['education'].value_counts()
```

```
secondary    2306
tertiary     1350
primary       678
unknown       187
Name: education, dtype: int64
```

⑦ replace 함수를 이용해 primary → 1, secondary → 2, tertiary → 3, unknown → None으로 변경하여 새로운 education_G 변수를 생성한다.

```
bank['education_G'] = bank['education'].replace(["primary","secondary", "tertiary","unknown"],
                                                 [1,2,3, None])
bank['education_G'].head()
```

```
0    1.0
1    2.0
2    3.0
3    3.0
4    2.0
Name: education_G, dtype: float64
```

⑧ 변경후 각 value별 개수를 ⑥ 결과와 비교해 의도대로 변경되었는지 확인한다.

```
bank['education_G'].value_counts()
```

```
2.0    2306
3.0    1350
1.0     678
Name: education_G, dtype: int64
```

아래 표를 참고로 명목형 변수의 문자형 데이터를 숫자로 변경한다.(job, month 제외, unknown, other등은 결측처리(None))

marital	single	1	marital_G
	married	2	
	divorced	3	
education	primary	1	education_G
	secondary	2	
	tertiary	3	
	unknown	None	
housing	yes	1	housing_G
	no	0	
loan	yes	1	loan_G
	no	0	
default	yes	1	default_G
	no	0	
contact	cellular	1	contact_G
	telephone	2	
	unknown	None	
poutcome	failure	0	poutcome_G
	success	1	
	unknown	None	
	other	None	
y	yes	1	y_G
	no	0	

⑨ bank 데이터에서 로지스틱 회귀분석을 위한 새로운 데이터를 타겟변수인 y_G를 포함하여 만들어준다.

```
bank_lr = bank[["y_G", "age", "duration", "pdays","housing_G", "loan_G", "marital_G"]]
bank_lr.head()
```

	y_G	age	duration	pdays	housing_G	loan_G	marital_G
0	0	30	79	-1	0	0	2
1	0	33	220	339	1	1	2
2	0	35	185	330	1	0	1
3	0	30	199	-1	1	1	2
4	0	59	226	-1	1	0	2

⑩ bank_lr 데이터에 null 값이 있는지 확인한다.

```
bank_lr.isnull().sum()
```

```
y_G          0
age          0
duration     0
pdays        0
housing_G    0
loan_G       0
marital_G    0
dtype: int64
```

만일 null 값이 있다면 dropna 함수를 이용해 제거한 후 분석하면 된다.

⑪ statsmodels의 logit과 fit 함수를 이용해 로지스틱 회귀분석 모형을 생성한다. 타겟인 종속변수와 독립변수를 ~로 연결하며, 여러개의 독립변수를 +로 연결해 넣어준다. 또한 독립변수 중 연속형 변수는 그대로, 범주형(이산형) 변수는 C( )로 지정해준다.

```
logit_model = smf.logit("y_G ~ age + duration + pdays + C(housing_G) + C(loan_G) + C(marital_G)",
                        data=bank_lr).fit()
```

```
Optimization terminated successfully.
         Current function value: 0.279744
         Iterations 7
```

⑫ summary와 print 함수로 회귀모형의 결과를 확인할 수 있다.

```
print(logit_model.summary2())
```

```
                         Results: Logit
=================================================================
Model:              Logit            Pseudo R-squared: 0.217
Dependent Variable: y_G              AIC:              2545.4493
Date:               2021-02-25 22:41 BIC:              2596.7812
No. Observations:   4521             Log-Likelihood:   -1264.7
Df Model:           7                LL-Null:          -1615.5
Df Residuals:       4513             LLR p-value:      3.1933e-147
Converged:          1.0000           Scale:            1.0000
No. Iterations:     7.0000
-----------------------------------------------------------------
                  Coef.  Std.Err.    z    P>|z|   [0.025  0.975]
-----------------------------------------------------------------
Intercept        -3.1248   0.2271 -13.7568 0.0000 -3.5699 -2.6796
C(housing_G)[T.1]-0.9291   0.1130  -8.2204 0.0000 -1.1506 -0.7076
C(loan_G)[T.1]   -0.8665   0.1856  -4.6677 0.0000 -1.2303 -0.5026
C(marital_G)[T.2]-0.3814   0.1322  -2.8851 0.0039 -0.6405 -0.1223
C(marital_G)[T.3]-0.0282   0.1843  -0.1532 0.8782 -0.3896  0.3331
age               0.0092   0.0053   1.7414 0.0816 -0.0012  0.0196
duration          0.0038   0.0002  20.7812 0.0000  0.0034  0.0042
pdays             0.0035   0.0004   8.0633 0.0000  0.0027  0.0044
=================================================================
```

age, duration, pdays의 계수는 +, housing_G(1(yes)), loan_G(1(yes)), marital_G(2(married), 3(divorced)), loan_G(1(yes))의 계수는 −로 나타났다.

⑬ numpy 모듈을 불러온 후 회귀계수의 승산과 오즈를 확인해보자.

```
import numpy as np

np.exp(logit_model.params)
```

```
Intercept            0.043948
C(housing_G)[T.1]    0.394918
C(loan_G)[T.1]       0.420431
C(marital_G)[T.2]    0.682900
C(marital_G)[T.3]    0.972151
age                  1.009261
duration             1.003803
pdays                1.003534
dtype: float64
```

duration의 경우 Exp(0.0038)=1.0038이며, 유의하므로, duration이 1단위만큼 커지면 y가 no일 확률 대비 yes일 확률의 비율이 이전에 비해 약 1.0038배가 된다.

(2) 로지스틱 회귀모형을 이용해 결과 예측하기

① 로지스틱 회귀모형으로 각 케이스별 종속변수 예측확률을 predict 함수를 이용해 구한다.

```
predict = pd.DataFrame({"predict":logit_model.predict()})
predict.head()
```

	predict
0	0.050532
1	0.048955
2	0.134129
3	0.013743
4	0.045777

② bank_lr 데이터에 예측확률 predict 값을 추가해 준다.

```
bank_lr["predict"] = predict
bank_lr.head()
```

	y_G	age	duration	pdays	housing_G	loan_G	marital_G	predict
0	0	30	79	-1	0	0	2	0.050532
1	0	33	220	339	1	1	2	0.048955
2	0	35	185	330	1	0	1	0.134129
3	0	30	199	-1	1	1	2	0.013743
4	0	59	226	-1	1	0	2	0.045777

③ 예측확률 0.5를 기준으로 0.5보다 작으면 0(가입하지 않음), 0.5 이상이면 1(가입)의 2개 그룹을 생성하도록 함수를 만든다.

```
def pre_group(series):
    if series<0.5:
        return 0
    else:
        return 1
```

④ 방금 만든 pre_group 함수를 이용해 결과를 예측한다.

```
bank_lr["preGroup"] = bank_lr['predict'].apply(pre_group)
bank_lr.head()
```

	y_G	age	duration	pdays	housing_G	loan_G	marital_G	predict	preGroup
0	0	30	79	-1	0	0	2	0.050532	0
1	0	33	220	339	1	1	2	0.048955	0
2	0	35	185	330	1	0	1	0.134129	0
3	0	30	199	-1	1	1	2	0.013743	0
4	0	59	226	-1	1	0	2	0.045777	0

⑤ 교차표를 이용해 예측력을 확인한다.

```
pd.crosstab(bank_lr.y_G, bank_lr.preGroup, margins=True)
```

preGroup	0	1	All
y_G			
0	3932	68	4000
1	422	99	521
All	4354	167	4521

```
pd.crosstab(bank_lr.y_G, bank_lr.preGroup, margins=True, normalize=True)
```

preGroup	0	1	All
y_G			
0	0.869719	0.015041	0.88476
1	0.093342	0.021898	0.11524
All	0.963061	0.036939	1.00000

확인결과 예측력은 약 89.2%이다.

11 의사결정나무 분석하기

(1) 의사결정나무 모형만들고 예측력 확인

① bank.csv 파일을 읽어와 bank에 저장한다.

```
import pandas as pd
```

```
bank = pd.read_csv("bank.csv", sep=";")
bank.head()
```

	age	job	marital	education	default	balance	housing	loan	contact	day	month
0	30	unemployed	married	primary	no	1787	no	no	cellular	19	oct
1	33	services	married	secondary	no	4789	yes	yes	cellular	11	may
2	35	management	single	tertiary	no	1350	yes	no	cellular	16	apr
3	30	management	married	tertiary	no	1476	yes	yes	unknown	3	jun
4	59	blue-collar	married	secondary	no	0	yes	no	unknown	5	may

의사결정나무 분석은 변수의 값이 모두 숫자형이어야 하므로 명목형 변수의 값을 숫자로 re-code 해주어야 한다.

② replace 함수를 이용해 primary → 1, secondary → 2, tertiary → 3, unknown → None으로 변경하여 새로운 education_G 변수생성

```
bank['education_G'] = bank['education'].replace(["primary","secondary", "tertiary","unknown"],
                                                 [1,2,3, None])
bank['education_G'].head()
```

```
0    1.0
1    2.0
2    3.0
3    3.0
4    2.0
Name: education_G, dtype: float64
```

아래 표를 참고로 명목형 변수의 문자형 데이터를 숫자로 변경한다.(job, month 제외, unknown, other등은 결측처리(None))

marital	single	1	marital_G
	married	2	
	divorced	3	
education	primary	1	education_G
	secondary	2	
	tertiary	3	
	unknown	None	
housing	yes	1	housing_G
	no	0	
loan	yes	1	loan_G
	no	0	
default	yes	1	default_G
	no	0	
contact	cellular	1	contact_G
	telephone	2	
	unknown	None	
poutcome	failure	0	poutcome_G
	success	1	
	unknown	None	
	other	None	
y	yes	1	y_G
	no	0	

③ bank 데이터에서 의사결정나무 분석을 위한 새로운 데이터를 타겟변수인 y_G를 포함하여 만든다.

```
bank_dt = bank[["y_G", "age", "duration", "pdays", "housing_G", "loan_G", "marital_G"]]
bank_dt.head()
```

	y_G	age	duration	pdays	housing_G	loan_G	marital_G
0	0	30	79	-1	0	0	2
1	0	33	220	339	1	1	2
2	0	35	185	330	1	0	1
3	0	30	199	-1	1	1	2
4	0	59	226	-1	1	0	2

④ bank_dt 데이터에 null 값이 있는지 확인한다.

```
bank_dt.isnull().sum()
```

```
y_G          0
age          0
duration     0
pdays        0
housing_G    0
loan_G       0
marital_G    0
dtype: int64
```

의사결정나무 모델을 만들고(훈련, train) 예측력 확인(테스트, test)을 위해 데이터를 분리한다. 우선 타겟변수와 원인변수를 구분하고, 각각을 다시 훈련 데이터와 테스트 데이터로 구분하여 준다.

⑤ bank_dt 데이터에서 원인변수(age, duration, pdays, housing_G, loan_G, marital_G)와 타겟변수(y_G)를 분리한다.

```
X = bank_dt.loc[:,"age":]
X.head()
```

	age	duration	pdays	housing_G	loan_G	marital_G
0	30	79	-1	0	0	2
1	33	220	339	1	1	2
2	35	185	330	1	0	1
3	30	199	-1	1	1	2
4	59	226	-1	1	0	2

```
y = bank_dt.loc[:,"y_G"]
y.head()
```

```
0    0
1    0
2    0
3    0
4    0
Name: y_G, dtype: int64
```

⑥ sklearn.model_selection 모듈의 train_test_split을 이용해 분류한 원인변수 데이터 bank_exp와 타겟변수 데이터 bank_target을 각각 훈련 데이터와 테스트 데이터로 구분한다.

test_size 옵션을 0.3으로 지정하여 전체 데이터의 30%를 테스트 데이터로 분류하도록 한다.

random_state로 테스트 데이터를 분류하는 시작점을 지정하여 이후 실행에도 동일한 분류 결과가 나오도록 한다.

```
from sklearn.model_selection import train_test_split
```

```
X_train, X_test, y_train, y_test = train_test_split(X, y,
                                                    test_size=0.3,
                                                    random_state=1234)
```

⑦ sklearn.tree 모듈의 DecisionTreeClassifier을 불러와 의사결정나무 모델을 만든다.

```
from sklearn.tree import DecisionTreeClassifier
```

```
tree_clf = DecisionTreeClassifier(random_state=1234)
tree_clf.fit(X_train, y_train)
tree_clf.score(X_train, y_train)
```

```
0.9987357774968394
```

score 함수로 생성된 의사결정나무 모델의 예측력을 확인하면 0.999가 나온다. 이 값은 오버피팅(overfitting, 과적합)된 것으로 너무 훈련 데이터에만 딱 맞게 모델이 만들어진 결과이다.

⑧ 오버피팅되지 않도록 모델을 만들 때 max_depth 옵션을 이용해 깊이를 조정한다.

```
tree_clf = DecisionTreeClassifier(max_depth = 3, random_state=1234)
tree_clf.fit(X_train, y_train)
tree_clf.score(X_train, y_train)
```

```
0.8947534766118836
```

score 함수로 생성된 의사결정나무 모델의 예측력을 확인하면 0.895로 약 89.5%가 나온다.

⑨ sklearn.metrics 모듈의 accuracy_score를 불러온다.

```
from sklearn.metrics import accuracy_score
```

⑩ 생성한 의사결정나무 모델에 테스트 데이터의 원인변수를 넣어 y값을 예측한 후 실제 타겟값과 예측한 값을 비교해 accuracy_score를 이용해 예측력을 확인한다.

```
y_pred = tree_clf.predict(X_test)
accuracy_score(y_test, y_pred)
```

```
0.8894620486366986
```

(2) 의사결정나무 시각화하기

① 의사결정나무 시각화를 위한 graphviz 모듈을 설치한다.

```
pip install graphviz
```

② 사용하는 운영체제(윈도우 or mac)에도 graphviz를 설치해 주어야 한다. graphviz 검색한 후 접속해 다운로드한 후 실행해 설치한다.

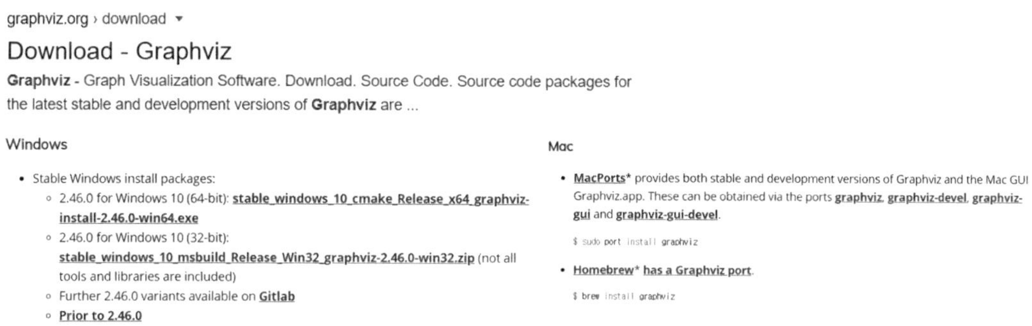

③ graphviz의 환경변수를 설정해 주어야 한다.

"설정>시스템>정보>시스템정보>고급시스템 설정>환경변수"로 이동한다.

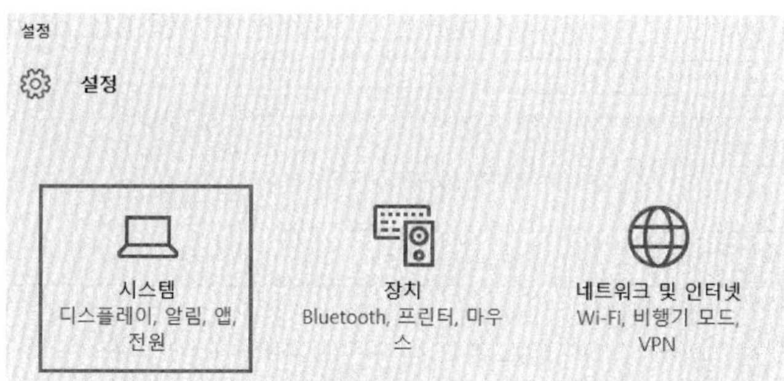

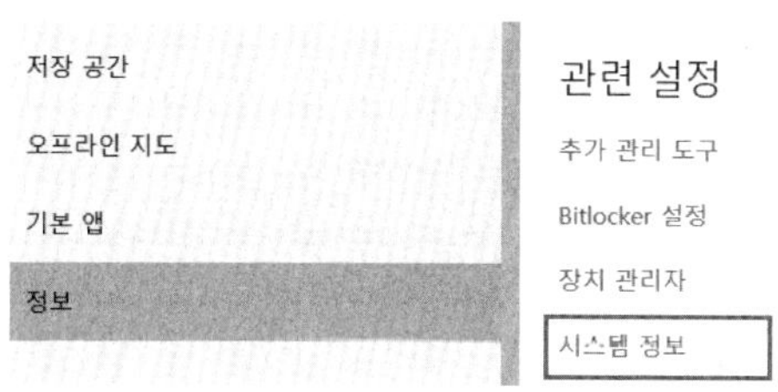

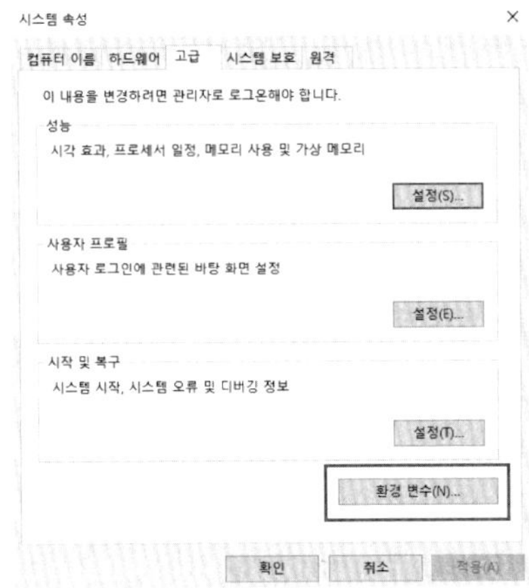

그리고 설치한 graphviz의 위치를 환경변수에 추가한다.

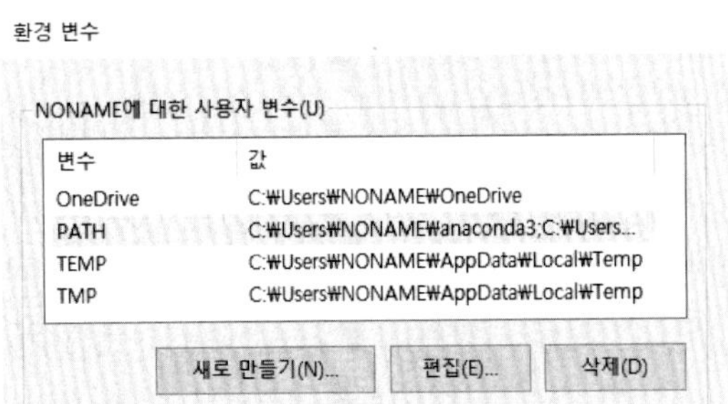

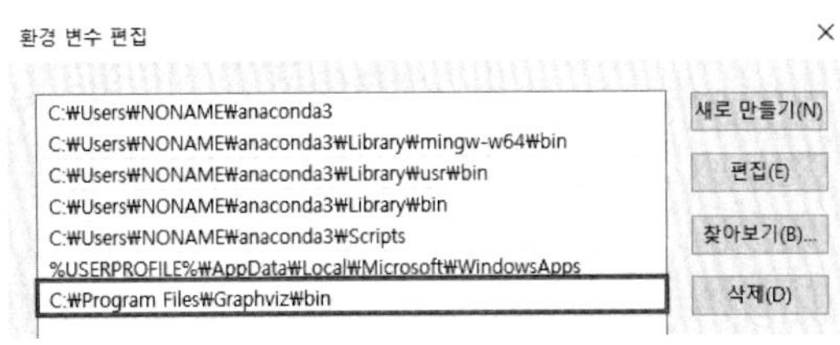

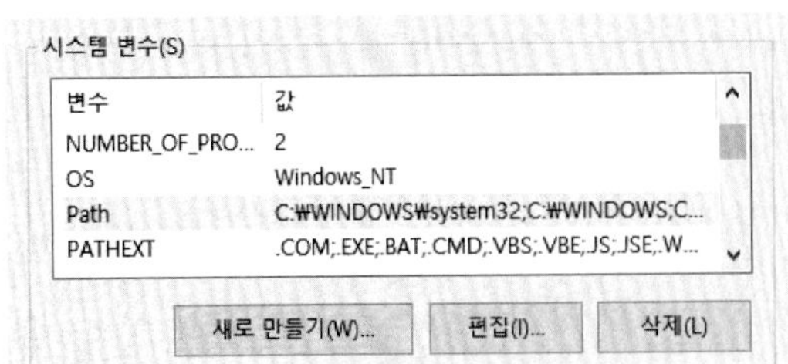

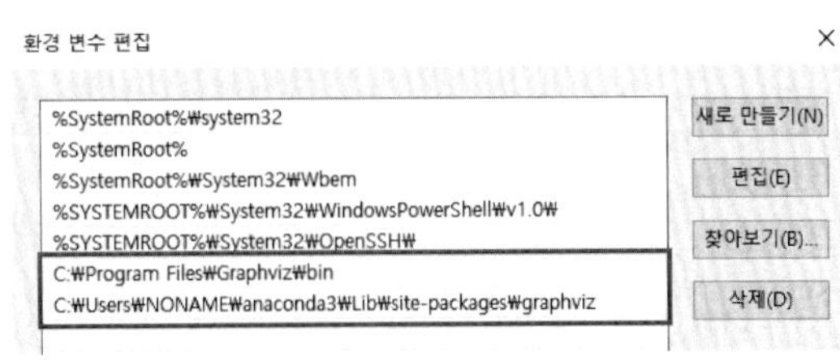

⑤ sklearn.tree 모듈에서 export_graphviz를 불러오고, 설치한 graphviz 모듈도 불러온다.

```
from sklearn.tree import export_graphviz
import graphviz
```

⑥ export_graphviz 함수를 이용해 생성한 의사결정나무 모형 tree_clf를 파일로 생성한다. out_file 옵션으로 생성될 파일의 이름을 지정, feature_names 옵션으로 원인변수 이름을, class_names로 타겟그룹 값을 지정하고, filled 옵션으로 그래프색을 채우도록 한다.

```
export_graphviz(tree_clf,
                out_file="bank_DT.dot",
                feature_names=["age","duration","pdays", "housing_G", "loan_G", "marital_G"],
                class_names=["no", "yes"],
                filled=True)
```

⑦ open 함수와 read 함수로 생성된 파일을 열어 읽어와 dot_graph로 정의한다.

```
with open("bank_DT.dot") as f:
    dot_graph = f.read()
```

⑧ graphviz의 Source함수를 이용해 그래프를 그린다.

```
dot = graphviz.Source(dot_graph)
```

⑨ 그래프를 확인한다.

```
dot
```

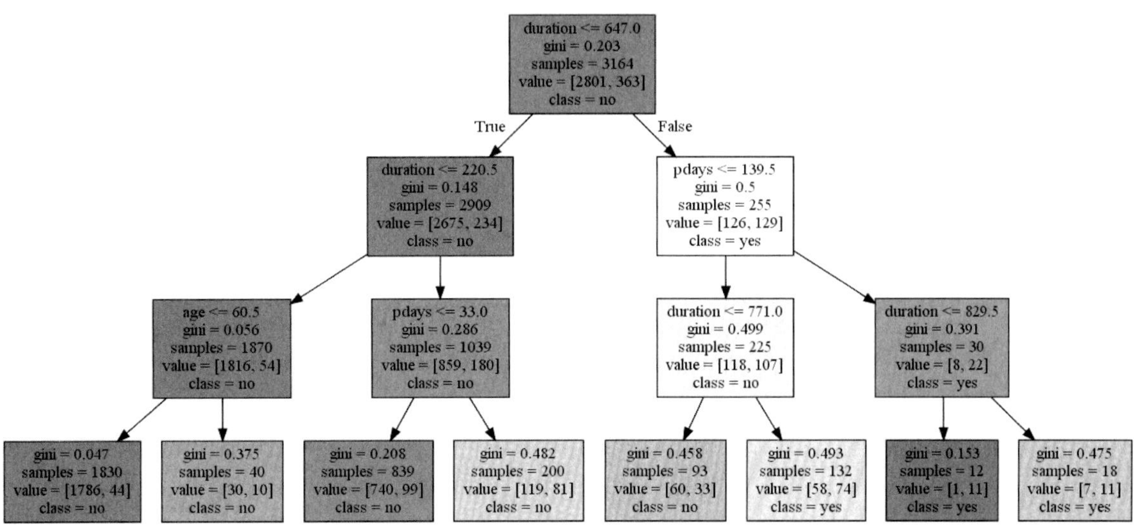

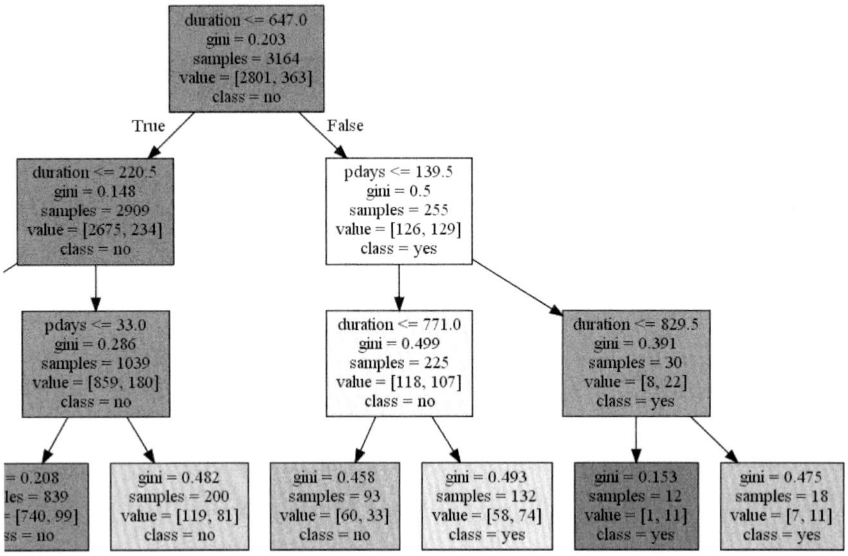

⑩ 그림을 format과 render 함수를 이용해 png 파일로 저장한다.

```
dot.format = 'png'
dot.render(filename='bank_DT', cleanup=True)
```

```
'bank_DT.png'
```

생성된 파일들은 폴더에서 확인가능하다.

bank_DT.png

bank_DT.dot

```
digraph Tree {↵

node [shape=box, style="filled", color="black"] ;↵

0 [label="duration <= 647.0₩ngini = 0.203₩nsamples = 3164₩nvalue = [2801,
363]₩nclass = no", fillcolor="#e89153"] ;↵

1 [label="duration <= 220.5₩ngini = 0.148₩nsamples = 2909₩nvalue = [2675,
234]₩nclass = no", fillcolor="#e78c4a"] ;↵

0 -> 1 [labeldistance=2.5, labelangle=45, headlabel="True"] ;↵

2 [label="age <= 60.5₩ngini = 0.056₩nsamples = 1870₩nvalue = [1816,
54]₩nclass = no", fillcolor="#e6853f"] ;↵

1 -> 2 ;↵

3 [label="gini = 0.047₩nsamples = 1830₩nvalue = [1786, 44]₩nclass = no",
fillcolor="#e6843e"] ;↵

2 -> 3 ;↵

4 [label="gini = 0.375₩nsamples = 40₩nvalue = [30, 10]₩nclass = no",
fillcolor="#eeab7b"] ;↵
```

12 데이터 Set Merge하기

spss 파일(*.sav)을 불러와 merge 한다.

spss 파일을 불러오기 위해 pyreadstat 모듈을 설치한다.

```
pip install pyreadstat
```

또는

```
conda install -c conda-forge pyreadstat
```

(1) 상하 Merge (case 추가)

① pandas 와 pyreadstat을 불러온다.

```
import pandas as pd
import pyreadstat
```

② pyreadstat의 read_sav 함수를 이용해 bank1.sav 파일을 읽어와 df1로 저장한다.

```
df1, meta = pyreadstat.read_sav('bank1.sav')
df1.head()
```

	id	age	job	marital	education	default	balance	housing	loan	contact	...	y
0	1.0	30.0	unemployed	married	primary	no	1787.0	no	no	cellular	...	no
1	2.0	33.0	services	married	secondary	no	4789.0	yes	yes	cellular	...	no
2	3.0	35.0	management	single	tertiary	no	1350.0	yes	no	cellular	...	no
3	4.0	30.0	management	married	tertiary	no	1476.0	yes	yes	unknown	...	no
4	5.0	59.0	blue-collar	married	secondary	no	0.0	yes	no	unknown	...	no

③ bank2.sav 파일을 읽어와 df2로 저장한다.

```
df2, meta = pyreadstat.read_sav('bank2.sav')
df2.head()
```

	id	age	job	marital	education	default	balance	housing	loan	contact	...	y
0	2001.0	28.0	blue-collar	married	primary	no	60.0	yes	no	cellular	...	no
1	2002.0	45.0	blue-collar	married	primary	no	137.0	yes	yes	unknown	...	no
2	2003.0	32.0	admin.	single	tertiary	no	1583.0	yes	no	cellular	...	no
3	2004.0	46.0	admin.	married	secondary	no	-121.0	yes	yes	cellular	...	no
4	2005.0	28.0	blue-collar	single	secondary	no	1065.0	yes	yes	cellular	...	no

④ merge 함수의 how 옵션을 'outer'로 지정하여 merge한 데이터 결과를 모두 가져온다. outer는 합집합과 비슷한 의미이다.

```
pd.merge(df1, df2, how="outer")
```

	id	age	job	marital	education	default	balance	housing	loan	contact
0	1.0	30.0	unemployed	married	primary	no	1787.0	no	no	cellular
1	2.0	33.0	services	married	secondary	no	4789.0	yes	yes	cellular
2	3.0	35.0	management	single	tertiary	no	1350.0	yes	no	cellular
3	4.0	30.0	management	married	tertiary	no	1476.0	yes	yes	unknown
4	5.0	59.0	blue-collar	married	secondary	no	0.0	yes	no	unknown
5	6.0	35.0	management	single	tertiary	no	747.0	no	no	cellular
6	7.0	36.0	self-	married	tertiary	no	307.0	yes	no	cellular

merge 함수의 how 옵션을 'inner'로 지정하면, merge한 데이터 결과 중 공통된 데이터를 가져오며, 교집합과 비슷한 의미이다.

```
pd.merge(df1, df2, how="inner")
```

id	age	job	marital	education	default	balance	housing	loan	contact	...	y

(2) 옆으로 Merge (변수추가)

① pandas와 pyreadstat을 불러온다.

```
import pandas as pd
import pyreadstat
```

② pyreadstat 모듈의 read_sav 함수를 이용해 bank3.sav 파일을 읽어와 df3로 저장한다.

```
df3, meta = pyreadstat.read_sav('bank3.sav')
df3.head()
```

	id	age	job	marital	education
0	1.0	30.0	unemployed	married	primary
1	2.0	33.0	services	married	secondary
2	3.0	35.0	management	single	tertiary
3	4.0	30.0	management	married	tertiary
4	5.0	59.0	blue-collar	married	secondary

③ pyreadstat 모듈의 read_sav 함수를 이용해 bank4.sav 파일을 읽어와 df4로 저장한다.

```
df4, meta = pyreadstat.read_sav('bank4.sav')
df4.head()
```

	id	default	balance	housing	loan	contact	day	month	duration	campaign	...	poutco
0	1.0	no	1787.0	no	no	cellular	19.0	oct	79.0	1.0	...	unknc
1	2.0	no	4789.0	yes	yes	cellular	11.0	may	220.0	1.0	...	fail
2	3.0	no	1350.0	yes	no	cellular	16.0	apr	185.0	1.0	...	fail
3	4.0	no	1476.0	yes	yes	unknown	3.0	jun	199.0	4.0	...	unknc
4	5.0	no	0.0	yes	no	unknown	5.0	may	226.0	1.0	...	unknc

④ merge 함수의 on 옵션에 'id'를 merge 기준으로 지정한다. 공통된 id에 대해서 merge가 된다.

```
pd.merge(df3, df4, on='id')
```

	id	age	job	marital	education	default	balance	housing	loan	contact
0	1.0	30.0	unemployed	married	primary	no	1787.0	no	no	cellular
1	2.0	33.0	services	married	secondary	no	4789.0	yes	yes	cellular
2	3.0	35.0	management	single	tertiary	no	1350.0	yes	no	cellular
3	4.0	30.0	management	married	tertiary	no	1476.0	yes	yes	unknown
4	5.0	59.0	blue-collar	married	secondary	no	0.0	yes	no	unknown
5	6.0	35.0	management	single	tertiary	no	747.0	no	no	cellular
6	7.0	36.0	self-	married	tertiary	no	307.0	yes	no	cellular

PART

Ⅲ

SPSS와 Python, R, 그리고 Excel을 활용한 데이터 분석 따라하기

R을 활용한 데이터 분석

1 R 설치하기

R은 https://cran.r-project.org/mirrors.html에서 다운로드 받을 수 있다. 웹사이트에 접속하여 사용하고 있는 운영체제를 선택하여 클릭하면 된다. 교재에서 설치는 윈도우 기준으로 하나 Mac 사용자도 동일한 방법으로 다운로드하면 된다.

다음의 과정을 통해서 R을 설치한다.

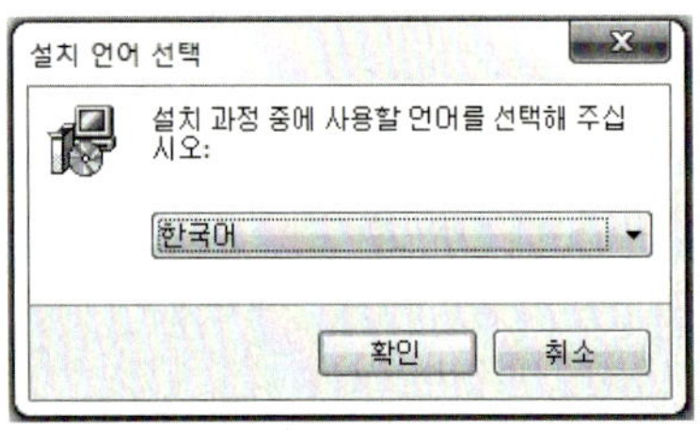

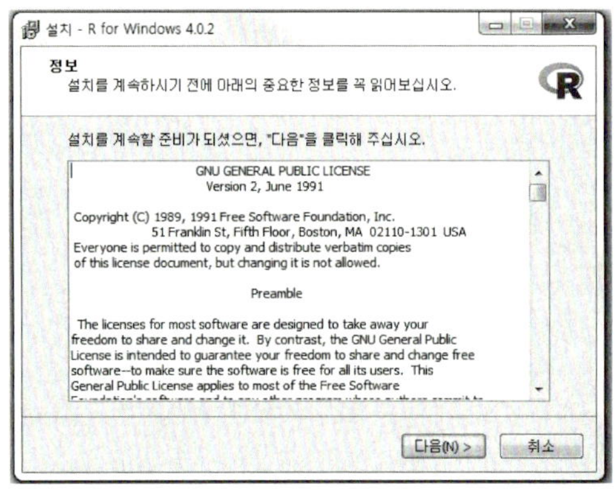

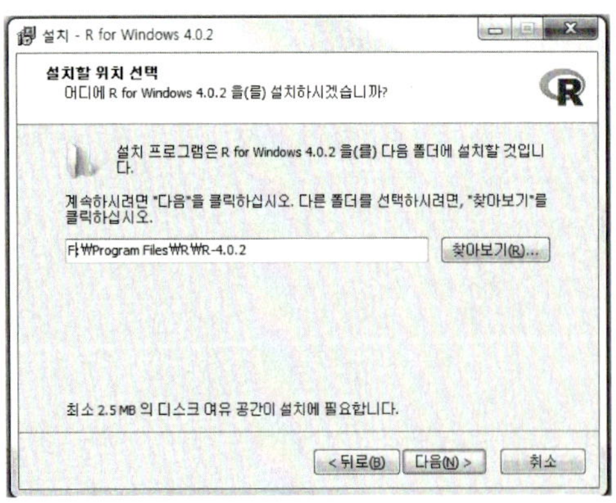

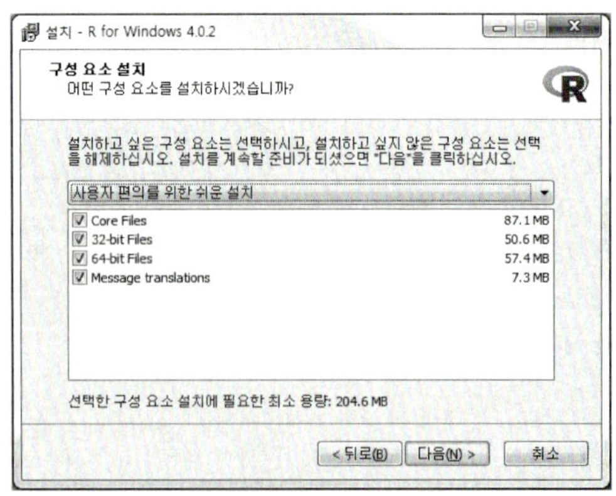

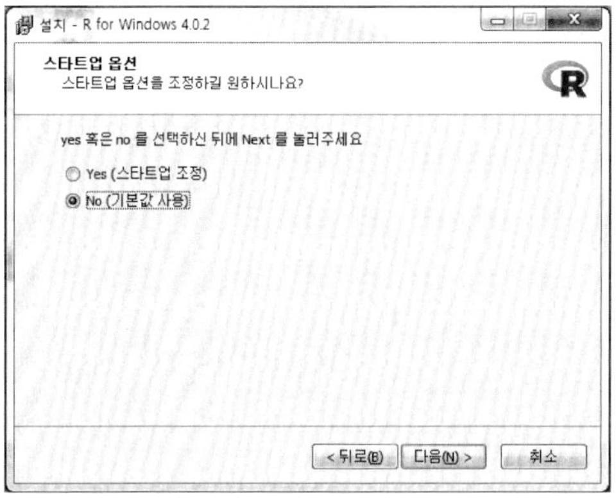

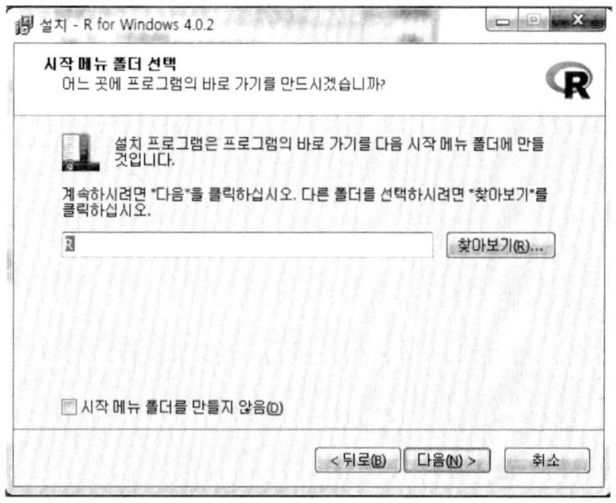

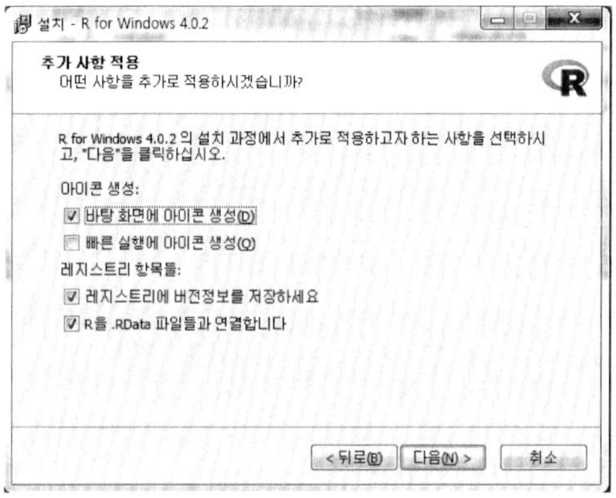

R을 더 편리하게 사용하기 위해서는 GUI 기반의 도구인 R 스튜디오도 설치한다. R 스튜디오는 https://www.rstudio.com/products/rstudio/download에서 다운로드 받아서 설치한다.

R과 R 스튜디오를 설치후에 R 스튜디오를 실행하면 다음과 같은 네 개의 창을 확인할 수 있다.

각각의 창의 역할은 다음과 같다.

- 소스 창 : 명령어를 입력, 기록하는 창
- 콘솔 창 : 명령어를 실행하는 창
- 환경 창 : 생성한 데이터를 보여주는 창
- 파일 창 : 폴더에 있는 파일을 보여주는 창

2 R 기본문법

(1) 변수

변수란 데이터 또는 자료를 담을 수 있는 메모리의 저장장소로 정의할 수 있다. 보이지는 않으나 상자와 같은 하나의 빈공간으로서 변화하는 값들을 담는 역할을 하는 것이다. 문자, 숫자, 함수 등을 변수로 사용한다.

R에서 문자형 데이터는 ' '(작은 따옴표), " "(큰 따옴표)를 이용해 선언해주며, 숫자형 데이터는 따옴표를 쓰지 않는다.

▶ 예시

변수 a에 홍길동이라는 문자형 데이터, 1003라는 숫자형 데이터를 다음과 같이 담을 수 있다.

a = '홍길동' # a와 홍길동이 같다는 수학적인 의미가 아니라, a라는 상자에 홍길동이라는 문자를 넣으라는 의미

a = 1003 # a와 1003이 같다는 수학적인 의미가 아니라, a라는 상자에 1003이라는 숫자를 넣으라는 의미

▶ [참고] 만일 a = '1003'이라고 선언하는 경우에는 1003을 숫자가 아닌 문자로 인식하여 숫자형 데이터의 기본인 연산오류가 생기게 되므로 따옴표를 쓰면 안 된다.

(2) 데이터 타입

변수에서 문자형, 숫자형 데이터를 잠깐 언급했는데, 이외에 R에서 사용하는 다양한 데이터 타입이 있다.

변수 타입	의미	예시
numeric	실수	1, 13.5
integer	정수	1L, 30L
complex	복소수	3+5i
character	문자	"남자", "male", "356"
logical	논리	TRUE, FALSE, T, F
factor	범주	1, 2, a, b, A, B
Date	날짜	"2020-01-01", "01/01/20"

변수가 특정 타입인지 확인하려면 is.*( ) 함수를 사용한다. 예를 들어 is.character(x)로 물었을 때 x가 문자형이면 결과값으로 TRUE, 아니면 FALSE를 반환한다.

변수의 타입을 변경하기 위해서는 변환함수를 사용한다. 변환함수에는 다음과 같은 함수들이 있다.

함수	기능
as.numeric( )	numeric으로 변환
as.factor( )	factor로 변환
as.character( )	character로 변환
as.Date( )	Date로 변환
as.data.frame( )	Data Frame으로 변환

(3) 데이터 구조

R에서는 가장 많이 사용되는 데이터 구조인 데이터 프레임을 중심으로 여러 데이터 구조가 있다. 데이터 구조에 따라 활용방법에 차이가 있는데 각 데이터 구조의 특징은 다음과 같다.

데이터 구조	차원	특징
벡터(Vector)	1차원	한 가지 변수 타입으로 구성
데이터 프레임(Data Frame)	2차원	다양한 변수 타입으로 구성
매트릭스(Matrix)	2차원	한 가지 변수 타입으로 구성
어레이(Array)	다차원	2차원 이상의 매트릭스
리스트(List)	다차원	서로 다른 데이터 구조 포함

(4) 연산자

R에서 연산, 제어, 함수는 다른 언어와 유사하고, 통계분석에 최적화되어 있기에 저장된 데이터를 한 번에 계산하는 벡터연산을 수행한다는 점과 통계분석에서 결측치가 중요한 요인으로 결측치에 민감하다는 정도가 다르다.

R에는 다음과 같은 연산자들이 있다.

- 할당 연산자 : 특정 값을 특정 변수에 저장

연산자	의미
<- 또는 = 또는 <<-	좌측 할당
-> 또는 ->>	우측 할당

- 산술 연산자 : 사칙연산부터 공학용 계산, 통계분석까지 가능

연산자	의미
+	더하기
-	빼기
*	곱하기
/	나누기
^ 또는 **	거듭제곱
x %% y	x를 y로 나눈 나머지
x %/% y	x를 y로 나눈 몫

- 관계 연산자 : 크고 작음 등을 판별하는 연산자로 연산자 좌우값에 대한 관계를 참 또는 거짓으로 나타냄

연산자	의미
==	같다
!=	다르다
>	크다
<	작다
>=	크거나 같다
<=	작거나 같다

- 논리 연산자 : 과정이나 결과의 참과 거짓을 판단하여 명령을 수행하는 연산자

연산자	의미
&	논리곱(and) : 벡터 전체 결과
&&	논리곱(and) : 벡터 첫 번째 결과만
|	논리합(or) : 벡터 전체 결과
||	논리합(or) : 벡터 첫 번째 결과만
!	논리부정(not)
xor(,)	둘 중 하나만 거짓일 경우 TRUE
isTRUE( )	벡터 길이가 1이면서 TRUE일 경우 TRUE

(5) 변수 종류

R에서 변수는 전역변수, 지역변수, 매개변수로 나뉘며 각각의 의미는 다음과 같다.

종류	의미
전역변수	함수에 상관없이 프로그램 전체에서 사용할 수 있는 변수
지역변수	함수 내에서 정의되고 사용하는 변수
매개변수	함수의 인수에서 받아서 사용하는 변수

3 데이터 불러오기

R에서는 CSV, 엑셀파일을 쉽게 불러올 수 있다. CSV 파일과 엑셀파일을 불러오기 위해서는 먼저 불러올 CSV 파일 또는 엑셀파일을 프로젝트 폴더에 저장해 놓는 것이 작업을 수월하게 진행할 수 있다.

(1) CSV 파일 불러오기

① R에 기본적으로 내장된 read.csv( )를 이용해 CSV 파일을 읽어와 bank에 할당한다. 괄호 안에 불러올 CSV 파일명을 넣으면 된다. R에서는 파일명을 지정할 때 항상 앞뒤에 따옴표를 넣는다. 첫 번째 행에 변수명이 없는 CSV 파일을 불러올 때는 header = F 파라미터를 지정한다. 문자가 들어 있는 파일을 불러올 때는 stringsASFactore = F 파라미터를 지정한다. bank.csv 파일의 데이터는 ';'로 구분되어 있으므로, sep 옵션에 ';'을 지정한다.

```
# CSV 파일 불러오기
bank <- read.csv("bank.csv", header = TRUE, sep= ";", stringsAsFactors = F)
```

② 변수명 bank를 실행시켜 읽어온 데이터를 확인한다.

```
bank  # bank 데이터 확인하기
View(bank)  # 뷰어 창에서 bank 데이터 확인하기
```

(2) Excel 파일 불러오기

① readxl 패키지에서 제공하는 read_excel( )을 이용해 엑셀파일을 불러온다. 괄호 안에 불러올 엑셀 파일명을 넣으면 된다. R에서는 파일명을 지정할 때 항상 앞뒤에 따옴표를 넣는다. readxl 패키지를 설치하고 로드한다.

```
install.packages("readxl")  # readxl 패키지 설치
library(readxl)             # readxl 패키지 로드
```

② 그리고 변수명 df_excel를 실행시켜 읽어온 데이터를 확인한다.

```
bank <- read_excel("bank.xlsx")  # 엑셀파일 불러오기
bank  # bank 데이터 확인하기
View(bank)  # 뷰어 창에서 bank 데이터 확인하기
```

4 기초통계 분석

① 데이터 불러오기 작업을 먼저 수행한다.

② summary( ) 함수를 이용해 bank 데이터의 개요를 확인한다.

summary(bank) # 요약 통계량 출력

```
> summary(bank)   # 요약 통계량 출력
      age            job               marital            education           default             balance          housing         
 Min.   :19.00   Length:4521        Length:4521        Length:4521        Length:4521        Min.   :-3313   Length:4521       
 1st Qu.:33.00   Class :character   Class :character   Class :character   Class :character   1st Qu.:   69   Class :character  
 Median :39.00   Mode  :character   Mode  :character   Mode  :character   Mode  :character   Median :  444   Mode  :character  
 Mean   :41.17                                                                               Mean   : 1423                     
 3rd Qu.:49.00                                                                               3rd Qu.: 1480                     
 Max.   :87.00                                                                               Max.   :71188                     
     loan             contact                day           month              duration       campaign          pdays        
 Length:4521        Length:4521        Min.   : 1.00   Length:4521        Min.   :   4   Min.   : 1.000   Min.   : -1.00  
 Class :character   Class :character   1st Qu.: 9.00   Class :character   1st Qu.: 104   1st Qu.: 1.000   1st Qu.: -1.00  
 Mode  :character   Mode  :character   Median :16.00   Mode  :character   Median : 185   Median : 2.000   Median : -1.00  
                                       Mean   :15.92                      Mean   : 264   Mean   : 2.794   Mean   : 39.77  
                                       3rd Qu.:21.00                      3rd Qu.: 329   3rd Qu.: 3.000   3rd Qu.: -1.00  
                                       Max.   :31.00                      Max.   :3025   Max.   :50.000   Max.   :871.00  
    previous          poutcome              y            
 Min.   : 0.0000   Length:4521        Length:4521       
 1st Qu.: 0.0000   Class :character   Class :character  
 Median : 0.0000   Mode  :character   Mode  :character  
 Mean   : 0.5426                                        
 3rd Qu.: 0.0000                                        
 Max.   :25.0000                                        
```

각 변수의 평균, 최대값, 최소값, 중앙값, 각 1/4 지점, 표준편차까지 한번에 확인할 수 있다.

5 그래프 그리기

ggplot2는 R의 대표적인 시각화 패키지이다. ggplot2 패키지를 이용하면 쉽고 간단한 문법으로 그래프를 그릴 수 있다. ggplot2 패키지의 문법은 레이어 구조로 되어 있다. 먼저 배경을 만들고 그 위에 그래프 형태를 그리고, 추 범위, 색, 표식 등 설정을 추가하는 순서로 그래프를 그린다.

R에는 기본적으로 ggplot2 패키지가 설치되어 있지 않기 때문에 먼저 ggplot2 패키지를 설치하고 로드한다.

```
install.packages("ggplot2")  # ggplot2 패키지 설치
library(ggplot2)       # ggplot2 패키지 로드
```

① 원그래프 : marital 변수의 value별 개수로 원 그래프를 그린다.

```
# marital 변수에 대한 원그래프
ggplot(data = bank, aes("", fill = marital))+geom_bar(position = "fill")+coord_polar
(theta = "y")
```

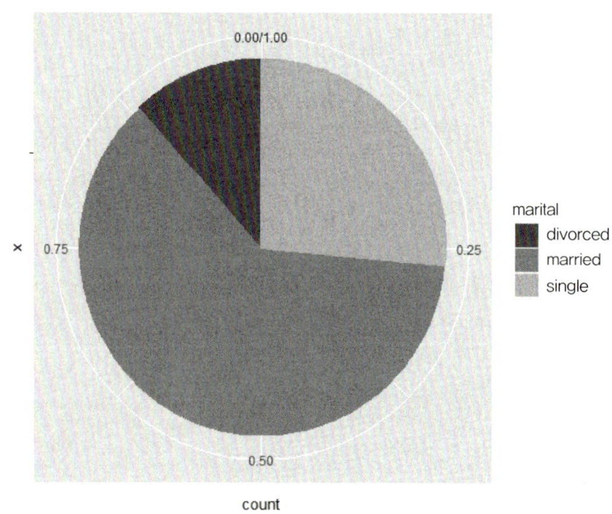

② 막대그래프(이산형 변수) : marital 변수의 value별 개수로 막대그래프를 그린다.

marital 변수에 대한 빈도 막대그래프

ggplot(data = bank, aes(x = marital))+geom_bar( )

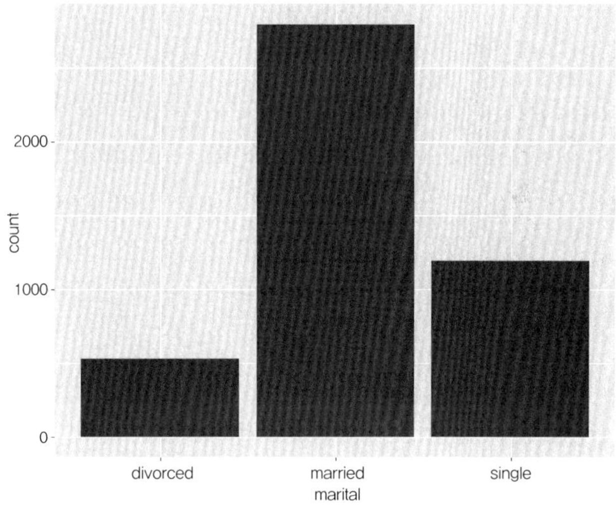

③ 막대그래프(연속형 변수) : age 변수의 value별 개수로 막대그래프를 그린다.

age 변수에 대한 빈도 막대그래프

ggplot(data = bank, aes(x = age))+geom_bar( )

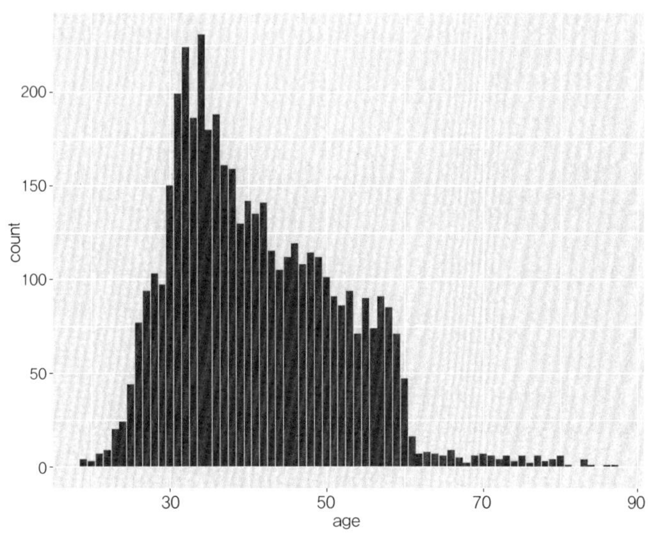

④ 히스토그램 : age 변수를 대상으로 ggplot( ) 함수에 geom_histogram( ) 함수를 사용하여 그린다.

ggplot(data = bank, aes(x = age))+geom_histogram( ) # 히스토그램

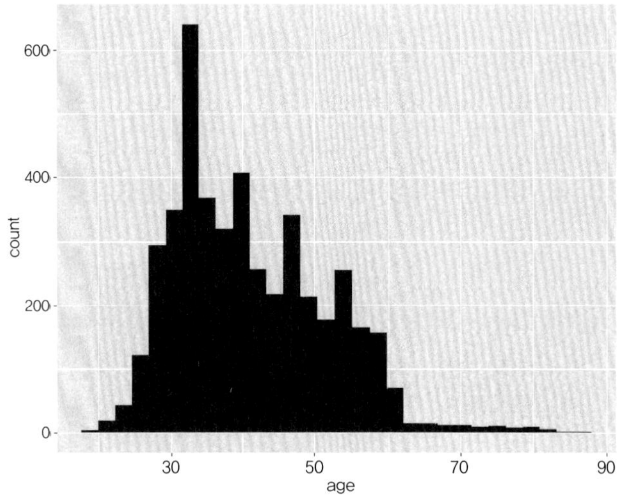

⑤ 상자그래프 : age 변수를 대상으로 ggplot 함수에 geom_boxplot( ) 함수를 사용하여 그린다.

ggplot(data = bank, aes(y = age))+geom_boxplot( ) # 상자그래프

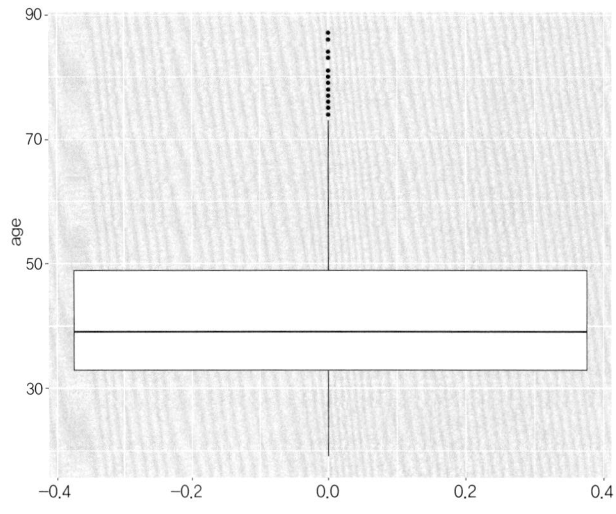

⑥ 산점도 : age 변수와 balance 변수를 대상으로 ggplot( ) 함수에 geom_point( ) 함수를 사용하여 관계를 표현하는 산점도를 그린다.

ggplot(data = bank, aes(x = age, y = balance))+geom_point( ) # 산점도

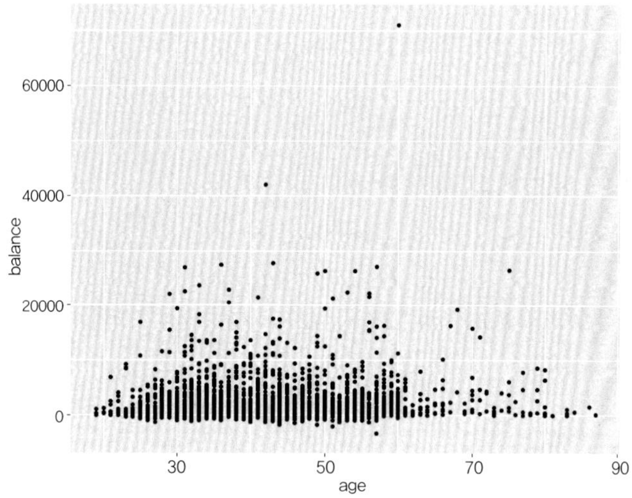

6 교차분석

◆ education에 따라 marital에 차이가 있는가?

① bank.csv 파일을 읽어와 bank에 저장한다.

```
# CSV 파일 불러와서 bank에 저장하기
bank <- read.csv("bank.csv", header = TRUE, sep= ";", stringsAsFactors = F)

# bank 데이터 확인하기
bank
```

② bank에서 새로운 변수를 추출하고, 새로운 변수로 이루어진 df_bank라는 데이터 프레임을 생성한다.

```
x <- bank$education  # 새로운 변수추출
y <- bank$marital  # 새로운 변수추출
df_bank <- data.frame(education=x, marital=y)  # df_bank라는 데이터 프레임 생성
```

③ 교차분할표를 작성한다.

```
table(df_bank)
```

```
             marital
education     divorced married single
  primary           79     526     73
  secondary        270    1427    609
  tertiary         155     727    468
  unknown           24     117     46
```

④ 교차테이블을 생성하기 위한 패키지를 설치하고 로드한다.

```
install.packages("gmodels")  # gmodels 패키지 설치
library(gmodels)  # gmodels 패키지 로드
```

⑤ CrossTable( ) 함수를 이용한 교차테이블을 생성하고 카이검정을 적용한다.

```
# CrossTable( ) 함수를 사용하여 교차테이블을 생성하고 카이검정 적용
CrossTable(df_bank$education, df_bank$marital, chisq=T)
```

```
   Cell Contents
|-------------------------|
|                       N |
| Chi-square contribution |
|           N / Row Total |
|           N / Col Total |
|         N / Table Total |
|-------------------------|


Total Observations in Table:  4521


                  | df_bank$marital
df_bank$education |  divorced |   married |    single | Row Total |
------------------|-----------|-----------|-----------|-----------|
          primary |        79 |       526 |        73 |       678 |
                  |     0.000 |    27.062 |    63.071 |           |
                  |     0.117 |     0.776 |     0.108 |     0.150 |
                  |     0.150 |     0.188 |     0.061 |           |
                  |     0.017 |     0.116 |     0.016 |           |
------------------|-----------|-----------|-----------|-----------|
        secondary |       270 |      1427 |       609 |      2306 |
                  |     0.002 |     0.000 |     0.002 |           |
                  |     0.117 |     0.619 |     0.264 |     0.510 |
                  |     0.511 |     0.510 |     0.509 |           |
                  |     0.060 |     0.316 |     0.135 |           |
------------------|-----------|-----------|-----------|-----------|
         tertiary |       155 |       727 |       468 |      1350 |
                  |     0.045 |    14.018 |    34.417 |           |
                  |     0.115 |     0.539 |     0.347 |     0.299 |
                  |     0.294 |     0.260 |     0.391 |           |
                  |     0.034 |     0.161 |     0.104 |           |
------------------|-----------|-----------|-----------|-----------|
          unknown |        24 |       117 |        46 |       187 |
                  |     0.214 |     0.015 |     0.243 |           |
                  |     0.128 |     0.626 |     0.246 |     0.041 |
                  |     0.045 |     0.042 |     0.038 |           |
                  |     0.005 |     0.026 |     0.010 |           |
------------------|-----------|-----------|-----------|-----------|
     Column Total |       528 |      2797 |      1196 |      4521 |
                  |     0.117 |     0.619 |     0.265 |           |
------------------|-----------|-----------|-----------|-----------|


Statistics for All Table Factors


Pearson's Chi-squared test
------------------------------------------------------------
Chi^2 =  139.0892     d.f. =  6     p =  1.560114e-27
```

결과의 첫 번째 값은 χ^2, 두 번째 값은 자유도, 세 번째 값은 p−value이다.

χ^2 검정결과, χ^2 값이 139.0892일 때 유의확률은 .000으로서 .05에서 유의하다. 그러므로 'marital에 따라 education에 차이가 있다.'라고 할 수 있다. 즉, 'marital과 education 간에는 연관성이 있다.'라고 할 수 있다.

7 상관분석

◆ age와 balance간에 상관관계가 있는가?

① bank.csv 파일을 읽어와 bank에 저장한다.

```
# CSV 파일 불러와서 bank에 저장하기
bank <- read.csv("bank.csv", header = TRUE, sep= ";", stringsAsFactors = F)

# bank 데이터 확인하기
bank
```

② ggplot2 패키지를 이용해 age와 balance 간의 산점도를 그려본다.

```
# age와 balance 간의 산점도 그리기
ggplot(data = bank, aes(x = age, y = balance))+geom_point( )
```

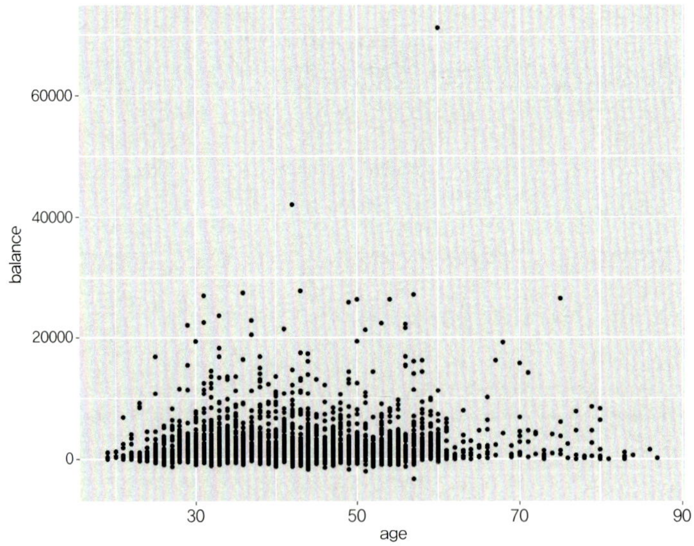

③ cor.test( ) 함수를 이용해 age와 balance 간의 상관분석을 실행한다.

```
# age와 balance간의 상관분석/
cor.test(bank$age, bank$balance)
```

④ cor.test( ) 함수를 이용해 age와 balance 간의 상관분석을 실행한다.

```
        Pearson's product-moment correlation

data:  bank$age and bank$balance
t = 5.6546, df = 4519, p-value = 1.658e-08
alternative hypothesis: true correlation is not equal to 0
95 percent confidence interval:
 0.05480315 0.11269567
sample estimates:
       cor
0.08382014
```

결과의 첫 번째 값은 p-value, 두 번째 값은 상관계수이다.

age와 balance의 상관관계는 유의확률 .000으로서 유의수준 .05에서 유의하다. 상관계수는 0.0838로 양의 상관관계가 존재하지만 그 수준은 매우 낮다.

⑤ bank의 연속형 데이터만을 선택해 새 데이터 프레임을 만든다.

```
# 연속형 변수 대상 새로운 데이터 프레임 생성
bank_col <- data.frame(bank$age, bank$balance, bank$duration, bank$campaign,
bank$pdays, bank$previous)
```

⑥ cor( ) 함수를 이용해 연속형 데이터 전체의 컬럼별 상관분석을 실행한다. method 옵션에 pearson을 지정한다.

```
cor(bank_col, method="pearson")  # 연속형 데이터 전체의 컬럼별 상관분석
```

⑦ pairs( ) 함수를 이용하여 연속형 데이터 전체의 컬럼별 산점도를 그린다.

```
pairs(bank_col)  # 연속형 데이터의 컬럼별 산점도 그리기
```

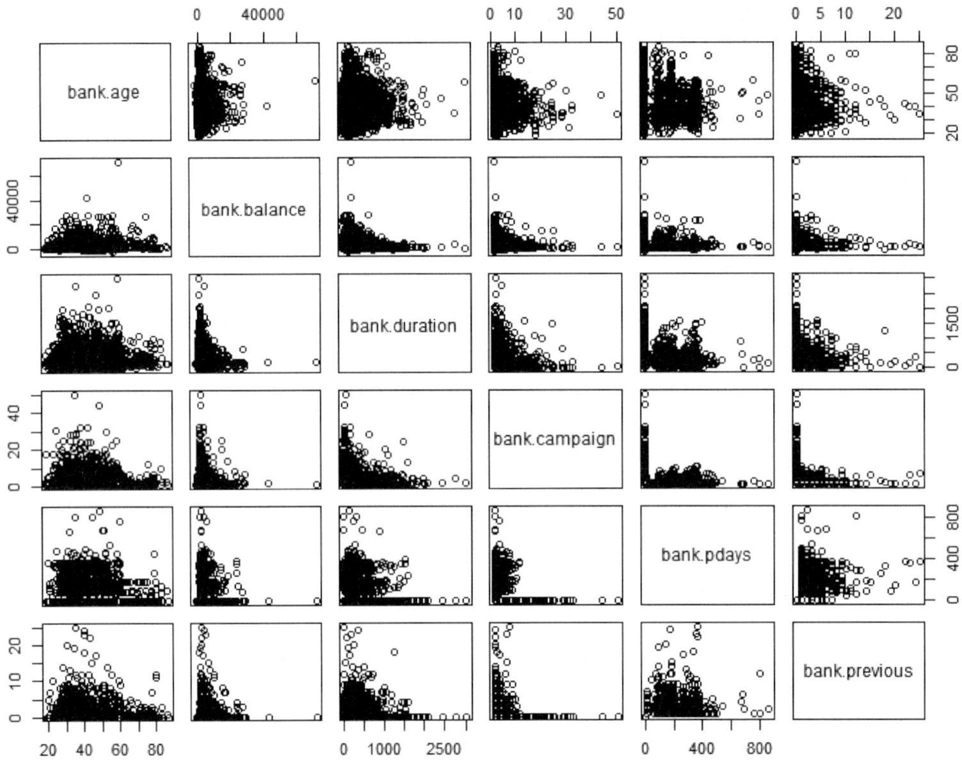
bank.age
bank.balance
bank.duration
bank.campaign
bank.pdays
bank.previous
0
40000
0
1000
2500
0
10
30
50
0
400
800
0
5
10
20
20
40
60
80
20
50
80
0
1500
0
400
800

8 평균차이 검정하기

◆ y(정기예금상품 가입여부)에 따라 duration에 차이가 있는가?

① bank.csv 파일을 읽어와 bank에 저장한다.

```
# CSV 파일 불러와서 bank에 저장하기
bank <- read.csv("bank.csv", header = TRUE, sep= ";", stringsAsFactors = F)

# bank 데이터 확인하기
bank
```

② 작업에 필요한 패키지를 로드한다.

```
library(dplyr)  # dplyr 패키지 로드
```

③ 우선 y 변수의 value와 각 value별 개수를 확인한다.

```
table(bank$y)  # y 변수의 값과 각 값별 개수 확인
```

```
> table(bank$y) # loan 변수의 값과 각 값별 개수 확인

  no  yes
4000  521
```

④ mutate( ) 함수를 이용해 yes → 1, no → 0으로 변경하여 새로운 y_G 변수를 생성한다.

```
bank <- bank %>%
mutate(y_G = ifelse(y == "yes", 1, 0))  # 파생변수 만들기 - y 변수의 값을 숫자로 변경
```

```
> bank <- bank %>%
+   mutate(y_G = ifelse(y == "yes", 1, 0))
```

⑤ 변경 후 각 value별 개수를 ③의 결과와 비교해 의도대로 변경되었는지 확인한다.

```
table(bank$y_G)  # y_G 변수의 빈도표 생성
```

```
> table(bank$y_G) # y_G 변수의 빈도표 생성

   0    1
4000  521
```

⑥ 정기예금 가입여부와 기간은 나타내는 y와 duration 변수를 대상으로 새로운 데이터 프레임을 생성한다.

```
# y와 duration 변수 대상 새로운 데이터 프레임 생성
bank_aov1 <- data.frame(bank$y_G, bank$duration)
```

⑦ aov( ) 함수를 이용하여 y(정기예금상품 가입여부)에 따른 duration의 평균차이 검정을 수행한다. 만약 marital 변수가 factor형이 아니라면 factor형으로 변환 후 분석을 수행해야 한다.

```
# aov( ) 함수를 이용하여 "y에 따른 duration의 평균차이 검정"
ANOVA = aov(duration ~ y_G, data = bank)
summary(ANOVA)
```

```
> summary(ANOVA)
              Df    Sum Sq  Mean Sq F value Pr(>F)    
y_G            1  49107860 49107860   866.5 <2e-16 ***
Residuals   4519 256107263    56673                   
---
Signif. codes:  0 '***' 0.001 '**' 0.01 '*' 0.05 '.' 0.1 ' ' 1
```

파란색 네모칸의 첫 번째 값이 F값, 두 번째 값은 p-value이다.

분석결과 : y(정기예금상품 가입여부)에 따라 duration 평균차이에 대한 F-value가 866.5, 유의확률 .000으로서, 유의수준 .05에서 y(정기예금상품 가입여부)에 따라 duration에는 유의한 차이가 있다고 할 수 있다.

◆ marital에 따라 age에 차이가 있는가?

① bank.csv 파일을 읽어와 bank에 저장한다.

```
# CSV 파일 불러와서 bank에 저장하기
bank <- read.csv("bank.csv", header = TRUE, sep= ";", stringsAsFactors = F)

# bank 데이터 확인하기
bank
```

② 혼인상태와 나이를 나타내는 marital과 age 변수를 대상으로 새로운 데이터 프레임을 생성한다.

```
# marital과 age 변수 대상 새로운 데이터 프레임 생성
bank_aov <- data.frame(bank$marital, bank$age)
```

③ table( ) 함수를 이용하여 혼인상태와 나이에 대한 교차표를 그린다.

```
# table 함수를 이용하여 혼인상태와 나이의 교차표 그리기
table(bank_aov)
```

```
> table(bank_aov)
            bank.age
bank.marital  19  20  21  22  23  24  25  26  27  28  29  30  31  32  33  34  35  36  37  38  39  40  41  42  43  44  45  46
    divorced   0   0   0   0   0   0   0   3   4   2   4   2   9  14  22  14  25  21  18  16  12  12  19  27  15  17  21  23
    married    0   0   0   0   3  11  11  18  26  23  37  56 104 105 103 142 109 117 100  99  88 105  97  91  79  68  76  82
    single     4   3   7   9  17  13  33  56  64  78  56  92  86 105  61  75  46  50  43  44  30  25  19  23  21  20  15  14
            bank.age
bank.marital  47  48  49  50  51  52  53  54  55  56  57  58  59  60  61  62  63  64  65  66  67  68  69  70  71  72  73  74
    divorced  18  11  14  19  22  11  15  15  19  21  11  11  13   6   1   2   1   1   2   0   0   1   0   2   1   0   0   1
    married   78  91  87  74  63  66  75  56  68  50  78  67  56  36  15   5   7   6   4   7   5   1   5   5   5   4   6   2
    single    12  12  11   8   6   9   4   0   3   3   2   7   2   5   0   0   0   0   0   2   0   0   1   0   0   0   0   0
            bank.age
bank.marital  75  76  77  78  79  80  81  83  84  86  87
    divorced   3   1   1   1   1   0   0   2   1   0   0
    married    3   1   5   2   3   6   1   2   0   1   1
    single     0   0   0   0   0   0   0   0   0   0   0
```

③ summary( ) 함수를 이용하여 혼인상태와 나이에 대한 기초통계를 분석한다.

```
# summary 함수를 이용하여 기초통계분석
summary(bank_aov)
```

```
> summary(bank_aov)
 bank.marital            bank.age    
 Length:4521        Min.   :19.00  
 Class :character   1st Qu.:33.00  
 Mode  :character   Median :39.00  
                    Mean   :41.17  
                    3rd Qu.:49.00  
                    Max.   :87.00  
```

④ age를 marital의 value별로 구분하여 상자도표를 그린다.

```
# age를 marital의 value별로 구분하여 상자그래프 그리기
ggplot(data = bank, aes(x = marital, y = age))+geom_boxplot( )
```

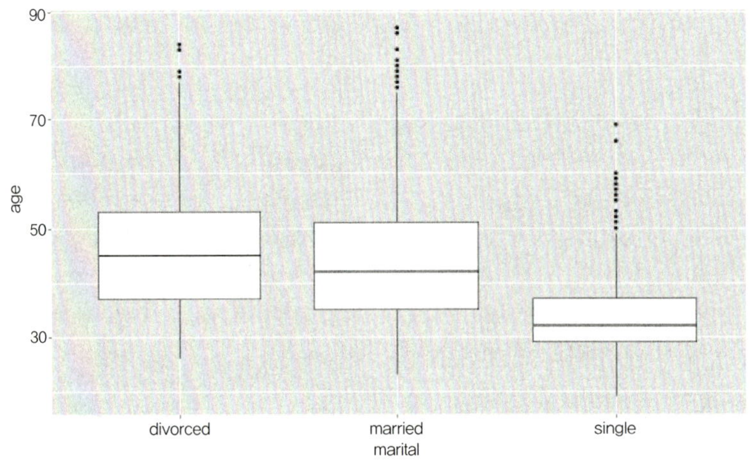

⑤ aov( ) 함수를 이용하여 혼인상태에 따른 나이의 평균차이 검정을 수행한다. 만약 marital 변수가 factor형이 아니라면 factor형으로 변환 후 분석을 수행해야 한다.

```
# aov( ) 함수를 이용한 "혼인상태에 따른 나이의 평균차이 검정"
ANOVA = aov(age ~ marital, data = bank)
summary(ANOVA)
```

```
> summary(ANOVA)
              Df Sum Sq Mean Sq F value Pr(>F)    
marital        2  87122   43561   470.3 <2e-16 ***
Residuals   4518 418468      93                   
---
Signif. codes:  0 '***' 0.001 '**' 0.01 '*' 0.05 '.' 0.1 ' ' 1
```

파란색 네모칸의 첫 번째 값이 F값, 두 번째 값은 p-value이다.

분석결과 : marital의 age 평균차이에 대한 F-value가 470.3, 유의확률 .000으로서 유의수준 .05에서 marital에 따라 age에 유의한 차이가 있다고 할 수 있다.

9 회귀분석

◆ age는 balance에 유의한 영향을 미치는가?

① bank.csv 파일을 읽어와 bank에 저장한다.

```
# CSV 파일 불러와서 bank에 저장하기
bank <- read.csv("bank.csv", header = TRUE, sep= ";", stringsAsFactors = F)

# bank 데이터 확인하기
bank
```

② 회귀분석 전 age와 balance 변수 간 상관관계가 있는지 cor.test( ) 함수를 이용하여 확인한다.

```
cor.test(bank$age, bank$balance)  # age와 balance간의 상관분석
```

```
> cor.test(bank$age, bank$balance)

        Pearson's product-moment correlation

data:  bank$age and bank$balance
t = 5.6546, df = 4519, p-value = 1.658e-08
alternative hypothesis: true correlation is not equal to 0
95 percent confidence interval:
 0.05480315 0.11269567
sample estimates:
       cor
0.08382014
```

age와 balance의 상관관계는 유의확률 .000으로서 유의수준 .05에서 유의하며, 상관계수는 0.0838로 상관이 거의 없다.

③ ggplot( )를 이용하여 산점도와 회귀선을 확인

```
# age와 balance간의 산점도 그리기
ggplot(data = bank, aes(x = age, y = balance))+geom_point( )+stat_smooth( )
```

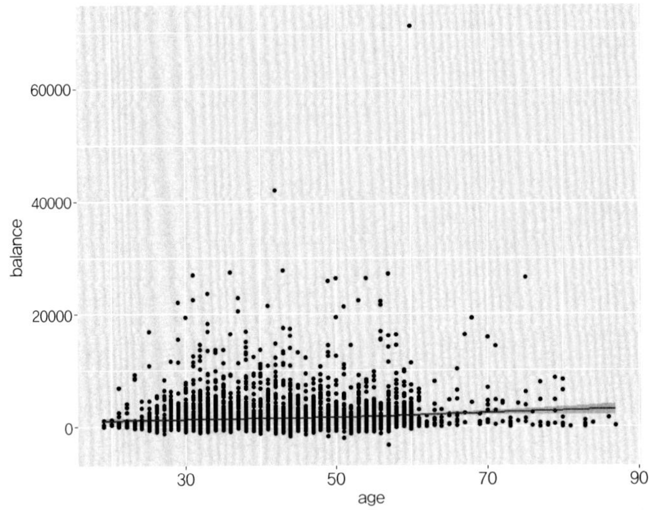

④ lm( ) 함수를 이용하여 선형회귀분석을 수행한다. 이때 종속변수와 독립변수를 ~로 연결하여 지정한다. 그리고 summary( ) 함수로 결과를 확인한다.

```
# 선형회귀분석
res = lm(balance ~ age, bank)
summary(res)
```

```
> res = lm(balance ~ age, bank)
> summary(res)

Call:
lm(formula = balance ~ age, data = bank)

Residuals:
   Min     1Q Median     3Q    Max
 -5113  -1298   -913     77  69316

Coefficients:
            Estimate Std. Error t value Pr(>|t|)
(Intercept)  440.651    179.303   2.458    0.014 *
age           23.852      4.218   5.655 1.66e-08 ***
---
Signif. codes:  0 '***' 0.001 '**' 0.01 '*' 0.05 '.' 0.1 ' ' 1

Residual standard error: 2999 on 4519 degrees of freedom
Multiple R-squared:  0.007026,	Adjusted R-squared:  0.006806
F-statistic: 31.97 on 1 and 4519 DF,  p-value: 1.658e-08
```

R-square(설명력/결정계수)는 0.007로 balance(종속변수) 분산의 0.7%가 age(독립변수)에 의해 설명된다. (앞서 age와 balance간의 상관계수의 제곱과 같다)

F값은 31.97이며 유의확률은 .00으로 유의수준 .05에서 회귀모형이 통계적으로 유의하다고 할 수 있다.

t값은 5.65, 유의확률은 .000으로 영가설이 기각되므로 유의수준 .05에서 회귀계수가 0이 아니다.

분석결과 age에 대한 회귀계수는 정(+)로 나타났으며, 유의하므로 (t=5.65, p=.000) 영가설은 기각되고 연구가설은 지지된다.

즉, age는 balance에 영향을 미치며, 특히 회귀계수가 정(+)의 값을 가지므로 age의 증가에 따라 balance가 증가하는 경향이 있는 것으로 해석할 수 있다. 다만 결정계수 값이 0.007로 매우 작기 때문에 balance에 영향을 주는 요인으로서의 설명력은 매우 낮다고 할 수 있다.

10 로지스틱 회귀분석

(1) 로지스틱 회귀모형 만들기

① bank.csv 파일을 읽어와 bank에 저장한다.

```
# CSV 파일 불러와서 bank에 저장하기
bank <- read.csv("bank.csv", header = TRUE, sep= ";", stringsAsFactors = F)

# bank 데이터 확인하기
bank
```

② 작업에 필요한 패키지를 로드한다.

```
library(dplyr)  # dplyr 패키지 로드
```

로지스틱 회귀분석은 변수의 값이 모두 숫자형이어야 하므로 명목형 변수의 값을 숫자로 recode 해주어야 한다.

③ 우선 marital 변수의 value와 각 value별 개수를 확인한다.

```
table(bank$marital)  # marital 변수의 값과 각 값별 개수 확인
```

```
> table(bank$marital) # marital 변수의 값과 각 값별 개수 확인

divorced  married   single
     528     2797     1196
```

④ mutate( ) 함수를 이용해 single → 1, married → 2, divorced → 3으로 변경하여 새로운 marital_G 변수를 생성한다.

```
bank <- bank %>%
mutate(marital_G = ifelse(marital == "single", 1, ifelse(marital == "married", 2, 3)))
# marital 변수의 값을 숫자로 변경하고 marital_G라는 파생변수 생성
```

```
> bank <- bank %>%
+   mutate(marital_G = ifelse(marital == "single", 1, ifelse(marital == "married", 2, 3)))
```

⑤ 변경 후 각 value별 개수를 ③의 결과와 비교해 의도대로 변경되었는지 확인한다.

table(bank$marital_G) # marital_G 변수의 빈도표 생성

```
> table(bank$marital_G) # marital_G 변수의 빈도표 생성

   1    2    3
1196 2797  528
```

이번에는 명목형 변수 중 education 변수의 value를 숫자로 변경해 보자.

⑥ education 변수의 value와 각 value별 개수를 확인한다.

table(bank$education) # education 변수의 값과 각 값별 개수 확인

```
> table(bank$education) # education 변수의 값과 각 값별 개수 확인

  primary secondary  tertiary   unknown
      678      2306      1350       187
```

⑦ mutate( ) 함수를 이용해 primary → 1, secondary → 2, tertiary → 3, unknown → NA로 변경하여 새로운 education_G 변수를 생성한다.

bank <- bank %>%

mutate(education_G = ifelse(education == "primary", 1, ifelse(education == "secondary",

2, ifelse(education == "tertiary", 3, 4))))

```
> bank <- bank %>%
+   mutate(education_G = ifelse(education == "primary", 1, ifelse(education == "secondary"
 2, ifelse(education == "tertiary", 3, 4))))
```

⑧ 변경 후 각 value별 개수를 ⑥ 결과와 비교해 의도대로 변경되었는지 확인한다.

table(bank$education_G) # education_G 변수의 빈도표 생성

```
> table(bank$education_G) # education_G 변수의 빈도표 생성

  1    2    3    4
678 2306 1350  187
```

아래 표를 참고하여 명목형 변수의 문자형 데이터를 숫자로 변경한다.(job, month 제외, unknown, NA, other 등은 결측처리(None))

marital	single	1	marital_G
	married	2	
	divorced	3	
education	primary	1	education_G
	secondary	2	
	tertiary	3	
	unknown	None	
housing	yes	1	housing_G
	no	0	
loan	yes	1	loan_G
	no	0	
default	yes	1	default_G
	no	0	
contact	cellular	1	contact_G
	telephone	2	
	unknown	None	
poutcome	failure	0	poutcome_G
	success	1	
	unknown	None	
	other	None	
y	yes	1	y_G
	no	0	

⑨ bank 데이터 프레임에서 로지스틱 회귀분석을 위한 새로운 데이터 프레임 bank_lr을 타겟변수인 y_G를 포함하여 만든다. 그리고 데이터 프레임의 변수명을 간략하게 변경한다. bank_lr 데이터를 확인해보니 결측치가 보인다.

```
# 데이터 프레임만들기
bank_lr <- data.frame(bank$y_G, bank$age, bank$duration, bank$pdays,
bank$marital_G,  bank$loan_G, bank$contact_G)
names(bank_lr) <- c("y_G", "age", "duration", "pdays", "marital_G", "loan_G",
"marital_G")  # 데이터 프레임의 변수명 변경
bank_lr  # bank_lr 데이터 확인하기
```

```
> bank_lr # bank_lr 데이터 확인하기
  y_G age duration pdays housing_G loan_G marital_G
1   0  30       79    -1         0      0         2
2   0  33      220   339         1      1         2
3   0  35      185   330         1      0         1
4   0  30      199    -1         1      1         2
5   0  59      226    -1         1      0         2
6   0  35      141   176         0      0         1
7   0  36      341   330         1      0         2
8   0  39      151    -1         1      0         2
9   0  41       57    -1         1      0         2
```

⑩ bank_lr 데이터에 결측치가 있는지 확인한다. 모두 FALSE로 결측치가 없다는 것을 확인했다.

table(is.na(bank_lr)) # 결측치 빈도출력

```
> table(is.na(bank_lr)) # 결측치 빈도출력

FALSE
31647
```

⑪ bank_lr 데이터프레임의 각 변수에 대한 데이터 속성을 확인한다.

str(bank_lr) # 데이터 속성 확인하기

```
> str(bank_lr) # 데이터 속성 확인하기
'data.frame':   4521 obs. of  7 variables:
 $ y_G      : num  0 0 0 0 0 0 0 0 0 0 ...
 $ age      : int  30 33 35 30 59 35 36 39 41 43 ...
 $ duration : int  79 220 185 199 226 141 341 151 57 313 ...
 $ pdays    : int  -1 339 330 -1 -1 176 330 -1 -1 147 ...
 $ housing_G: num  0 1 1 1 1 0 1 1 1 1 ...
 $ loan_G   : num  0 1 0 1 0 0 0 0 0 1 ...
 $ marital_G: num  2 2 1 2 2 1 2 2 2 2 ...
```

⑫ 로지스틱 회귀분석을 수행하기 위해 변수들을 factor 타입으로 변경한다.

bank_lr$marital_G <- as.factor(bank_lr$marital_G)

bank_lr$loan_G <- as.factor(bank_lr$loan_G)

bank_lr$housing_G <- as.factor(bank_lr$housing_G)

bank_lr$y_G <- as.factor(bank_lr$y_G)

⑬ 변수타입이 정상적으로 변경되었는지 확인한다.

str(bank_lr) # 데이터 속성 확인하기

```
> str(bank_lr) # 데이터 속성 확인하기
'data.frame':   4521 obs. of  7 variables:
 $ y_G       : Factor w/ 2 levels "0","1": 1 1 1 1 1 1 1 1 1 1 ...
 $ age       : int  30 33 35 30 59 35 36 39 41 43 ...
 $ duration : int  79 220 185 199 226 141 341 151 57 313 ...
 $ pdays     : int  -1 339 330 -1 -1 176 330 -1 -1 147 ...
 $ housing_G: Factor w/ 2 levels "0","1": 1 2 2 2 2 1 2 2 2 2 ...
 $ loan_G    : Factor w/ 2 levels "0","1": 1 2 1 2 1 1 1 1 1 2 ...
 $ marital_G: Factor w/ 3 levels "1","2","3": 2 2 1 2 2 1 2 2 2 2 ...
```

⑭ glm( ) 함수를 이용해 로지스틱 회귀분석모형을 생성한다. 타겟인 종속변수와 독립변수를 ~로 연결하며, 여러 개의 독립변수를 +로 연결하여 넣어준다.

bank_lr_model <- glm(y_G ~ age+duration+pdays+marital_G+loan_G+housing_G, data = bank_lr, family = "binomial")

⑮ summary( ) 함수로 회귀모형의 결과를 확인할 수 있다.

summary(bank_lr_model)

```
> summary(bank_lr_model)

Call:
glm(formula = y_G ~ age + duration + pdays + housing_G + marital_G +
    loan_G, family = "binomial", data = bank_lr)

Deviance Residuals:
    Min       1Q   Median       3Q      Max
-4.1269  -0.4428  -0.3248  -0.2283   2.8968

Coefficients:
             Estimate Std. Error z value Pr(>|z|)
(Intercept) -3.1247524  0.2271421 -13.757  < 2e-16 ***
age          0.0092183  0.0052936   1.741  0.08162 .
duration     0.0037955  0.0001826  20.781  < 2e-16 ***
pdays        0.0035276  0.0004375   8.063 7.43e-16 ***
housing_G1  -0.9290781  0.1130216  -8.220  < 2e-16 ***
marital_G2  -0.3814074  0.1321979  -2.885  0.00391 **
marital_G3  -0.0282443  0.1843491  -0.153  0.87823
loan_G1     -0.8664760  0.1856313  -4.668 3.05e-06 ***
---
Signif. codes:  0 '***' 0.001 '**' 0.01 '*' 0.05 '.' 0.1 ' ' 1

(Dispersion parameter for binomial family taken to be 1)

    Null deviance: 3231.0  on 4520  degrees of freedom
Residual deviance: 2529.4  on 4513  degrees of freedom
AIC: 2545.4

Number of Fisher Scoring iterations: 6
```

age, duration, pdays의 계수는 +, housing_G(1(yes)), marital_G(2(married), 3(divorced)), loan_G(1(yes))의 계수는 -로 나타났다.

⑯ exp( ) 함수를 히용하여 오즈를 확인해보자.

exp(coef(bank_lr_model)) # 오즈비 구하기

```
> exp(coef(bank_lr_model)) # 오즈비 구하기
(Intercept)         age    duration       pdays  housing_G1  marital_G2  marital_G3     loan_G1
 0.04394781  1.00926087  1.00380270  1.00353378  0.39491764  0.68289964  0.97215083  0.42043053
```

duration의 경우 Exp(0.0038)=1.0038이며, 유의하므로, duration이 1단위만큼 커지면 y가 no일 확률 대비 yes일 확률의 비율이 이전에 비해 약 1.0038배가 된다.

(2) 로지스틱 회귀모형을 이용해 결과 예측하기

① 로지스틱 회귀모형으로 각 케이스별 종속변수 예측확률을 predict 함수를 이용해 구한다.

사후확률 구하기

predict_prob <- predict(bank_lr_model, newdata=bank_lr_na, type="response")

head(predict_prob, 5)

```
> # 사후확률 구하기
> predict_prob <- predict(bank_lr_model, newdata=bank_lr_na, type="response")
> head(predict_prob, 5)
         1          2          3          4          5 
0.04559668 0.05520977 0.16726581 0.11521417 0.19732255 
```

② 예측분류를 확인하기 위해 먼저 예측확률 0.5를 기준으로 0.5 이상이면 1(yes), 0.5보다 작으면 0(no)의 2개 그룹을 생성하도록 함수를 만든다.

predict_bank <- ifelse(predict_prob > 0.5, 1, 0) # 예측값 구하기

③ 결과를 합쳐서 새로운 데이터 프레임을 만들고 result에 할당한다. 그리고 결과를 확인한다.

result <- data.frame(actual = bank_lr_na$y_G, predicted = predict_bank, pred_prob = predict_prob) # 결과 합치기

head(result, 5)

```
> head(result, 5)
  actual predicted  pred_prob
1      0         0 0.04559668
2      0         0 0.05520977
3      0         0 0.16726581
4      0         0 0.11521417
5      0         0 0.19732255
```

④ R에서 혼동행렬을 구하는데 사용되는 패키지를 설치하고 로드한다.

```
install.packages("caret")
library(caret)
install.packages("e1071")
library(e1071)
```

⑤ 모델결과를 확인하기 위해 혼동행렬(Confusion Matrix)을 만들어 정확도 결과를 예측한다.

```
confusionMatrix(as.factor(bank_lr_na$y_G), as.factor(result$predicted))
```

```
> confusionMatrix(as.factor(bank_lr_na$y_G), as.factor(result$predicted))
Confusion Matrix and Statistics

          Reference
Prediction    0    1
         0 2684   53
         1  374   86

               Accuracy : 0.8664
                 95% CI : (0.8542, 0.878)
    No Information Rate : 0.9565
    P-Value [Acc > NIR] : 1

                  Kappa : 0.2361

 Mcnemar's Test P-Value : <2e-16

            Sensitivity : 0.8777
            Specificity : 0.6187
         Pos Pred Value : 0.9806
         Neg Pred Value : 0.1870
             Prevalence : 0.9565
         Detection Rate : 0.8395
   Detection Prevalence : 0.8561
      Balanced Accuracy : 0.7482

       'Positive' Class : 0
```

확인결과 정확도(예측력)는 약 89.2%이다.

11 의사결정나무 분석

(1) 의사결정나무 R 함수

의사결정나무에 사용되는 R 함수를 다음과 같이 몇 가지가 있다.

패키지	함수	특 징
tree	tree( )	• 이진 재귀분할법을 기반으로 데이터집합의 혼잡도를 의미하는 엔트로피 지수를 분리기준으로 삼음 • 엔트로피 지수는 분석 대상 자료의 비순수도를 나타내는 자료로 데이터집합에 서로 다른 종류가 많이 섞여 있으면 엔트로피가 높고, 같은 종류가 많이 있으면 엔트로피가 낮음 • 0~1 사이의 값을 가지며 1에 가까울수록 혼잡도가 높음 • 분리기준 : 엔트로피, 다지분리(범주형)
rpart	rpart( )	• CART(Classification and regression tree) 방법 사용 • 전체 데이터를 반복해서 두 개의 자식 노드를 생성하기 위해 모든 독립변수를 사용하여 데이터셋의 부분집합으로 분리하여 의사결정나무를 생성 • 분리기준 : 지니 지수(범주형), 분산의 차이(연속형), 통계적 접근방식, 2진분리
party	ctree( )	• 순열검정 기반 비편향 재귀분할법 사용 • p 검정을 거쳐 중요성을 기준으로 가지치기 변수를 결정하므로 편향될 위험이 없음(별도의 가지치기 필요 없음) • 단점 : 입력분수의 레벨이 31개로 제한

분석의 목적과 자료의 구조에 따라 구분하고 기준과 패턴을 지정하여 나무구조를 형성한다. 종속변수의 분포를 가장 효율적으로 구분해주는 순수도에 의해 하위노드가 형성된다. 의사결정나무는 변수 간의 관계를 나무구조로 표현하기 때문에 분석결과에 따른 예측모형을 설정하고 특정 부분에 대한 의미를 파악해야 한다.

(2) 의사결정나무 모형만들고 예측력 확인

① bank.csv 파일을 읽어와 bank에 저장한다.

```
# CSV 파일 불러와서 bank에 저장하기
bank <- read.csv("bank.csv", header = TRUE, sep= ";", stringsAsFactors = F)

# bank 데이터 확인하기
bank
```

② 작업에 필요한 패키지를 로드한다.

library(dplyr) # dplyr 패키지 로드

의사결정나무 분석은 변수의 값이 모두 숫자형이어야 하므로 명목형 변수의 값을 숫자로 recode 해주어야 한다.

③ 우선 marital 변수의 value와 각 value별 개수를 확인한다.

table(bank$marital) # marital 변수의 값과 각 값별 개수 확인

```
> table(bank$marital) # marital 변수의 값과 각 값별 개수 확인

divorced  married   single
     528     2797     1196
```

④ mutate() 함수를 이용해 single → 1, married → 2, divorced → 3으로 변경하여 새로운 marital_G 변수를 생성한다.

bank <- bank %>%

mutate(marital_G = ifelse(marital == "single", 1, ifelse(marital == "married", 2, 3)))

marital 변수의 값을 숫자로 변경하고 marital_G라는 파생변수 생성

```
> bank <- bank %>%
+   mutate(marital_G = ifelse(marital == "single", 1, ifelse(marital == "married", 2, 3)))
```

⑤ 변경 후 각 value별 개수를 ③의 결과와 비교해 의도대로 변경되었는지 확인한다.

table(bank$marital_G) # marital_G 변수의 빈도표 생성

```
> table(bank$marital_G) # marital_G 변수의 빈도표 생성

   1    2    3
1196 2797  528
```

이번에는 명목형 변수 중 education 변수의 value를 숫자로 변경해보자.

⑥ education 변수의 value와 각 value별 개수를 확인한다.

table(bank$education) # education 변수의 값과 각 값별 개수 확인

```
> table(bank$education) # education 변수의 값과 각 값별 개수 확인

  primary secondary  tertiary   unknown
      678      2306      1350       187
```

⑦ mutate( ) 함수를 이용해 primary → 1, secondary → 2, tertiary → 3, unknown → NA로 변경하여 새로운 education_G 변수를 생성한다.

bank <− bank %>%

mutate(education_G = ifelse(education == "primary", 1, ifelse(education == "secondary", 2, ifelse(education == "tertiary", 3, 4))))

```
> bank <- bank %>%
+   mutate(education_G = ifelse(education == "primary", 1, ifelse(education == "secondary"
 2, ifelse(education == "tertiary", 3, 4))))
```

⑧ 변경 후 각 value별 개수를 ⑥ 결과와 비교해 의도대로 변경되었는지 확인한다.

table(bank$education_G) # education_G 변수의 빈도표 생성

```
> table(bank$education_G) # education_G 변수의 빈도표 생성

  1    2    3    4
678 2306 1350  187
```

아래 표를 참고로 명목형 변수의 문자형 데이터를 숫자로 변경한다.(job, month 제외, unknown, NA, other 등은 결측처리(None))

marital	single	1	marital_G
	married	2	
	divorced	3	
education	primary	1	education_G
	secondary	2	
	tertiary	3	
	unknown	None	
housing	yes	1	housing_G
	no	0	
loan	yes	1	loan_G
	no	0	
default	yes	1	default_G
	no	0	
contact	cellular	1	contact_G
	telephone	2	
	unknown	None	
poutcome	failure	0	poutcome_G
	success	1	
	unknown	None	
	other	None	
y	yes	1	y_G
	no	0	

⑨ bank 데이터 프레임에서 의사결정나무 분석을 위한 새로운 데이터 프레임 bank_dt를 타겟 변수인 y_G를 포함하여 만든다. 그리고 데이터 프레임의 변수명을 간략하게 변경한다.

데이터 프레임만들기

bank_dt <- data.frame(bank$y_G, bank$age, bank$duration, bank$pdays, bank$housing_G, bank$loan_G, bank$marital_G)

names(bank_dt) <- c("y_G", "age", "duration", "pdays", "housing_G", "loan_G", "marital_G") # 데이터 프레임의 변수명 변경

bank_dt # bank_dt 데이터 확인하기

```
> bank_dt # bank_dt 데이터 확인하기
  y_G age duration pdays housing_G loan_G marital_G
1   0  30       79    -1         0      0         2
2   0  33      220   339         1      1         2
3   0  35      185   330         1      0         1
4   0  30      199    -1         1      1         2
5   0  59      226    -1         1      0         2
6   0  35      141   176         0      0         1
7   0  36      341   330         1      0         2
8   0  39      151    -1         1      0         2
9   0  41       57    -1         1      0         2
```

⑩ bank_lr 데이터에 결측치가 있는지 확인한다. 모두 FALSE로 결측치가 없다는 것을 확인했다.

```
> table(is.na(bank_dt)) # 결측치 빈도 출력

FALSE
31647
```

⑪ bank_dt 데이터 프레임의 각 변수에 대한 데이터 속성을 확인한다.

str(bank_dt) # 데이터 속성 확인하기

```
> str(bank_dt) # 데이터 속성 확인하기
'data.frame':   4521 obs. of  7 variables:
 $ y_G      : num  0 0 0 0 0 0 0 0 0 0 ...
 $ age      : int  30 33 35 30 59 35 36 39 41 43 ...
 $ duration : int  79 220 185 199 226 141 341 151 57 313 ...
 $ pdays    : int  -1 339 330 -1 -1 176 330 -1 -1 147 ...
 $ housing_G: num  0 1 1 1 1 0 1 1 1 1 ...
 $ loan_G   : num  0 1 0 1 0 0 0 0 0 1 ...
 $ marital_G: num  2 2 1 2 2 1 2 2 2 2 ...
```

⑫ 의사결정나무 분석을 수행하기 위해 변수들을 factor 타입으로 변경한다.

bank_dt$contact_G <- as.factor(bank_dt$contact_G)

bank_dt$y_G <- as.factor(bank_dt$y_G)

bank_dt$marital_G <- as.factor(bank_dt$marital_G)

bank_dt$loan_G <- as.factor(bank_dt$loan_G)

⑬ 변수타입이 정상적으로 변경되었는지 확인한다.

str(bank_dt_na) # 데이터 속성 확인하기

```
> str(bank_dt) # 데이터 속성 확인하기
'data.frame':   4521 obs. of  7 variables:
 $ y_G      : Factor w/ 2 levels "0","1": 1 1 1 1 1 1 1 1 1 1 ...
 $ age      : int  30 33 35 30 59 35 36 39 41 43 ...
 $ duration : int  79 220 185 199 226 141 341 151 57 313 ...
 $ pdays    : int  -1 339 330 -1 -1 176 330 -1 -1 147 ...
 $ housing_G: Factor w/ 2 levels "0","1": 1 2 2 2 2 1 2 2 2 2 ...
 $ loan_G   : Factor w/ 2 levels "0","1": 1 2 1 2 1 1 1 1 1 2 ...
 $ marital_G: Factor w/ 3 levels "1","2","3": 2 2 1 2 2 1 2 2 2 2 ...
```

의사결정나무 모델을 만들고(훈련, train) 예측력 확인(테스트, test)을 위해 데이터를 분리한다. set.seed( ) 함수를 이용하여 시드를 설정하여 난수 관련 함수의 실행결과가 같게 나오게 설정한다.

⑭ set.seed( ) 함수를 이용하여 전체 데이터셋을 훈련을 위한 데이터셋인 bank_dt_train과 테스트용 데이터셋인 bank_dt_test로 분리한다. 데이터를 분리할 때 70%와 30% 비율로 랜덤하게 생성되도록 분리한다.

```
# 데이터셋을 bank_dt_train과 bank_dt_test로 분리
set.seed(123)
bank_dt_idx <- sample(2, size=NROW(bank_dt_na), replace=T, prob=c(0.7, 0.3))
bank_dt_train <- bank_dt_na[bank_dt_idx==1, ]
bank_dt_test <- bank_dt_na[bank_dt_idx==2, ]
```

⑮ 의사결정나무 모델생성을 위해 party 패키지를 설치하고 로드한다.

```
# 패키지 설치
install.packages("party")
library(party)
```

⑯ bank_dt_train 데이터셋으로 의사결정나무 모델을 생성한다. 이때, ctree( ) 함수를 사용하고 원인변수(age, duration, pdays, marital_G, loan_G, contact_G)는 .로 표시하고 타겟변수(y_G)와 ~로 구분한다.

bank_dt_train 데이터셋으로 의사결정나무 모델생성

bank_dt_tree <- ctree(y_G ~ ., data=bank_dt_train); bank_dt_tree

```
> bank_dt_tree <- ctree(y_G ~ ., data=bank_dt_train); bank_dt_tree

         Conditional inference tree with 10 terminal nodes

Response:  y_G
Inputs:  age, duration, pdays, housing_G, loan_G, marital_G
Number of observations:  3168

1) duration <= 627; criterion = 1, statistic = 511.401
  2) duration <= 220; criterion = 1, statistic = 185.757
    3) duration <= 90; criterion = 1, statistic = 18.916
      4)*  weights = 660
    3) duration > 90
      5) housing_G == {0}; criterion = 0.999, statistic = 14.764
        6) pdays <= 87; criterion = 0.988, statistic = 9.532
          7)*  weights = 459
        6) pdays > 87
          8)*  weights = 65
      5) housing_G == {1}
        9)*  weights = 662
  2) duration > 220
    10) pdays <= 7; criterion = 1, statistic = 61.43
      11) housing_G == {0}; criterion = 0.999, statistic = 13.486
        12)*  weights = 374
      11) housing_G == {1}
        13)*  weights = 468
    10) pdays > 7
      14) housing_G == {1}; criterion = 1, statistic = 23.068
        15)*  weights = 129
      14) housing_G == {0}
        16)*  weights = 92
1) duration > 627
  17) marital_G == {2}; criterion = 0.976, statistic = 10.994
    18)*  weights = 142
  17) marital_G == {1, 3}
    19)*  weights = 117
```

⑰ 생성된 의사결정나무의 정확도를 확인해본다.

생성된 의사결정나무 정확도 확인

table(bank_dt_train$y_G)

table(predict(bank_dt_tree), bank_dt_train$y_G)

```
> # 생성된 의사결정나무 정확도 확인
> table(bank_dt_train$y_G)

   0    1
2799  369
> table(predict(bank_dt_tree), bank_dt_train$y_G)

       0    1
  0 2714  245
  1   85  124
```

⑱ 이제 bank_dt_train 데이터셋으로 생성한 모델에 bank_dt_test 데이터셋을 적용해본다.

생성된 의사결정나무 모델로 bank_dt_test 데이터셋 예측

bank_dt_test_result <- predict(bank_dt_tree, newdata=bank_dt_test)

table(bank_dt_test$y_G)

table(bank_dt_test_result, bank_dt_test$y_G)

```
> # 생성된 의사결정나무 모델로 bank_dt_test 데이터셋 예측
> bank_dt_test_result <- predict(bank_dt_tree, newdata=bank_dt_test)
> table(bank_dt_test$y_G)

   0    1
1201  152
> table(bank_dt_test_result, bank_dt_test$y_G)

bank_dt_test_result    0    1
                  0 1165  105
                  1   36   47
```

⑲ caret 패키지를 설치하여 분류 정확도를 평가해보겠다. caret 패키지 함수 중에 e1071 패키지가 필요한 함수가 있어 e1071 패키지도 함께 설치한다. bank_dt_test 데이터셋의 정확도는 약 89.6%로 나왔다.

분류정확도 평가

install.packages('caret') # caret 패키지 설치

install.packages('e1071') # e1071 패키지 설치

library(caret) # 패키지 로드

confusionMatrix(bank_dt_test_result, bank_dt_test$y_G) # 분류 정확도 평가

```
> confusionMatrix(bank_dt_test_result, bank_dt_test$y_G) # 분류 정확도 평가
Confusion Matrix and Statistics

          Reference
Prediction    0    1
         0 1165  105
         1   36   47

               Accuracy : 0.8958
                 95% CI : (0.8783, 0.9116)
    No Information Rate : 0.8877
    P-Value [Acc > NIR] : 0.1835

                  Kappa : 0.3483

 Mcnemar's Test P-Value : 1.024e-08

            Sensitivity : 0.9700
            Specificity : 0.3092
         Pos Pred Value : 0.9173
         Neg Pred Value : 0.5663
             Prevalence : 0.8877
         Detection Rate : 0.8610
   Detection Prevalence : 0.9387
      Balanced Accuracy : 0.6396

       'Positive' Class : 0
```

(3) 의사결정나무 시각화하기

① R에서 의사결정나무 시각화를 위해 먼저 plot( ) 함수를 사용하겠다. 구분값이 모두 나온 그래프와 숫자로만 표현된 두 가지의 그래프를 확인할 수 있다.

```
# 생성된 의사결정나무를 그래프로 확인
plot(bank_dt_tree)
```

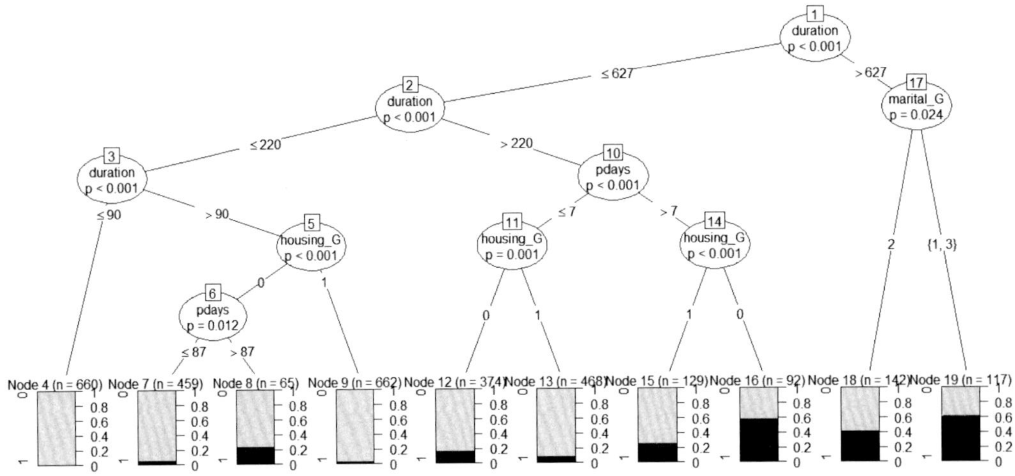


```
plot(bank_dt_tree, type="simple")
```

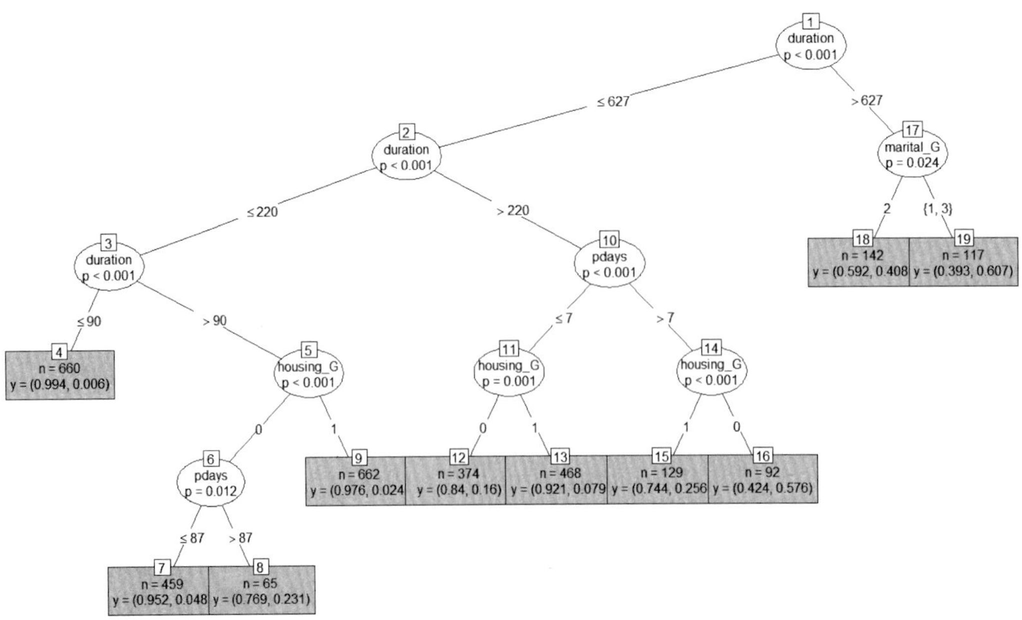

duration의 기준값은 627로 이를 기준으로 나뉘고 627과 같거나 큰 그룹과 작은 그룹으로 나뉘고 계속해서 duration, marital_G 등의 변수가 종속변수인 y_G에 영향을 미치는 것을 확인할 수 있다.

이번에는 rattle 패키지의 fancypartplot( ) 함수를 이용하여 시각화해보겠다. rattle 패키지는 의사결정나무를 시각화하는데 유용한 패키지이다. fancypartplot( ) 함수를 이용하면 노드에 대해 많은 정보를 더 심미적으로 표현할 수 있다.

② 먼저 rpart 패키지를 로드하고 rpart() 함수를 사용하여 의사결정나무 모델을 생성한다.

```
# rpart를 사용하여 의사결정나무 모델생성
library(rpart)
rpartmod <- rpart(y_G ~ . , data=bank_dt_train, method="class")
```

여기서 plot( ) 함수나 text( ) 함수를 이용하여 의사결정나무 시각화를 할 수도 있는데 보여주는 정보가 적기 때문에 권장하지 않고 바로 fancypartplot( ) 함수를 사용하겠다.

③ 필요한 패키지를 설치 및 로드한 후에 fancypartplot( ) 함수를 사용하여 의사결정나무를 그래프로 확인한다.

```
# fancyrpartplot를 사용하여 의사결정나무를 그래프로 확인
install.packages('rattle')
install.packages('rpart.plot')
#install.packages("RColorBrewer")
library(rattle)                # Fancy tree plot
library(rpart.plot)            # Enhanced tree plots
library(RColorBrewer)          # Color selection for fancy tree
fancyRpartPlot(rpartmod)
```

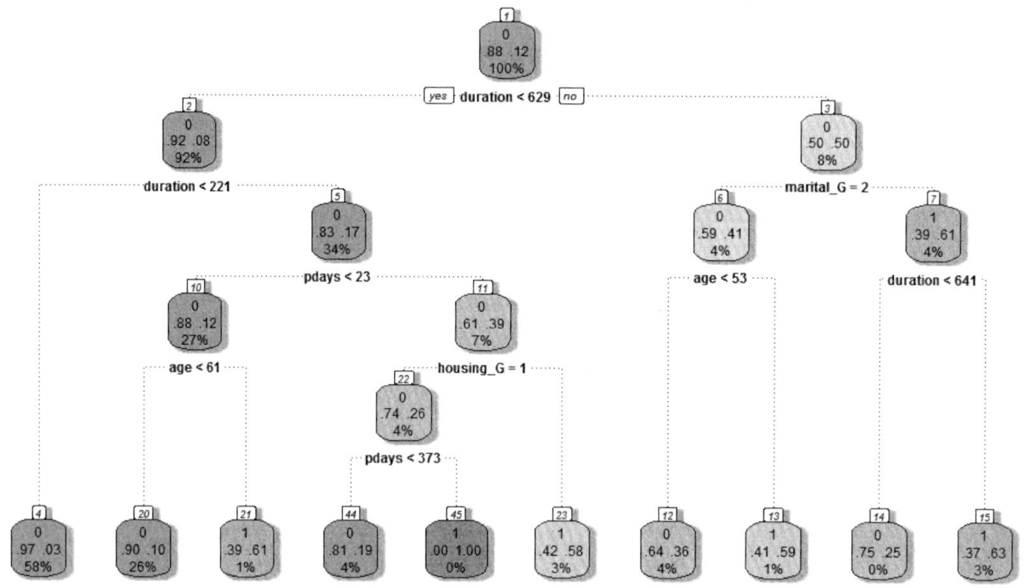

party 패키지의 ctree( ) 함수를 사용했을 때와 그래프가 약간 다른 것을 확인할 수 있다. R에서 사용되는 tree, party, rpart 등의 패키지 종류가 다양하므로 상황에 맞게 결과를 비교해서 가장 좋은 예측력을 보이는 패키지는 선택할 수 있다.

PART

IV

SPSS와 Python, R, 그리고 Excel을 활용한 데이터 분석 따라하기

Excel을 활용한 데이터 분석

1 조건부 서식을 활용하여 데이터 이해하기
2 상대참조, 절대참조 이용하여 새로운 값 만들기
3 통계함수 이용하기
4 논리함수(IF) 이용하기
5 날짜함수 이용하기
6 텍스트 함수 이용하기
7 VLOOKUP, HLOOKUP
8 수학함수 이용하기
9 재무함수 이용하기
10 차트활용하기
11 데이터 정렬 및 필터링
12 피 벗

1 조건부 서식을 활용하여 데이터 이해하기

◆ Excel에서 조건부 서식이란?

– 셀의 값을 바탕으로 워크시트가 보여지는 상태를 변경하는 것을 말한다.

– [홈]–[조건부 서식]을 클릭하면 상세내용이 나타난다.

- 셀 강조규칙 : 어떤 값과의 비교하여 셀을 강조하는 기능
- 상위/하위규칙 : 상위/하위 몇 %에 해당하는지, 평균값과 비교해서 만족하는 셀들에 서식을 적용하는 기능
- 데이터막대, 색조, 아이콘 집합은 보다 시각적으로 표현할 때 사용
- 새규칙 : 규칙을 새로 만들 때 사용하는 기능
- 규칙지우기 : 이미 적용되고 있는 규칙을 삭제하는 기능
- 규칙관리 : 적용되고 있는 규칙의 상세내용을 보는 기능

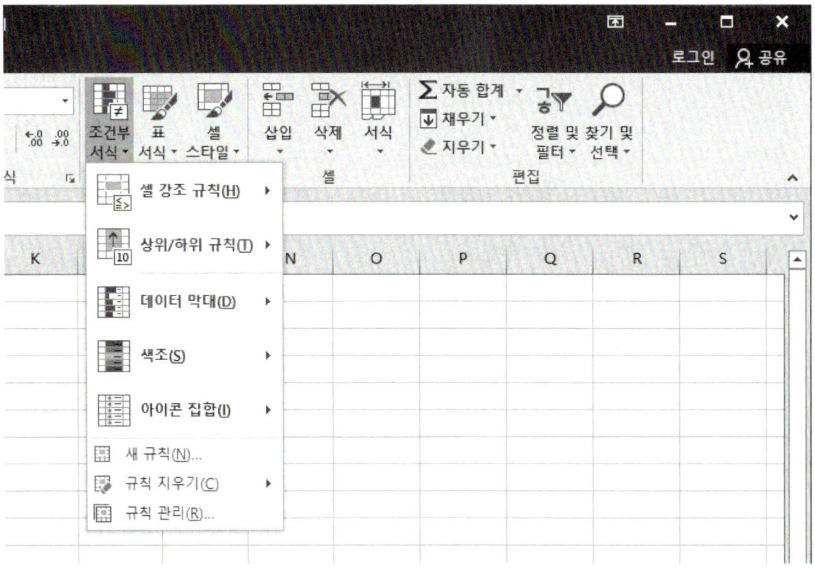

◆ 조건부 서식을 사용하여 정보강조 표시

조건부 서식을 사용하면 데이터를 시각적으로 탐색 및 분석하고 중요한 문제를 감지하며 패턴과 추세를 식별하는 데 도움이 된다.

조건부 서식을 사용하면 손쉽게 특정 조건에 해당하는 셀이나 셀 범위를 강조 표시하고, 특수

한 값을 강조하고, 데이터를 데이터의 특정 변형에 해당하는 데이터 막대, 색조, 아이콘집합 등으로 시각화할 수 있다.

조건부 서식은 사용자가 지정한 조건을 기준으로 셀 모양을 변경한다. 조건이 true이면 셀범위는 서식이 지정된다. 조건이 false이면 셀범위는 서식이 지정되지 않는다. 기본제공되는 조건이 많이 있는데, 직접 만들 수도 있다(예를 들어, True 또는 False로 평가되는 수식을 사용하는 경우 포함).

◆ 조건부 서식에서 규칙관리(예시 화면)

– 셀값이 5이상인 부분에 대해서는 주황색으로 표시하라는 의미임

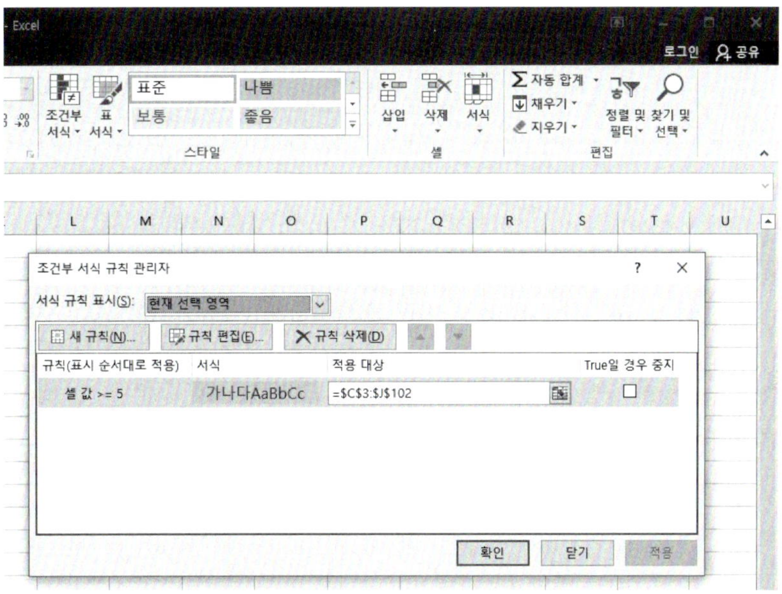

– 셀값이 5이상인 부분에 대해서는 주황색으로 마킹된 내용을 보여줌

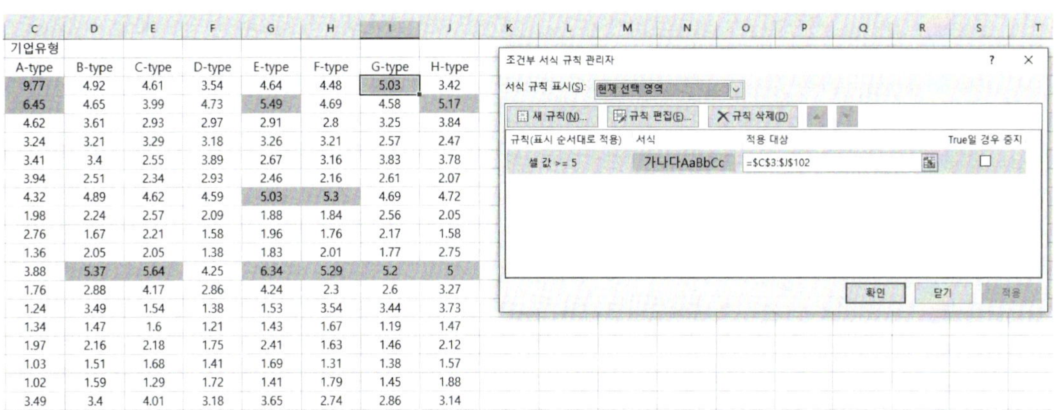

id	과목1	과목2	과목3	과목4
1	88			
2				
3				
4				

이런 데이터를 샘플로 만들어서 80점 이상 점수에 대해 노란색으로 마킹하기

	A	B	C	D	E
1	id	과목1	과목2	과목3	과목4
2	1	64	79	96	66
3	2	100	84	60	80
4	3	90	72	73	70
5	4	64	86	65	68
6	5	99	78	85	61
7	6	74	78	73	98
8	7	60	96	69	91
9	8	80	73	87	81
10	9	90	95	76	80
11	10	83	94	94	97
12	11	97	86	83	98
13	12	67	90	99	79
14	13	66	68	67	78
15	14	100	69	61	87
16	15	84	83	65	86
17	16	61	58	76	97
18	17	95	70	78	73
19	18	93	90	68	73
20	19	62	86	74	82
21	20	73	98	100	81

〈따라하기 예시〉

① 외부데이터를 불러온다.

	A	B	C	D	E	F	G	H	I	J	K	L	M	N	O
1	id	age	job	marital	education	default	balance	housing	loan	contact	day	month	duration	campaign	pdays
2	1	39	services	single	secondary	no	471	no	no	unknown	15	oct	5	1	-1
3	2	77	retired	married	tertiary	no	7802	no	no	telephone	4	may	421	1	92
4	3	41	services	married	tertiary	no	412	yes	no	unknown	3	jun	154	5	-1
5	4	56	unemployed	divorced	primary	no	802	no	no	telephone	3	feb	258	2	-1
6	5	25	self-employed	single	tertiary	no	453	yes	no	cellular	17	jul	134	1	-1
7	6	54	entrepreneur	married	secondary	no	653	yes	no	unknown	15	may	352	1	-1
8	7	46	services	married	secondary	no	1034	no	no	cellular	8	aug	109	2	-1
9	8	31	technician	married	tertiary	no	636	yes	no	cellular	4	may	352	4	-1
10	9	40	services	married	secondary	no	771	yes	no	cellular	15	may	173	4	-1
11	10	51	blue-collar	married	primary	no	42	yes	no	cellular	12	may	51	2	342
12	11	40	management	married	tertiary	no	10786	no	no	unknown	20	jun	111	3	-1
13	12	40	blue-collar	married	secondary	no	952	no	yes	unknown	12	jun	140	1	-1
14	13	40	blue-collar	married	secondary	no	61	yes	no	unknown	7	may	112	3	-1
15	14	42	management	single	tertiary	no	0	no	no	cellular	7	sep	99	1	-1
16	15	60	retired	married	primary	no	71188	no	no	cellular	6	oct	205	1	-1

② age를 마우스로 드래그하여 블록을 지정한 후 [홈]-[조건부 서식]-[상위/하위규칙]-[평균 초과]를 클릭한다.

③ 평균초과에서 [진한 빨강 텍스트가 있는 연한 빨강채우기]-[확인]을 선택한다.

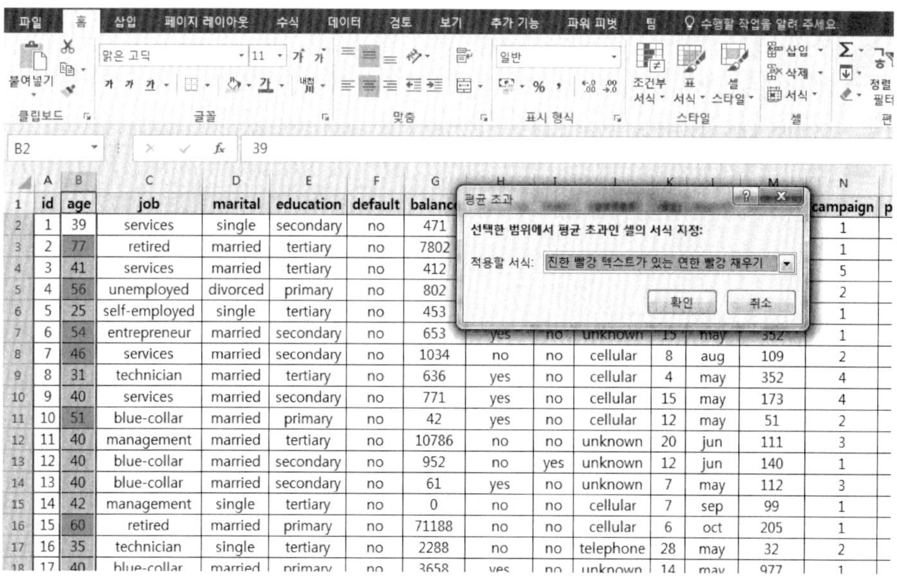

④ 결과

	A	B	C	D	E	F	G	H	I	J	K	L	M	N	O	P	
1	id	age	job	marital	education	default	balance	housing	loan	contact	day	month	duration	campaign	pdays	previous	po
2	1	39	services	single	secondary	no	471	no	no	unknown	15	oct	5	1	-1	0	u
3	2	77	retired	married	tertiary	no	7802	no	no	telephone	4	may	421	1	92	2	[illegible]
4	3	41	services	married	tertiary	no	412	yes	no	unknown	3	jun	154	5	-1	0	u
5	4	56	unemployed	divorced	primary	no	802	no	no	telephone	3	feb	258	2	-1	0	u
6	5	25	self-employed	single	tertiary	no	453	yes	no	cellular	17	jul	134	1	-1	0	u
7	6	54	entrepreneur	married	secondary	no	653	yes	no	unknown	15	may	352	1	-1	0	u
8	7	46	services	married	secondary	no	1034	no	no	cellular	8	aug	109	2	-1	0	u
9	8	31	technician	married	tertiary	no	636	yes	no	cellular	4	may	352	4	-1	0	u
10	9	40	services	married	secondary	no	771	yes	no	cellular	15	may	173	4	-1	0	u
11	10	51	blue-collar	married	primary	no	42	yes	no	cellular	12	may	51	2	342	3	
12	11	40	management	married	tertiary	no	10786	no	no	unknown	20	jun	111	3	-1	0	u
13	12	40	blue-collar	married	secondary	no	952	no	yes	unknown	12	jun	140	1	-1	0	u
14	13	40	blue-collar	married	secondary	no	61	yes	no	unknown	7	may	112	3	-1	0	u
15	14	42	management	single	tertiary	no	0	no	no	cellular	7	sep	99	1	-1	0	u
16	15	60	retired	married	primary	no	71188	no	no	cellular	6	oct	205	1	-1	0	u
17	16	35	technician	single	tertiary	no	2288	no	no	telephone	28	may	32	2	-1	0	u
18	17	40	blue-collar	married	primary	no	3658	yes	no	unknown	14	may	977	1	-1	0	u
19	18	33	technician	divorced	secondary	yes	10	yes	yes	cellular	18	nov	167	5	-1	0	u
20	19	75	retired	divorced	secondary	no	1341	no	no	cellular	18	dec	415	7	-1	0	u
21	20	60	blue-collar	married	secondary	no	1801	no	no	telephone	29	oct	167	1	-1	0	u

2 상대참조, 절대참조 이용하여 새로운 값 만들기

◆ 상대참조란?

– 수식의 위치에 따라 참조하는 셀의 주소가 변경되는 참조방식

◆ 절대참조란?

– 수식의 위치에 상관없이 참조하는 셀의 주소가 고정되는 참조방식

– 절대참조는 참조하는 셀을 고정해야 하는 특정한 상황에 사용하는 참조방법

– 입력한 수식에서 마우스커서가 C3에서 깜빡 거리도록 위치시킨 뒤, 키보드 F4키를 누름. 그러면 수식에서 셀 주소가 C3에서 $C$3로 바뀜

〈예시〉

$A$1 : 셀 A1을 참조하는 수식이 열 또는 행으로 이동해도 참조하는 셀(A1)은 항상 고정됨

$A1 : 셀 A1을 참조하는 수식이 열(A,B,C…)로 이동해도 참조하는 셀(A1)이 고정됨. 하지만 수식이 행(1,2,3…)으로 이동하면 참조하는 셀이 변함(A1,A2,A3,…)

A$1 : 셀 A1을 참조하는 수식이 행(1,2,3…)로 이동해도 참조하는 셀(A1)이 고정됨. 하지만 수식이 열(A,B,C…)로 이동하면 참조하는 셀이 변함(A1,B1,C1,…)

(1) 상대 참조

① 데이터를 입력한다.

	A	B	C
1			
2	수량	단가	판매금액
3	1	3,000	
4	2	3,000	
5	3	3,000	
6	4	3,000	
7	5	3,000	
8	6	3,000	
9	7	3,000	
10	8	3,000	
11	9	3,000	
12	10	3,000	

② 수량별 판매금액을 구하기 위해 C3셀에 “=A3*B3”와 같이 입력한 후 자동채우기를 하면 수량별 판매금액이 계산된다.

NPER | =A3*B3

	A	B	C
1			
2	수량	단가	판매금액
3	1	3,000	=A3*B3
4	2	3,000	
5	3	3,000	
6	4	3,000	
7	5	3,000	
8	6	3,000	
9	7	3,000	
10	8	3,000	
11	9	3,000	
12	10	3,000	

	A	B	C
1			
2	수량	단가	판매금액
3	1	3,000	3,000
4	2	3,000	6,000
5	3	3,000	9,000
6	4	3,000	12,000
7	5	3,000	15,000
8	6	3,000	18,000
9	7	3,000	21,000
10	8	3,000	24,000
11	9	3,000	27,000
12	10	3,000	30,000

자동 채우기 옵션

(2) 절대 참조

단가가 고정된 경우 절대 참조기능을 활용한다.

① 데이터를 입력한다.

	A	B
1	단가	3,000
2		
3	수량	판매금액
4	1	
5	2	
6	3	
7	4	
8	5	
9	6	
10	7	
11	8	
12	9	
13	10	

② C3셀에 "=$B$1*A4"와 같이 입력한 후 자동채우기를 하면 수량별 판매금액이 계산된다.

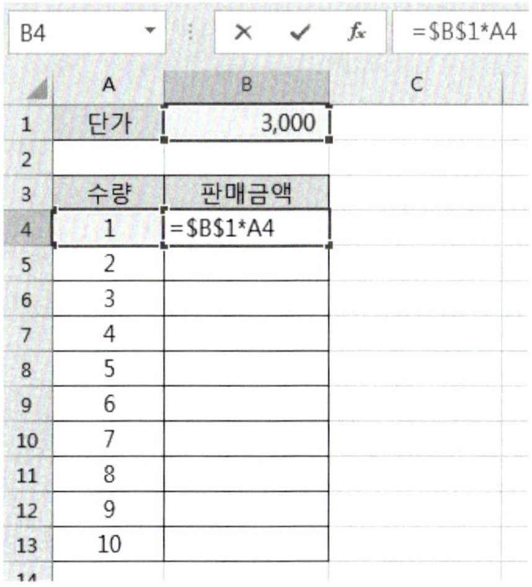
B4 =$B$1*A4

	A	B	C
1	단가	3,000	
2			
3	수량	판매금액	
4	1	=$B$1*A4	
5	2		
6	3		
7	4		
8	5		
9	6		
10	7		
11	8		
12	9		
13	10		

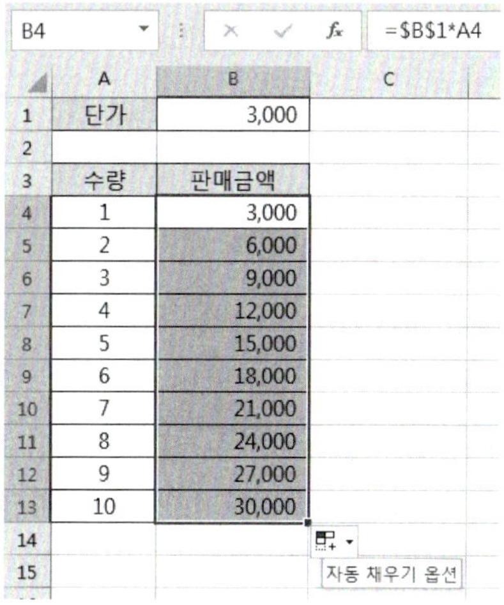
B4 =$B$1*A4

	A	B	C
1	단가	3,000	
2			
3	수량	판매금액	
4	1	3,000	
5	2	6,000	
6	3	9,000	
7	4	12,000	
8	5	15,000	
9	6	18,000	
10	7	21,000	
11	8	24,000	
12	9	27,000	
13	10	30,000	
14			
15			자동 채우기 옵션

>> 예제

(1) 상대 참조와 절대 참조를 이용해 다음 데이터를 한 번에 계산할 수 있는 수식을 찾아라.

	A	B	C	D	E	F	G	H	I	J	K
1	X	10	9	8	7	6	5	4	3	2	1
2	10	100	90								
3	9	90									
4	8										
5	7										
6	6										
7	5										
8	4										
9	3										
10	2										
11	1										

3 통계함수 이용하기

◆ 통계함수를 이용하려면?

– 수식 > 함수 더보기 > 통계

• 여기로 이동해서 다양한 통계함수를 이용할 수 있음

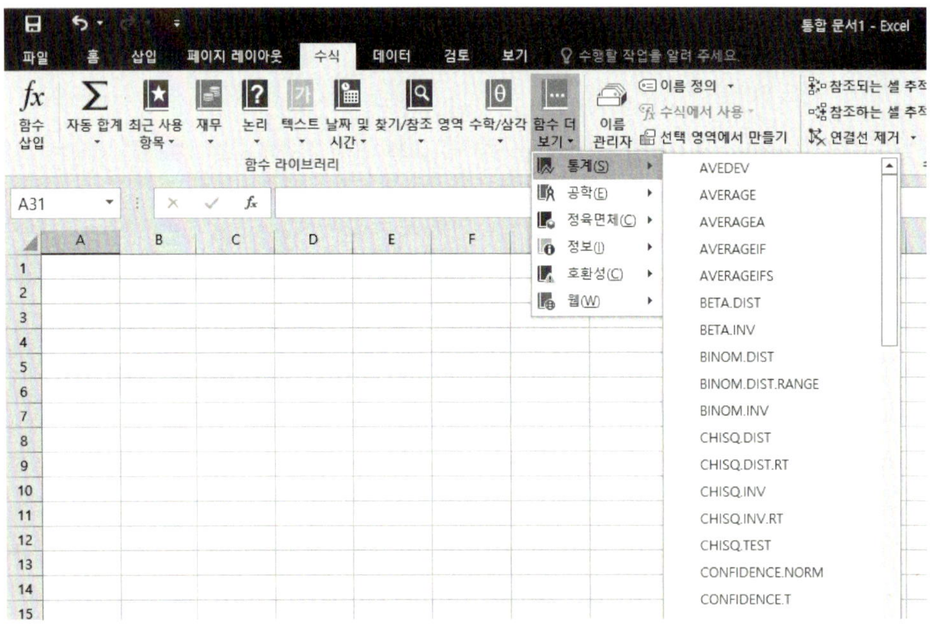

(1) SUM

age의 총합을 구해보자.

① 직접 입력 : 수식입력줄 혹은 B42셀에서 "= SUM(B2:B41)" 입력, B2에서 B41까지 셀들의 합을 B42셀에 계산한다.

RAND | =SUM(B2:B41)

	A	B	C	D	E	F	G	H	I	J	K	L	M	N
1	id	age	job	marital	education	default	balance	housing	loan	contact	day	month	duration	campaign
26	25	57	blue-collar	married	primary	no	282	no	yes	cellular	7	jul	261	12
27	26	39	services	married	secondary	no	0	yes	no	cellular	8	may	503	1
28	27	37	blue-collar	married	primary	no	689	yes	no	cellular	14	jul	367	2
29	28	24	blue-collar	single	secondary	no	174	yes	yes	cellular	18	may	487	1
30	29	45	blue-collar	married	secondary	no	115	no	no	cellular	11	aug	209	4
31	30	33	blue-collar	married	secondary	no	26	yes	no	cellular	17	apr	342	3
32	31	44	self-employed	married	tertiary	no	134	no	no	cellular	28	aug	86	4
33	32	72	retired	married	primary	no	763	no	no	cellular	24	apr	384	2
34	33	30	unemployed	married	secondary	no	1210	no	no	cellular	9	jul	100	4
35	34	38	unemployed	married	primary	no	1147	yes	yes	unknown	8	may	249	5
36	35	34	entrepreneur	married	tertiary	no	105	yes	no	unknown	28	may	249	2
37	36	43	entrepreneur	married	secondary	no	104	yes	no	cellular	18	jul	635	3
38	37	54	retired	married	primary	no	0	yes	no	cellular	11	jul	159	2
39	38	53	management	divorced	secondary	no	112	no	yes	cellular	11	aug	246	3
40	39	65	retired	divorced	primary	no	1840	no	no	cellular	1	jun	383	2
41	40	48	blue-collar	married	secondary	no	425	yes	no	telephone	9	jul	693	2
42	=SUM(B2:B41)													
43														

② 함수마법사 사용

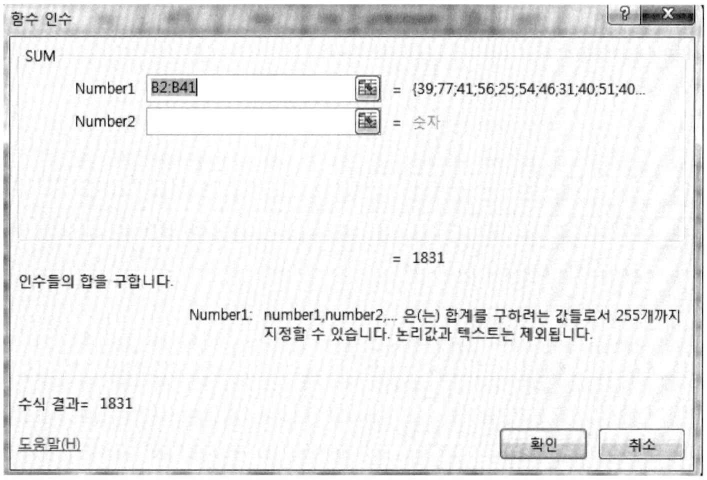

③ 결과

	A	B	C	D	E	F	G	
1	id	age	job	marital	education	default	balance	h
33	32	72	retired	married	primary	no	763	
34	33	30	unemployed	married	secondary	no	1210	
35	34	38	unemployed	married	primary	no	1147	
36	35	34	entrepreneur	married	tertiary	no	105	
37	36	43	entrepreneur	married	secondary	no	104	
38	37	54	retired	married	primary	no	0	
39	38	53	management	divorced	secondary	no	112	
40	39	65	retired	divorced	primary	no	1840	
41	40	48	blue-collar	married	secondary	no	425	
42	총점	1831						
43								

(2) AVERAGE

age의 평균을 구해보자.

① 직접 입력 : 수식입력줄 혹은 B43셀에서 "= AVERAGE(B2:B41)" 입력, B2에서 B41까지 셀들의 평균을 B43셀에 계산한다.

RAND | =AVERAGE(B2:B41)

	A	B	C	D	E	F	G	H	I	J	K	L	M	N
1	id	age	job	marital	education	default	balance	housing	loan	contact	day	month	duration	campaign
28	27	37	blue-collar	married	primary	no	689	yes	no	cellular	14	jul	367	2
29	28	24	blue-collar	single	secondary	no	174	yes	yes	cellular	18	may	487	1
30	29	45	blue-collar	married	secondary	no	115	no	no	cellular	11	aug	209	4
31	30	33	blue-collar	married	secondary	no	26	yes	no	cellular	17	apr	342	3
32	31	44	self-employed	married	tertiary	no	134	no	no	cellular	28	aug	86	4
33	32	72	retired	married	primary	no	763	no	no	cellular	24	apr	384	2
34	33	30	unemployed	married	secondary	no	1210	no	no	cellular	9	jul	100	4
35	34	38	unemployed	married	primary	no	1147	yes	yes	unknown	8	may	249	5
36	35	34	entrepreneur	married	tertiary	no	105	yes	no	unknown	28	may	249	2
37	36	43	entrepreneur	married	secondary	no	104	yes	no	cellular	18	jul	635	3
38	37	54	retired	married	primary	no	0	yes	no	cellular	11	jul	159	2
39	38	53	management	divorced	secondary	no	112	no	yes	cellular	11	aug	246	3
40	39	65	retired	divorced	primary	no	1840	no	no	cellular	1	jun	383	2
41	40	48	blue-collar	married	secondary	no	425	yes	no	telephone	9	jul	693	2
42		1831												
43	=AVERAGE(B2:B41)													
44														

② 함수마법사 사용

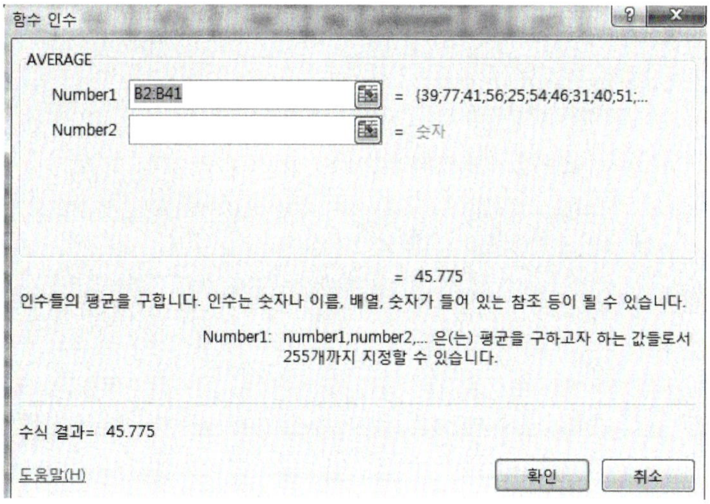

③ 결과

	A	B	C	D	E	F	G	H	I
1	id	age	job	marital	education	default	balance	housing	loa
33	32	72	retired	married	primary	no	763	no	no
34	33	30	unemployed	married	secondary	no	1210	no	no
35	34	38	unemployed	married	primary	no	1147	yes	yes
36	35	34	entrepreneur	married	tertiary	no	105	yes	no
37	36	43	entrepreneur	married	secondary	no	104	yes	no
38	37	54	retired	married	primary	no	0	yes	no
39	38	53	management	divorced	secondary	no	112	no	yes
40	39	65	retired	divorced	primary	no	1840	no	no
41	40	48	blue-collar	married	secondary	no	425	yes	no
42	총점	1831							
43	평균	45.775							
44									

>> 예제 1

(1) 위 표에서 “balance”, “duration”의 총점과 평균을 각각 함수를 이용해 구하라.

(3) MAX, MIN

age 최대값과 최소값을 구해보자.

1) 최대값

① 직접 입력 : 수식입력줄 혹은 B44셀에서 "= MAX(B2:B41)" 입력

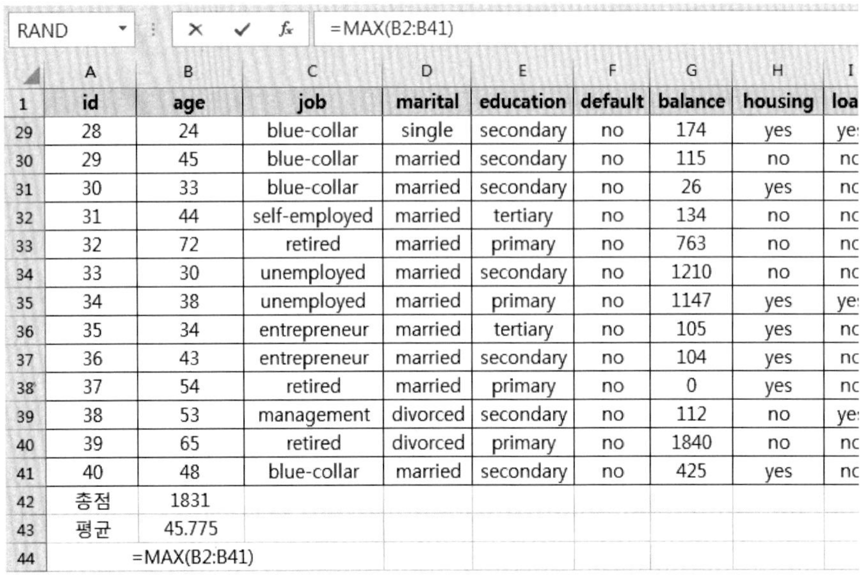

	A	B	C	D	E	F	G	H	I
1	id	age	job	marital	education	default	balance	housing	loa
29	28	24	blue-collar	single	secondary	no	174	yes	ye
30	29	45	blue-collar	married	secondary	no	115	no	nc
31	30	33	blue-collar	married	secondary	no	26	yes	nc
32	31	44	self-employed	married	tertiary	no	134	no	nc
33	32	72	retired	married	primary	no	763	no	nc
34	33	30	unemployed	married	secondary	no	1210	no	nc
35	34	38	unemployed	married	primary	no	1147	yes	ye
36	35	34	entrepreneur	married	tertiary	no	105	yes	nc
37	36	43	entrepreneur	married	secondary	no	104	yes	nc
38	37	54	retired	married	primary	no	0	yes	nc
39	38	53	management	divorced	secondary	no	112	no	ye
40	39	65	retired	divorced	primary	no	1840	no	nc
41	40	48	blue-collar	married	secondary	no	425	yes	nc
42	총점	1831							
43	평균	45.775							
44		=MAX(B2:B41)							

② 함수마법사 사용

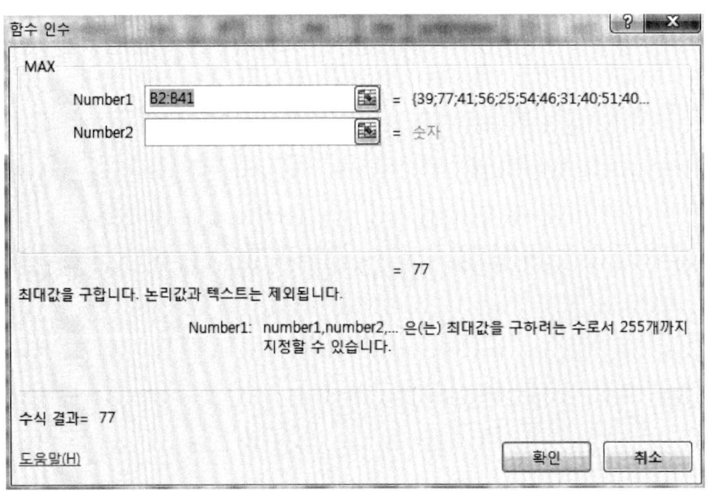

③ 결과

	A	B	C	D	E	F	G	H
1	id	age	job	marital	education	default	balance	housin
32	31	44	self-employed	married	tertiary	no	134	no
33	32	72	retired	married	primary	no	763	no
34	33	30	unemployed	married	secondary	no	1210	no
35	34	38	unemployed	married	primary	no	1147	yes
36	35	34	entrepreneur	married	tertiary	no	105	yes
37	36	43	entrepreneur	married	secondary	no	104	yes
38	37	54	retired	married	primary	no	0	yes
39	38	53	management	divorced	secondary	no	112	no
40	39	65	retired	divorced	primary	no	1840	no
41	40	48	blue-collar	married	secondary	no	425	yes
42	총점	1831						
43	평균	45.775						
44	최고값	77						

2) 최소값

① 직접 입력 : 수식입력줄 혹은 B45셀에서 "= MIN(B2:B41)" 입력

RAND | =MIN(B2:B41)

	A	B	C	D	E	F	G	H	I
1	id	age	job	marital	education	default	balance	housing	loan
32	31	44	self-employed	married	tertiary	no	134	no	no
33	32	72	retired	married	primary	no	763	no	no
34	33	30	unemployed	married	secondary	no	1210	no	no
35	34	38	unemployed	married	primary	no	1147	yes	yes
36	35	34	entrepreneur	married	tertiary	no	105	yes	no
37	36	43	entrepreneur	married	secondary	no	104	yes	no
38	37	54	retired	married	primary	no	0	yes	no
39	38	53	management	divorced	secondary	no	112	no	yes
40	39	65	retired	divorced	primary	no	1840	no	no
41	40	48	blue-collar	married	secondary	no	425	yes	no
42	총점	1831							
43	평균	45.775							
44	최고값	77							
45		= MIN(B2:B41)							

② 함수마법사 사용

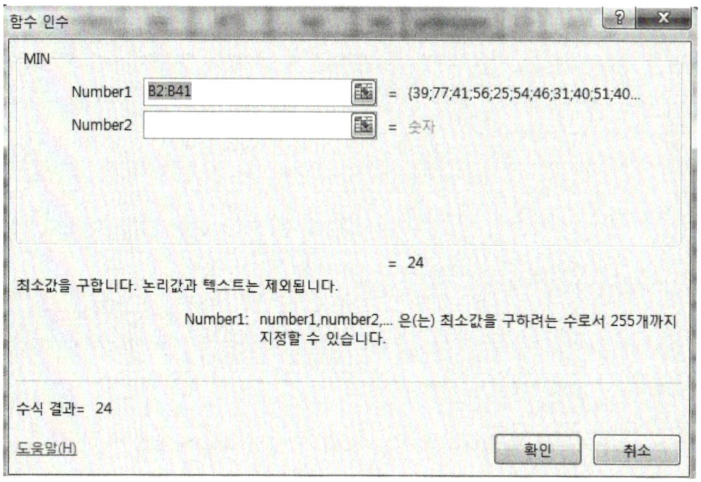

③ 결과

	A	B	C	D	E	F	G	H
1	id	age	job	marital	education	default	balance	housing
30	29	45	blue-collar	married	secondary	no	115	no
31	30	33	blue-collar	married	secondary	no	26	yes
32	31	44	self-employed	married	tertiary	no	134	no
33	32	72	retired	married	primary	no	763	no
34	33	30	unemployed	married	secondary	no	1210	no
35	34	38	unemployed	married	primary	no	1147	yes
36	35	34	entrepreneur	married	tertiary	no	105	yes
37	36	43	entrepreneur	married	secondary	no	104	yes
38	37	54	retired	married	primary	no	0	yes
39	38	53	management	divorced	secondary	no	112	no
40	39	65	retired	divorced	primary	no	1840	no
41	40	48	blue-collar	married	secondary	no	425	yes
42	총점	1831						
43	평균	45.775						
44	최고값	77						
45	최저값	24						

>> 예제 1

(1) 위 표에서 "balance", "duration"의 최대값과 최소값을 각각 함수를 이용해 구하라.

〈기타 통계함수〉

AVERAGE 함수 : 인수의 평균을 반환한다.

AVERAGEA 함수 : 인수의 평균(숫자, 텍스트, 논리값 포함)을 반환한다.

COUNT 함수 : 인수목록에서 숫자의 수를 계산한다.

COUNTA 함수 : 인수목록에서 값의 수를 계산한다.

COUNTBLANK 함수 : 범위내에서 빈 셀의 수를 계산한다.

COUNTIF 함수 : 범위내에서 주어진 조건에 맞는 셀의 수를 계산한다.

COUNTIFS 함수 : 범위내에서 여러 조건에 맞는 셀의 수를 계산한다.

MAX 함수 : 인수목록에서 최대값을 반환한다.

MAXA 함수 : 인수목록에서 최대값(숫자, 텍스트, 논리값 포함)을 반환한다.

MAXIFS 함수 : 주어진 조건에 맞는 셀에서 최대값을 반환한다.

MEDIAN 함수 : 주어진 수들의 중간값을 반환한다.

MIN 함수 : 인수목록에서 최소값을 반환한다.

MINIFS 함수 : 주어진된 조건집합에 의해 지정된 셀 중 최소값을 반환한다.

MINA 함수 : 인수목록에서 최소값(숫자, 텍스트, 논리값 포함)을 반환한다.

MODE.MULT 함수 : 배열이나 데이터범위에서 가장 자주 발생하는 값의 세로 배열을 반환한다.

MODE.SNGL 함수 : 데이터집합에서 가장 많이 나오는 값을 반환한다.

QUARTILE.EXC 함수 : 데이터집합에서 경계값을 제외한 0에서 1 사이의 사분위수를 반환한다.

RANK.AVG 함수 : 수 목록내에서 지정한 수의 크기순위를 반환한다.

RANK.EQ 함수 : 수 목록내에서 지정한 수의 크기순위를 반환한다.

STDEV.P : 모집단의 표준편차를 구해준다. 모집단에서 논리값과 텍스트 제외

STDEV.S : 표본집단의 표준편차를 구해준다. 표준집단에서 논리값과 텍스트 제외

4 논리함수(IF) 이용하기

◆ 엑셀에서 논리함수는?

– 참(TRUE) 또는 거짓(FALSE)으로 결과를 가려낼 때 사용한다.

– 엑셀의 논리함수 연산자는 AND, OR, NOT 그리고 새로운 함수인 XOR이 있다.

각 연산자의 가장 단순한 정의는 다음과 같다.

AND – 지정된 모든 조건이 참인 경우 TRUE를 반환한다.

예 : = AND (100<200, 200>100)

결과는 TRUE, 왜냐하면 두 조건이 모두 참이기 때문이다.

OR – 지정된 조건 중 최소 1개가 참이면 TRUE를 반환한다.

예 : = OR(100<200, 100>300)

결과는 TRUE, 왜냐하면 조건 중 하나가 참이기 때문이다.

NOT – 지정된 조건이 충족되지 않은 경우 참을 반환한다.(역전 로직)

예 : = NOT(100>500)

결과는 TRUE, 왜냐하면 100이 500보다 크지 않기 때문이다.

XOR – 또는 Exclusive OR라고도 하며 인수 중 하나만 참일 경우에 참을 반환한다.

예 : = XOR(1+1= 2, 2−1= 2)

하나의 조건이 참이고 하나의 조건이 거짓이기 때문에 TRUE를 반환한다.

= XOR(1+1= 2, 2−1= 1)는 두 조건이 모두 참이기 때문에 FALSE를 반환한다.

= XOR(5+1= 2, 5−1= 2)는 두 조건이 모두 거짓이기 때문에 FALSE를 반환한다.

IF 등 다른 함수와 조합하는 경우 매우 강력한 결과를 제공하는 복잡한 수식을 만들 수 있다.

(1) IF

1) pdays가 −1이면 no, 그렇지 않으면 yes로 나타내자.

① 직접 입력 : 수식입력줄 혹은 S2셀에서 "= IF(O2=−1, "no", "yes")" 입력

O	P	Q	R	S	T
pdays	previous	poutcome	y	pdays_contact	
-1	0	unknown	=IF(O2=-1, "no", "yes")		
92	2	success	yes		
-1	0	unknown	no		

② 함수마법사 사용

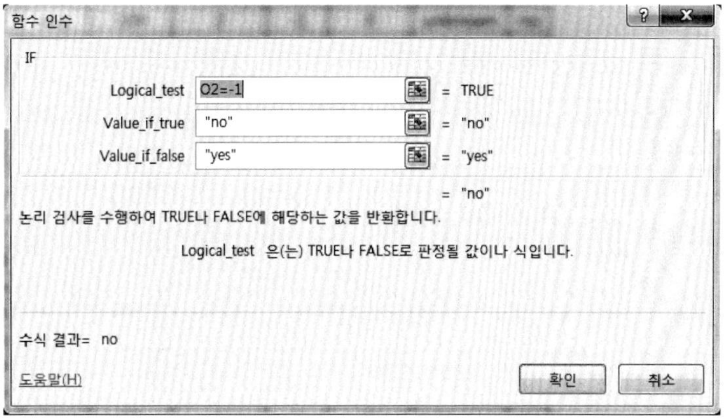

③ 결과

K	L	M	N	O	P	Q	R	S
day	month	duration	campaign	pdays	previous	poutcome	y	pdays_contact
15	oct	5	1	-1	0	unknown	no	no
4	may	421	1	92	2	success	yes	yes
3	jun	154	5	-1	0	unknown	no	no
3	feb	258	2	-1	0	unknown	no	no
17	jul	134	1	-1	0	unknown	no	no
15	may	352	1	-1	0	unknown	no	no
8	aug	109	2	-1	0	unknown	no	no
4	may	352	4	-1	0	unknown	yes	no
15	may	173	4	-1	0	unknown	no	no
12	may	51	2	342	3	failure	no	yes
20	jun	111	3	-1	0	unknown	no	no
12	jun	140	1	-1	0	unknown	no	no

(2) AND, IF-AND

복수의 기준을 충족하는 무엇인가를 찾고자 하는 경우 AND 연산자가 필요하다.

1) duration이 100이상, 400미만이고, pdays_contact가 yes인 경우

① 직접 입력 : 수식입력줄 혹은 T2셀에서 “= AND(AND(M2>= 100, M2<400), S2="yes")” 입력

M	N	O	P	Q	R	S	T	U	V
duratic	campaig	pday	previoı	poutcon	y	pdays_contac			
5	1	-1	0	unknown	no	=AND(AND(M2>=100, M2<400), S2="yes")			
421	1	92	2	success	yes	yes			
154	5	-1	0	unknown	no	no			

② 함수마법사 사용

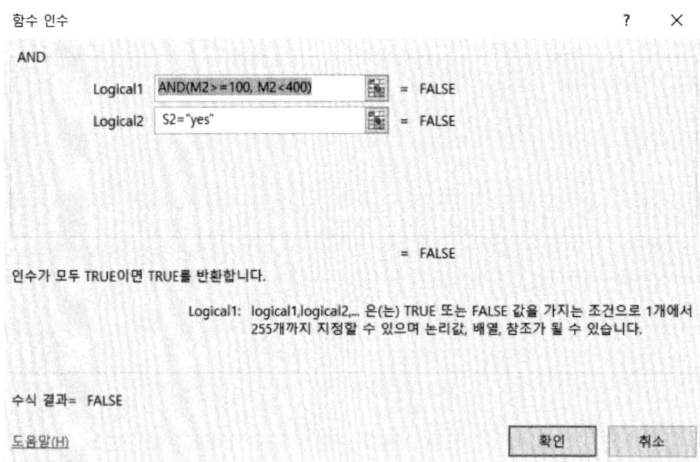

③ 결과

M	N	O	P	Q	R	S	T
duratic	campaig	pday	previoı	poutcon	y	pdays_contac	
261	12	-1	0	unknown	no	no	FALSE
503	1	-1	0	unknown	no	no	FALSE
367	2	-1	0	unknown	no	no	FALSE
487	1	-1	0	unknown	yes	no	FALSE
209	4	-1	0	unknown	no	no	FALSE
342	3	332	1	other	no	yes	TRUE
86	4	-1	0	unknown	no	no	FALSE
384	2	-1	0	unknown	yes	no	FALSE
100	4	-1	0	unknown	no	no	FALSE
249	5	-1	0	unknown	no	no	FALSE
249	2	-1	0	unknown	no	no	FALSE
635	3	-1	0	unknown	yes	no	FALSE
159	2	-1	0	unknown	no	no	FALSE
246	3	-1	0	unknown	no	no	FALSE

2) AND 연산자를 사용하는 IF/AND 문 : IF문에서 다음과 같이 진술하기 때문에 Yes 또는 No를 반환한다. 이것이 참이면 Yes이고 그렇지 않은 경우에는 No이다.

duration이 400이상, pdays_contact가 yes인 경우 “가입”, duration이 100이상, 400미만이고, pdays_contact가 yes인 경우 “가능”, 나머지는 미가입처리하라.

① 직접 입력 : 수식입력줄 혹은 U2셀에서 “= IF(AND(M2>= 400, S2= "yes"), "가입", IF(AND(AND(M2>= 100, M2<400), S2= "yes"), "가능", "미가입"))” 입력

M	N	O	P	Q	R	S	T	U	V	W	X	Y
duration	campaign	pdays	previous	poutcome	y	pdays_contact		y_pred				
5	1	-1	0	=IF(AND(M2>=400, S2="yes"), "가입", IF(AND(AND(M2>=100, M2<400), S2="yes"), "가능", "미가입"))								
421	1	92	2	success	yes	yes	FALSE					

② 함수마법사 사용

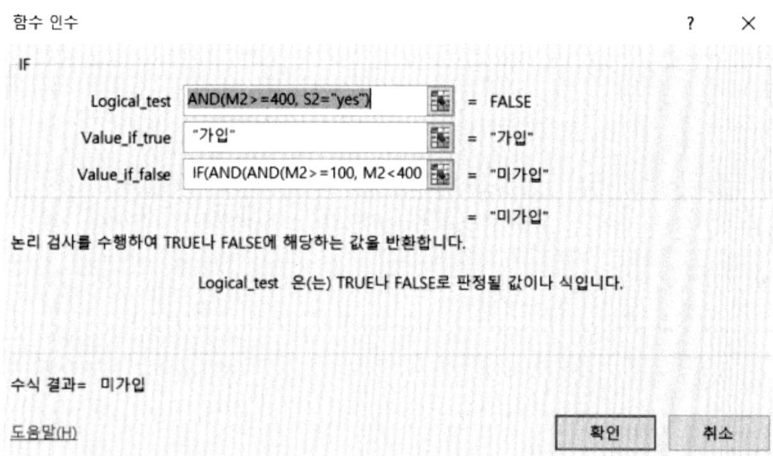

③ 결과

M	N	O	P	Q	R	S	T	U
duration	campaign	pdays	previous	poutcome	y	pdays_contact		y_pred
5	1	-1	0	unknown	no	no	FALSE	미가입
421	1	92	2	success	yes	yes	FALSE	가입
154	5	-1	0	unknown	no	no	FALSE	미가입
258	2	-1	0	unknown	no	no	FALSE	미가입
134	1	-1	0	unknown	no	no	FALSE	미가입
352	1	-1	0	unknown	no	no	FALSE	미가입
109	2	-1	0	unknown	no	no	FALSE	미가입
352	4	-1	0	unknown	yes	no	FALSE	미가입
173	4	-1	0	unknown	no	no	FALSE	미가입
51	2	342	3	failure	no	yes	FALSE	미가입

(3) OR, IF-OR, AND-OR

1) duration이 100이상 또는 400미만이거나, pdays_contact가 yes인 경우

① 직접 입력 : 수식입력줄 혹은 V2셀에서 "=OR (OR(M2>=100, M2<400), S2= "yes")" 입력

M	N	O	P	Q	R	S	T	U
duration	campaign	pdays	previous	poutcome	y	pdays_contact		
5	1	-1	0	unknown	no	=OR(OR(M2>=100, M2<400), S2="yes")		
421	1	92	2	success	yes	yes		
154	5	-1	0	unknown	no	no		
258	2	-1	0	unknown	no	no		

② 함수마법사 사용

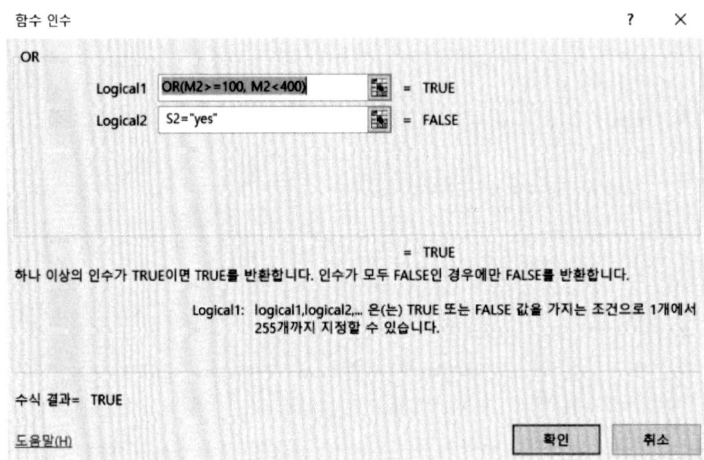

③ 결과

M	N	O	P	Q	R	S	V
duration	campaign	pdays	previous	poutcome	y	pdays_contact	
5	1	-1	0	unknown	no	no	TRUE
421	1	92	2	success	yes	yes	TRUE
154	5	-1	0	unknown	no	no	TRUE
258	2	-1	0	unknown	no	no	TRUE
134	1	-1	0	unknown	no	no	TRUE
352	1	-1	0	unknown	no	no	TRUE
109	2	-1	0	unknown	no	no	TRUE
352	4	-1	0	unknown	yes	no	TRUE
173	4	-1	0	unknown	no	no	TRUE
51	2	342	3	failure	no	yes	TRUE
111	3	-1	0	unknown	no	no	TRUE

2) duration이 400이상 또는 pdays_contact가 yes인 경우 “가입”, duration이 100이상 또는 400 미만이거나, pdays_contact가 yes인 경우 “가능”, 나머지는 미가입처리하라.

① 직접 입력 : 수식입력줄 혹은 W2셀에서 “= IF(OR(M2>= 400, S2= "yes"), "가입", IF(OR(OR(M2>= 100, M2<400), S2= "yes"), "가능", "미가입"))” 입력

M	N	O	P	Q	R	S	V	W
duration	campaign	pdays	previous	poutcome	y	pdays_contact		y_pred(2)
5	1	-1	0	unknown	no	no	TRUE	=IF(OR(M2>=400, S2="yes"), "가입", IF(OR(OR(M2>=100, M2<400), S2="yes"), "가능", "미가입"))
421	1	92	2	success	yes	yes	TRUE	
154	5	-1	0	unknown	no	no	TRUE	

② 함수마법사 사용

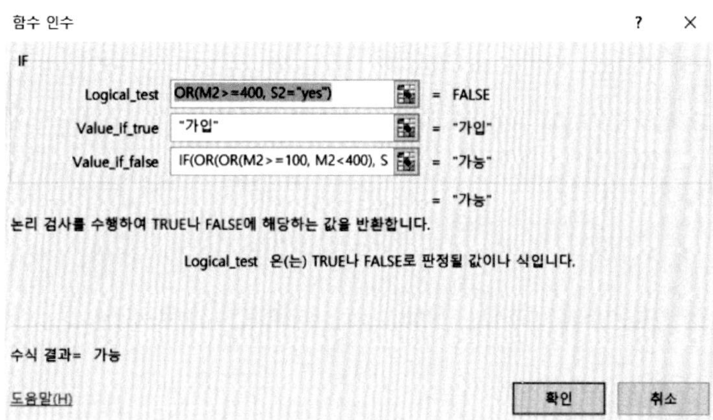

③ 결과

M	N	O	P	Q	R	S	V	W
duration	campaign	pdays	previous	poutcome	y	pdays_contact		y_pred(2)
5	1	-1	0	unknown	no	no	TRUE	가능
421	1	92	2	success	yes	yes	TRUE	가입
154	5	-1	0	unknown	no	no	TRUE	가능
258	2	-1	0	unknown	no	no	TRUE	가능
134	1	-1	0	unknown	no	no	TRUE	가능
352	1	-1	0	unknown	no	no	TRUE	가능
109	2	-1	0	unknown	no	no	TRUE	가능
352	4	-1	0	unknown	yes	no	TRUE	가능
173	4	-1	0	unknown	no	no	TRUE	가능
51	2	342	3	failure	no	yes	TRUE	가입

3) duration이 400이상 또는 pdays_contact가 yes이며, marital이 single이거나 divorced이다.

① 직접 입력 : 수식입력줄 혹은 W2셀에서 “= AND(OR(M2>= 400, S2= "yes"), (OR(D2= "single", D2= "divorced"))” 입력

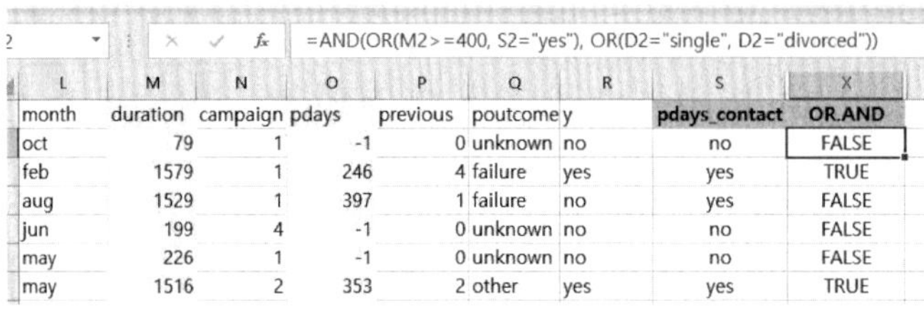

=AND(OR(M2>=400, S2="yes"), OR(D2="single", D2="divorced"))

L	M	N	O	P	Q	R	S	X
month	duration	campaign	pdays	previous	poutcome	y	pdays_contact	OR.AND
oct	79	1	-1	0	unknown	no	no	FALSE
feb	1579	1	246	4	failure	yes	yes	TRUE
aug	1529	1	397	1	failure	no	yes	FALSE
jun	199	4	-1	0	unknown	no	no	FALSE
may	226	1	-1	0	unknown	no	no	FALSE
may	1516	2	353	2	other	yes	yes	TRUE

② 함수마법사 사용

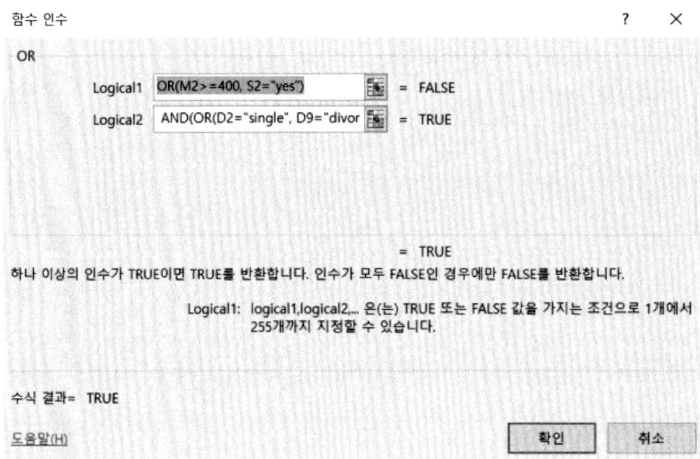

③ 결과

M	N	O	P	Q	R	S	X
duration	**campaign**	**pdays**	**previous**	**poutcome**	**y**	**pdays_contact**	
5	1	-1	0	unknown	no	no	TRUE
421	1	92	2	success	yes	yes	TRUE
154	5	-1	0	unknown	no	no	FALSE
258	2	-1	0	unknown	no	no	FALSE
134	1	-1	0	unknown	no	no	TRUE
352	1	-1	0	unknown	no	no	FALSE
109	2	-1	0	unknown	no	no	FALSE
352	4	-1	0	unknown	yes	no	FALSE
173	4	-1	0	unknown	no	no	FALSE
51	2	342	3	failure	no	yes	TRUE
111	3	-1	0	unknown	no	no	TRUE
140	1	-1	0	unknown	no	no	TRUE

(4) NOT, NOT-OR

1) duration이 400이상이 아니다.

① 직접 입력 : 수식입력줄 혹은 Y2셀에서 “= NOT(M2>= 400)” 입력

× ✓ fx =NOT(M2>=400)

I	I	J	K	L	M	N	O	P	Q	R	S	Y
sing	loan	contact	day	month	duration	campaign	pdays	previous	poutcome	y	pdays_contact	
o	no	unknown	15	oct	5	1	-1	0	unknown	no		=NOT(M2>=400)
o	no	telephone	4	may	421	1	92	2	success	yes	yes	
s	no	unknown	3	jun	154	5	-1	0	unknown	no	no	
o	no	telephone	3	feb	258	2	-1	0	unknown	no	no	

② 함수마법사 사용

③ 결과

M	N	O	P	Q	R	S	Y
duration	campaign	pdays	previous	poutcome	y	pdays_contact	
5	1	-1	0	unknown	no	no	TRUE
421	1	92	2	success	yes	yes	FALSE
154	5	-1	0	unknown	no	no	TRUE
258	2	-1	0	unknown	no	no	TRUE
134	1	-1	0	unknown	no	no	TRUE
352	1	-1	0	unknown	no	no	TRUE
109	2	-1	0	unknown	no	no	TRUE
352	4	-1	0	unknown	yes	no	TRUE
173	4	-1	0	unknown	no	no	TRUE
51	2	342	3	failure	no	yes	TRUE

2) duration이 400이상 이거나 pdays_contact가 yes가 아니다.

① 직접 입력 : 수식입력줄 혹은 Z2셀에서 "= NOT(OR(M2>= 400, S2= "yes"))" 입력

= NOT(OR(M2>=400, S2="yes"))

I	I	J	K	L	M	N	O	P	Q	R	S	Z	AA
sing	loan	contact	day	month	duration	campaign	pdays	previous	poutcome	y	pdays_contact		
ɔ	no	unknown	15	oct	5	1	-1	0	unknown	no		= NOT(OR(M2>=400, S2="yes"))	
ɔ	no	telephone	4	may	421	1	92	2	success	yes	yes		
s	no	unknown	3	jun	154	5	-1	0	unknown	no	no		

② 함수마법사 사용

③ 결과

M	N	O	P	Q	R	S	Z
duration	campaign	pdays	previous	poutcome	y	pdays_contact	
5	1	-1	0	unknown	no	no	TRUE
421	1	92	2	success	yes	yes	FALSE
154	5	-1	0	unknown	no	no	TRUE
258	2	-1	0	unknown	no	no	TRUE
134	1	-1	0	unknown	no	no	TRUE
352	1	-1	0	unknown	no	no	TRUE
109	2	-1	0	unknown	no	no	TRUE
352	4	-1	0	unknown	yes	no	TRUE

(5) XOR 또는 Exclusive OR

하나의 조건이 참이고 하나의 조건이 거짓이면 XOR은 TRUE를 반환한다. 두 조건이 모두 참이거나 두 조건이 모두 거짓이면 XOR은 FALSE를 반환한다.

duration이 400이상 또는 pdays_contact가 yes 중 하나만 만족하면 TRUE를 반환한다.

① 직접 입력 : 수식입력줄 혹은 AA2셀에서 "= XOR(M2>= 400, S2= "yes")"

× ✓ fx =XOR(M2>=400, S2="yes")

	I	J	K	L	M	N	O	P	Q	R	S	AA	AB
sing	loan	contact	day	month	duration	campaign	pdays	previous	poutcome	y	pdays_contact		
ɔ	no	unknown	15	oct	5	1	-1	0	unknown	no		=XOR(M2>=400, S2="yes")	
ɔ	no	telephone	4	may	421	1	92	2	success	yes	yes		
's	no	unknown	3	jun	154	5	-1	0	unknown	no	no		

② 함수마법사 사용

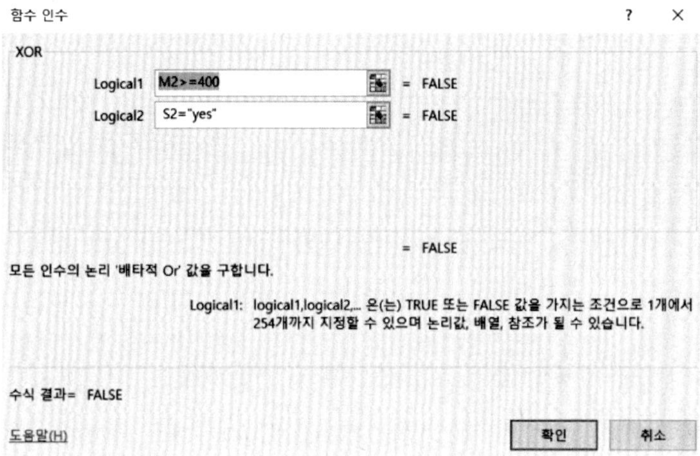

③ 결과

M	N	O	P	Q	R	S	AA
duration	campaign	pdays	previous	poutcome	y	pdays_contact	
5	1	-1	0	unknown	no	no	FALSE
421	1	92	2	success	yes	yes	FALSE
154	5	-1	0	unknown	no	no	FALSE
258	2	-1	0	unknown	no	no	FALSE
134	1	-1	0	unknown	no	no	FALSE
352	1	-1	0	unknown	no	no	FALSE
109	2	-1	0	unknown	no	no	FALSE
352	4	-1	0	unknown	yes	no	FALSE
173	4	-1	0	unknown	no	no	FALSE
51	2	342	3	failure	no	yes	TRUE

5 날짜함수 이용하기

◆ 날짜함수 YEAR, MONTH, DAY, DATE를 이해하자.

YEAR(serial_number)

: 날짜에 해당하는 연도를 반환한다. 연도는 1900에서 9999 사이의 정수이다.

YEAR 함수 구문에는 다음과 같은 인수가 사용된다.

serial_number는 필수 요소이다. 연도를 구할 날짜이다. 날짜는 DATE 함수를 사용하거나 다른 수식 또는 함수의 결과로 입력해야 한다. 예를 들어 2008년 5월 23일에 대해서는 DATE(2008,5,23)을 사용한다. 날짜를 텍스트로 입력하면 문제가 발생할 수 있다.

여기서, 날짜는 계산에 사용할 수 있도록 순차적인 일련번호로 저장된다. 기본적으로 1900년 1월 1일이 일련번호 1이고, 2008년 1월 1일은 1900년 1월 1일에서 39,448일째 날이므로 일련번호 39448이 된다.

(1) YEAR

① 직접 입력 : 수식입력줄 혹은 B2셀에서 "= YEAR(A2)" 입력

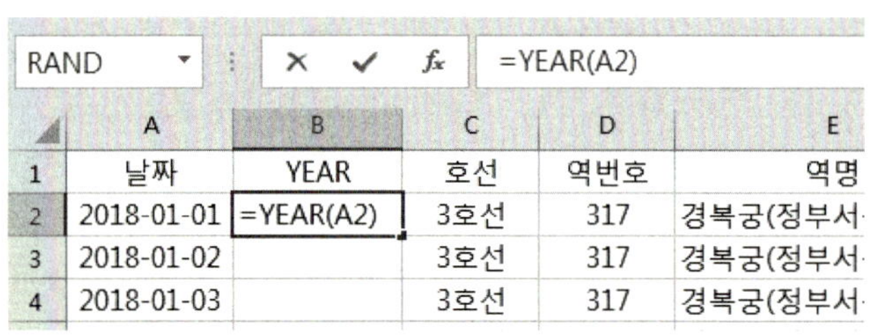

② 함수마법사 사용

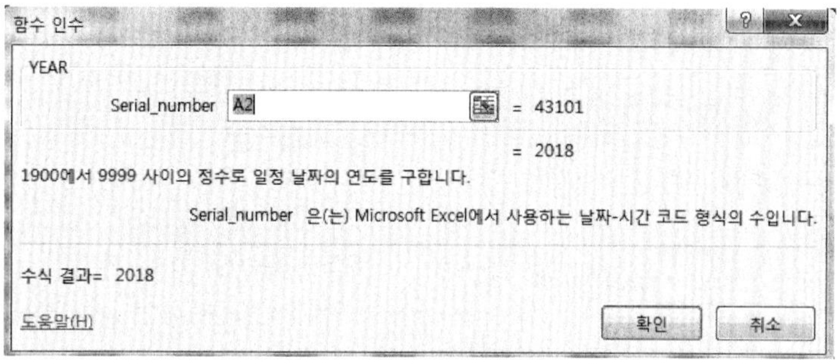

③ 결과

	A	B	C	D	E
1	날짜	YEAR	호선	역번호	역명
2	2018-01-01	2018	3호선	317	경복궁(정부서울청사)
3	2018-01-02	2018	3호선	317	경복궁(정부서울청사)
4	2018-01-03	2018	3호선	317	경복궁(정부서울청사)
5	2018-01-04	2018	3호선	317	경복궁(정부서울청사)
6	2018-01-05	2018	3호선	317	경복궁(정부서울청사)
7	2018-01-06	2018	3호선	317	경복궁(정부서울청사)
8	2018-01-07	2018	3호선	317	경복궁(정부서울청사)
9	2018-01-08	2018	3호선	317	경복궁(정부서울청사)

(2) MONTH

① 직접 입력 : 수식입력줄 혹은 C2셀에서 "= MONTH(A2)" 입력

C2 | fx =MONTH(A2)

	A	B	C	D	E	
1	날짜	YEAR	MONTH	호선	역번호	
2	2018-01-01		=MONTH(A2)		317	경복
3	2018-01-02	2018		3호선	317	경복
4	2018-01-03	2018		3호선	317	경복
5	2018-01-04	2018		3호선	317	경복
6	2018-01-05	2018		3호선	317	경복

② 함수마법사 사용

③ 결과

	A	B	C	D	E	
1	날짜	YEAR	MONTH	호선	역번호	
2	2018-01-01	2018	1	3호선	317	경복궁(
3	2018-01-02	2018	1	3호선	317	경복궁(
4	2018-01-03	2018	1	3호선	317	경복궁(
5	2018-01-04	2018	1	3호선	317	경복궁(
6	2018-01-05	2018	1	3호선	317	경복궁(
7	2018-01-06	2018	1	3호선	317	경복궁(
8	2018-01-07	2018	1	3호선	317	경복궁(
9	2018-01-08	2018	1	3호선	317	경복궁(
10	2018-01-09	2018	1	3호선	317	경복궁(

(3) DAY

① 직접 입력 : 수식입력줄 혹은 D2셀에서 "= DAY(A2)" 입력

RAND | =DAY(A2)

	A	B	C	D	E	F
1	날짜	YEAR	MONTH	DAY	호선	역번호
2	2018-01-01	2018	1	=DAY(A2)	3호선	317
3	2018-01-02	2018	1		3호선	317
4	2018-01-03	2018	1		3호선	317
5	2018-01-04	2018	1		3호선	317
6	2018-01-05	2018	1		3호선	317
7	2018-01-06	2018	1		3호선	317
8	2018-01-07	2018	1		3호선	317

② 함수마법사 사용

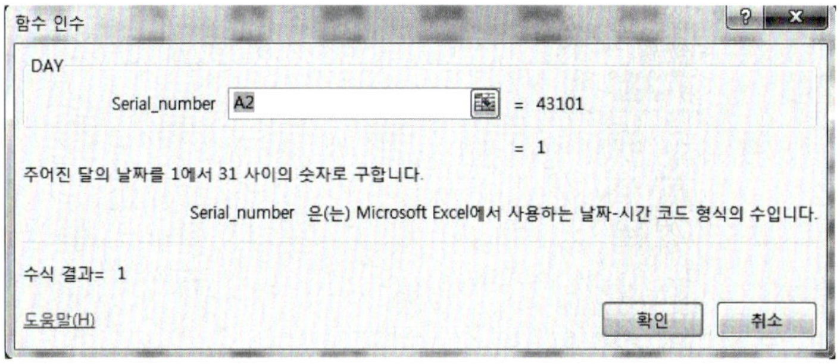

③ 결과

	A	B	C	D	E	F	
1	날짜	YEAR	MONTH	DAY	호선	역번호	
2	2018-01-01	2018	1	1	3호선	317	경
3	2018-01-02	2018	1	2	3호선	317	경
4	2018-01-03	2018	1	3	3호선	317	경
5	2018-01-04	2018	1	4	3호선	317	경
6	2018-01-05	2018	1	5	3호선	317	경
7	2018-01-06	2018	1	6	3호선	317	경
8	2018-01-07	2018	1	7	3호선	317	경
9	2018-01-08	2018	1	8	3호선	317	경
10	2018-01-09	2018	1	9	3호선	317	경
11	2018-01-10	2018	1	10	3호선	317	경

(4) DATE

◆ 엑셀 DATE 함수

연/월/일 값을 받아 특정 날짜를 나타내는 일련번호를 반환한다.

DATE 함수는 특정 날짜의 연/월/일 값을 받아 엑셀에서 사용하는 날짜 일련번호로 반환하는 함수이다. 취합한 문서에서 각 셀마다 사용된 날짜 표현방식이 다르고, 특히 입력된 값이 '텍스트'형식이라면 올바른 형태로 값을 변경해줘야 한다. 그럴 경우 LEFT 함수나 MID 함수와 같이 DATE 함수를 사용하여 해결한다. TIME 함수를 이용하면 원하는 시간값을 반환할 수 있다.

구문

= DATE (연, 월, 일)

◆ 인수

연 : 날짜로 반환할 '년도'이다. 0부터 10000 사이의 수를 입력할 수 있다. 텍스트값이 입력되더라도 숫자값으로 강제변환한다.

월 : 날짜로 반환할 '월'이다. 양의 정수 또는 음의 정수를 입력할 수 있다. 텍스트값이 입력되더라도 숫자값으로 강제변환한다.

일 : 날짜로 반환할 '일'이다. 양의 정수 또는 음의 정수를 입력할 수 있다. 텍스트값이 입력되더라도 숫자값으로 강제변환한다.

① 직접 입력 : 수식입력줄 혹은 E2셀에서 "= DATE(B2,C2,D2)" 입력

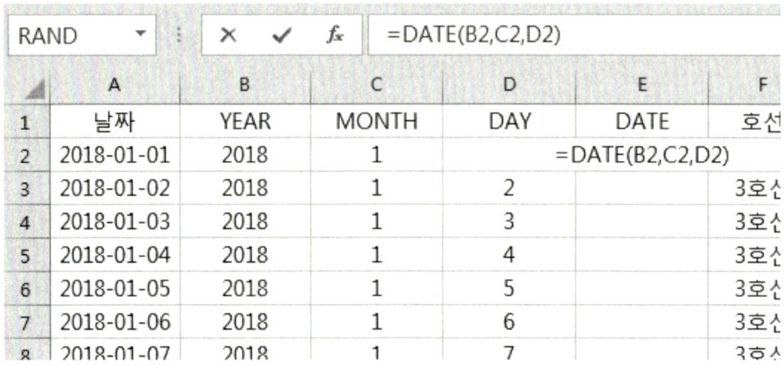

	A	B	C	D	E	F
1	날짜	YEAR	MONTH	DAY	DATE	호선
2	2018-01-01	2018	1	=DATE(B2,C2,D2)		
3	2018-01-02	2018	1	2		3호선
4	2018-01-03	2018	1	3		3호선
5	2018-01-04	2018	1	4		3호선
6	2018-01-05	2018	1	5		3호선
7	2018-01-06	2018	1	6		3호선
8	2018-01-07	2018	1	7		3호선

② 함수마법사 사용

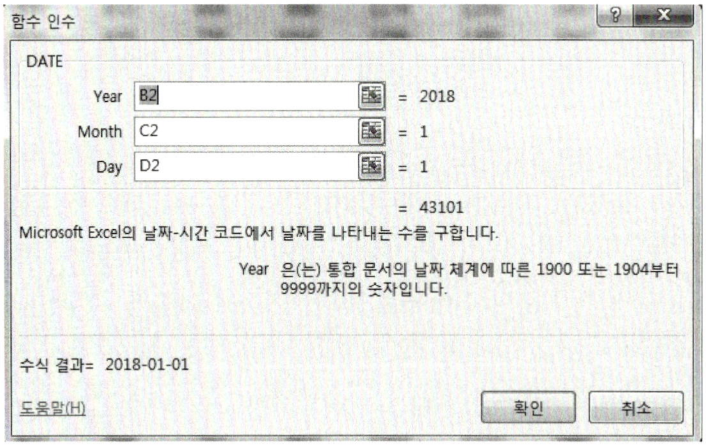

③ 결과

	A	B	C	D	E	
1	날짜	YEAR	MONTH	DAY	DATE	호
2	2018-01-01	2018	1	1	2018-01-01	3
3	2018-01-02	2018	1	2	2018-01-02	3
4	2018-01-03	2018	1	3	2018-01-03	3
5	2018-01-04	2018	1	4	2018-01-04	3
6	2018-01-05	2018	1	5	2018-01-05	3
7	2018-01-06	2018	1	6	2018-01-06	3
8	2018-01-07	2018	1	7	2018-01-07	3
9	2018-01-08	2018	1	8	2018-01-08	3
10	2018-01-09	2018	1	9	2018-01-09	3
11	2018-01-10	2018	1	10	2018-01-10	3

6 텍스트 함수 이용하기

LEFT, MID, RIGHT 함수를 사용하면 셀에 입력된 긴 문장에서 필요한 문자만 쏙쏙뽑아 쓸 수 있다.

LEN 함수로 셀에 입력된 문자가 총 몇 글자인지도 한 번에 알 수 있다.

함수 범주	함수
LEFT	= LEFT(Text, Num_chars) = LEFT(문자가 있는 셀, 숫자 지정)
	왼쪽부터 순서대로 지정한 수의 문자를 추출
MID	= MID(Text, Start_num, Num_chars) = LEFT(문자가 있는 셀, 찾기 시작할 위치, 숫자 지정)
	찾기 시작할 위치부터 지정한 수의 문자를 추출
RIGHT	= RIGHT(Text, Num_chars) = RIGHT(문자가 있는 셀, 숫자 지정)
	오른쪽부터 순서대로 지정한 수의 문자를 추출

함수 범주	함수
LEN	= LEN(Text)
	입력한 문자나 셀의 문자 개수를 추출

(1) LEFT

① 직접 입력 : 수식입력줄 혹은 E2셀에서 "= LEFT(B2, 1)" 입력

RAND | × ✓ fx | =LEFT(B2, 1)

	A	B	C	D	
1	날짜	호선	LEFT	역번호	
2	2018-01-01	3호선	=LEFT(B2, 1)	317	경복궁
3	2018-01-02	3호선		317	경복궁
4	2018-01-03	3호선		317	경복궁
5	2018-01-04	3호선		317	경복궁
6	2018-01-05	3호선		317	경복궁

② 함수마법사 사용

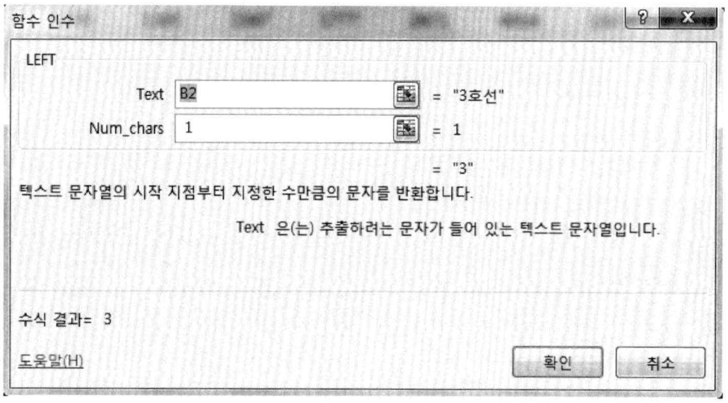

③ 결과

	A	B	C	D	E
1	날짜	호선	LEFT	역번호	역명
2	2018-01-01	3호선	3	317	경복궁(정부서울청
3	2018-01-02	3호선	3	317	경복궁(정부서울청
4	2018-01-03	3호선	3	317	경복궁(정부서울청
5	2018-01-04	3호선	3	317	경복궁(정부서울청
6	2018-01-05	3호선	3	317	경복궁(정부서울청
7	2018-01-06	3호선	3	317	경복궁(정부서울청
8	2018-01-07	3호선	3	317	경복궁(정부서울청
9	2018-01-08	3호선	3	317	경복궁(정부서울청
10	2018-01-09	3호선	3	317	경복궁(정부서울청

(2) RIGHT

① 직접 입력 : 수식입력줄 혹은 E2셀에서 “= RIGHT(B2, 2)” 입력

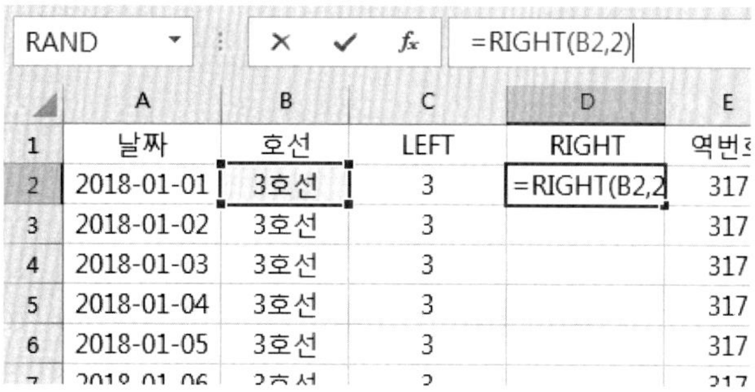

② 함수마법사 사용

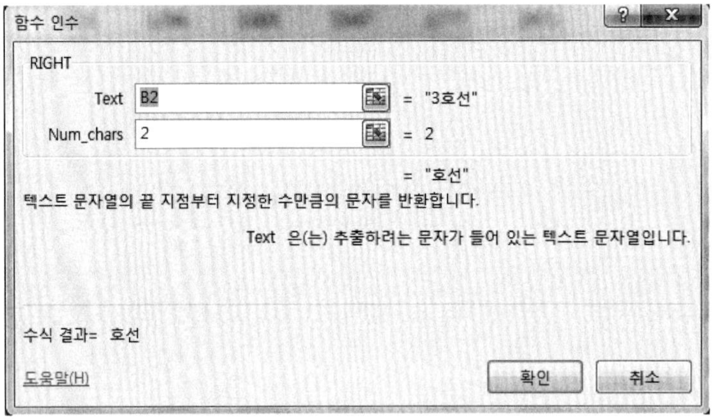

③ 결과

	A	B	C	D	E	
1	날짜	호선	LEFT	RIGHT	역번호	
2	2018-01-01	3호선	3	호선	317	경복궁
3	2018-01-02	3호선	3	호선	317	경복궁
4	2018-01-03	3호선	3	호선	317	경복궁
5	2018-01-04	3호선	3	호선	317	경복궁
6	2018-01-05	3호선	3	호선	317	경복궁
7	2018-01-06	3호선	3	호선	317	경복궁
8	2018-01-07	3호선	3	호선	317	경복궁
9	2018-01-08	3호선	3	호선	317	경복궁

(3) MID

① 직접 입력 : 수식입력줄 혹은 E2셀에서 “= MID(B2, 2, 3)” 입력

RAND | × ✓ fx | =MID(B2, 2, 3)

	A	B	C	D	E	F	
1	날짜	호선	LEFT	RIGHT	MID	역번호	
2	2018-01-01	3호선	3		=MID(B2, 2, 3)		경복궁
3	2018-01-02	3호선	3	호선		317	경복궁
4	2018-01-03	3호선	3	호선		317	경복궁
5	2018-01-04	3호선	3	호선		317	경복궁
6	2018-01-05	3호선	3	호선		317	경복궁

② 함수마법사 사용

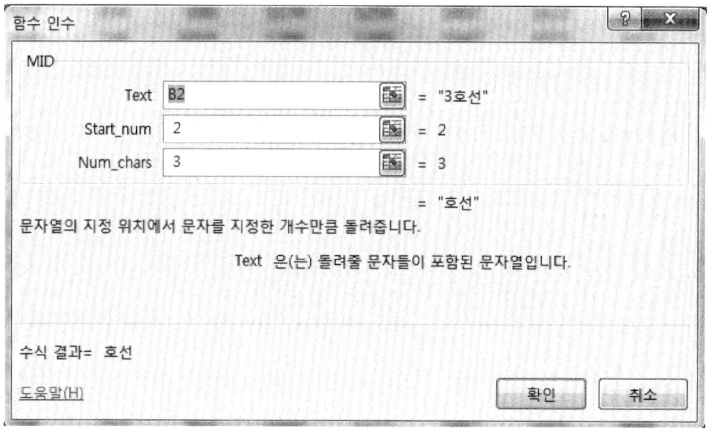

③ 결과

	A	B	C	D	E	F
1	날짜	호선	LEFT	RIGHT	MID	역번호
2	2018-01-01	3호선	3	호선	호선	317
3	2018-01-02	3호선	3	호선	호선	317
4	2018-01-03	3호선	3	호선	호선	317
5	2018-01-04	3호선	3	호선	호선	317
6	2018-01-05	3호선	3	호선	호선	317
7	2018-01-06	3호선	3	호선	호선	317
8	2018-01-07	3호선	3	호선	호선	317
9	2018-01-08	3호선	3	호선	호선	317
10	2018-01-09	3호선	3	호선	호선	317
11	2018-01-10	3호선	3	호선	호선	317

(4) CONCAT, TEXTJOIN 함수

연결할 문자항목이 많을 때 CONCAT 함수 또는 TEXTJOIN 함수를 이용한다.

함수 범주	함수
CONCAT	= CONCAT(Text1, …, Text 254)
	최대 254개의 문자를 지정해 결합
TEXTJOIN	= TEXTJOIN(Delimiter, Ignore_empty, Text1, …, Text 252) = TEXTJOIN(구분자, 빈 셀 무시 여부, 결합할 문자열)
	최대 252개의 문자를 지정해 결합 Ignore_empty 인수는 생략하거나 TRUE를 입력하면 빈 셀을 무시 빈 셀을 포함하려면 Ignore_empty 인수에 FALSE 입력

〈예시〉

	A	B	C	D	E	F	G
1	시/도	구/군	도로명	CONCAT 함수		TEXTJOIN 함수	
2	서울시	마포구	동교로	=CONCAT(A2:C2)	서울시마포구동교로	=TEXTJOIN("/", TRUE, A2:C2)	서울시/마포구/동교로
3	서울시	마포구	독막로	=CONCAT(A3:C3)	서울시마포구독막로	=TEXTJOIN("/", TRUE, A3:C3)	서울시/마포구/독막로
4	서울시	마포구	성암로	=CONCAT(A4:C4)	서울시마포구성암로	=TEXTJOIN("/", TRUE, A4:C4)	서울시/마포구/성암로
5	대전시	유성구	용계로	=CONCAT(A5:C5)	대전시유성구용계로	=TEXTJOIN("/", TRUE, A5:C5)	대전시/유성구/용계로
6	서울시	강서구	허준로	/ 구분자를 사용한 CONCAT 함수		=TEXTJOIN("/", TRUE, A6:C6)	서울시/강서구/허준로
7	서울시	강남구	언주로	=CONCAT(A7, "/", B7, "/", C7)	서울시/강남구/언주로	=TEXTJOIN("/", TRUE, A7:C7)	서울시/강남구/언주로
8	서울시	강남구	광평로	=CONCAT(A8, "/", B8, "/", C8)	서울시/강남구/광평로	=TEXTJOIN("/", TRUE, A8:C8)	서울시/강남구/광평로
9	서울시	양천구	신월로	=CONCAT(A9, "/", B9, "/", C9)	서울시/양천구/신월로	=TEXTJOIN("/", TRUE, A9:C9)	서울시/양천구/신월로
10	부산시	사하구	다대로	=CONCAT(A10, "/", B10, "/", C10)	부산시/사하구/다대로	=TEXTJOIN("/", TRUE, A10:C10)	부산시/사하구/다대로
11	부산시	영도구	남항로	=CONCAT(A11, "/", B11, "/", C11)	부산시/영도구/남항로	=TEXTJOIN("/", TRUE, A11:C11)	부산시/영도구/남항로

(5) EXACT

EXACT는 엑셀에서 문자열을 비교하는 함수이다. 일치하는 데이터가 있는지 찾을 때 많이 사용하는 함수로 TRUE/FALSE인 Boolean 값을 반환한다.

사용법은 비교할 두 값을 인수로 넘기기만 하면 된다.

- 함수의 인수는 비교할 문자열인 text1, text2만 필요하다. 두 값을 비교해서 TRUE/FALSE를 반환하는 것이다.

EXACT(text1, text2)

text1 : 비교할 첫 번째 문자

text2 : 비교할 두 번째 문자

글자 비교는 모두 일치해야 한다. 공백, 대소문자까지 비교해서 같은 문자인지 판단한다. 하나라도 틀리면 FALSE를 리턴한다.

〈예시〉

B8 | =EXACT(B3,C3)

	A	B	C	D
1				
2		첫 번째 단어	두 번째 단어	
3		word	word	
4		Word	word	
5		w ord	word	
6				
7		수식	결과	
8		=EXACT(B3,C3)	TRUE	
9		=EXACT(B4,C4)	FALSE	
10		=EXACT(B5,C5)	FALSE	

7 VLOOKUP, HLOOKUP

엑셀의 범위에서 값을 찾을 때는 VLOOKUP, HLOOKUP 함수를 많이 사용한다.

VLOOKUP은 Vertical Lookup을 줄여서 쓴 것으로 범위를 수직으로 내려가면서 값을 찾으며 HLOOKUP은 Horizontal Lookup을 줄여서 쓴 것으로 범위를 수평으로 따라가면서 값을 찾는다.

VLOOKUP 함수는 다음과 같이 네 개의 인자를 가진다.

= VLOOKUP(조회하려는 값
  값을 조회하려는 범위
  반환값이 들어 있는 열 번호
  정확한 일치(0/FALSE) 또는 유사한 일치(1/TRUE))

구문(Syntax)

VLOOKUP (lookup_value,table_array,col_index_num,[range_lookup])

범위(table_array)의 첫번째 열을 수직으로 내려가면서 키값(lookup_value)를 찾은 다음,
같은 행에 있는 지정된 열(col_index_num)의 값을 반환한다

인수 :

- lookup_value : 범위에서 원하는 값을 찾기 위한 키값
- table_array : 값을 찾을 범위
- col_index_num : 값을 찾을 범위에서 가져올 값이 있는 열의 위치
- range_lookup : 일치하는 키값을 찾을 것인지 근사값을 찾을 것인지 결정(TRUE-근사값,FALSE-일치하는 값)

1) 학력별 지급기준을 참조하여 임금을 지급해보자.

A	B	C	D	E	T	U	V	W
id	**age**	**job**	**marital**	**education**				
1	39	services	single	secondary			**학력별 지급 기준**	
2	77	retired	married	tertiary			**학력**	**월급여**
3	41	services	married	tertiary			primary	2,000,000
4	56	unemployed	divorced	primary			secondary	3,000,000
5	25	self-employed	single	tertiary			tertiary	4,000,000
6	54	entrepreneur	married	secondary				
7	46	services	married	secondary				
8	31	technician	married	tertiary				

① 직접 입력 : 수식입력줄 혹은 F2셀에서 "= VLOOKUP(E2, $V$4:$W$6, 2, 0)" 입력

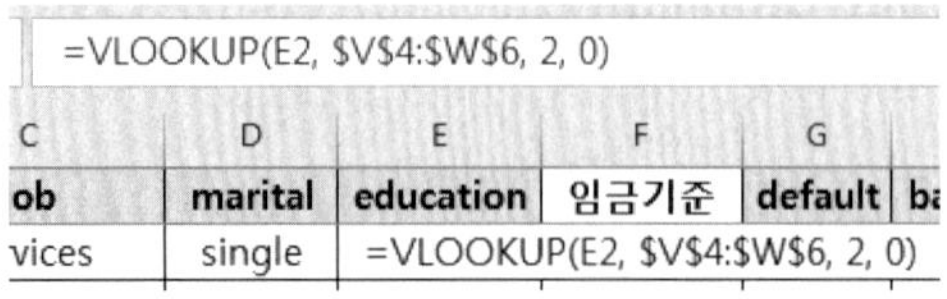

② 함수마법사 사용

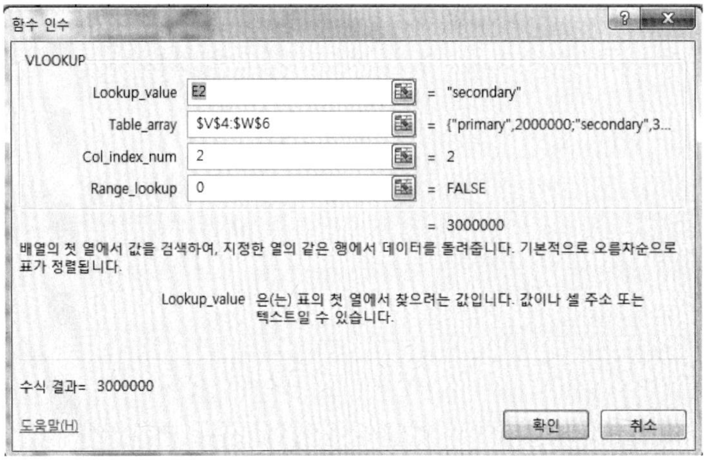

③ 결과

A	B	C	D	E	F
id	**age**	**job**	**marital**	**education**	**임금기준**
1	39	services	single	secondary	3,000,000
2	77	retired	married	tertiary	4,000,000
3	41	services	married	tertiary	4,000,000
4	56	unemployed	divorced	primary	2,000,000
5	25	self-employed	single	tertiary	4,000,000
6	54	entrepreneur	married	secondary	3,000,000
7	46	services	married	secondary	3,000,000
8	31	technician	married	tertiary	4,000,000
9	40	services	married	secondary	3,000,000
10	51	blue-collar	married	primary	2,000,000
11	40	management	married	tertiary	4,000,000

HLOOKUP은 VLOOKUP과 거의 유사하지만 기초자료가 아래 그림처럼 가로로 되어 있을 때 사용한다.

=HLOOKUP(A2,품목정보!F1:O3,2,FALSE)

E	F	G	H	I	J	K
품목코드	A001	A002	A003	A004	A005	A006
품명	네임펜F (중	더블에이 A4	모나미 볼펜	스카치 다용	오피스 수정	옥스포드 노
단가	6,000	20,000	100	900	20,000	6,000

Horizontal(수평방향으로) lookup(찾는다)

8 수학함수 이용하기

(1) SUM

인수들의 합을 구한다.

age의 총합을 구해보자.

① 직접 입력 : 수식 입력줄 혹은 B42셀에서 "= SUM(B2:B41)" 입력, B2에서 B41까지 셀들의 합을 B42셀에 계산한다.

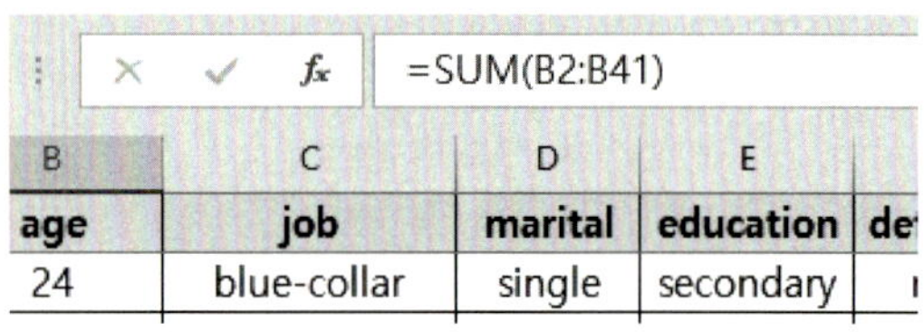

② 함수마법사 사용

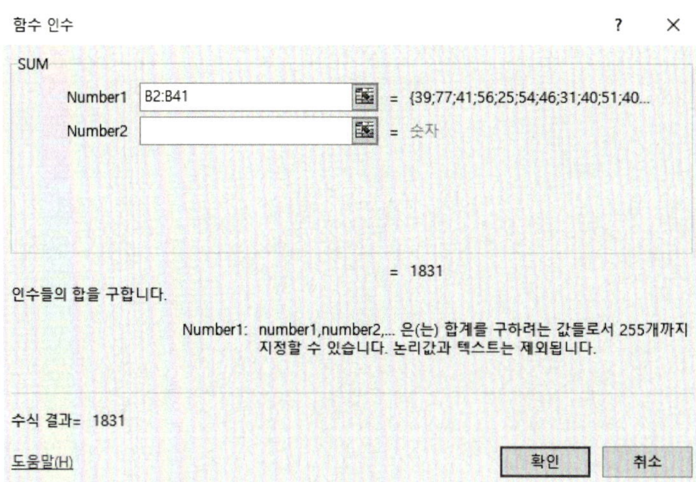

③ 결과

	A	B	C	D	E	F	G
1	id	age	job	marital	education	default	balance
29	28	24	blue-collar	single	secondary	no	174
30	29	45	blue-collar	married	secondary	no	115
31	30	33	blue-collar	married	secondary	no	26
32	31	44	self-employed	married	tertiary	no	134
33	32	72	retired	married	primary	no	763
34	33	30	unemployed	married	secondary	no	1210
35	34	38	unemployed	married	primary	no	1147
36	35	34	entrepreneur	married	tertiary	no	105
37	36	43	entrepreneur	married	secondary	no	104
38	37	54	retired	married	primary	no	0
39	38	53	management	divorced	secondary	no	112
40	39	65	retired	divorced	primary	no	1840
41	40	48	blue-collar	married	secondary	no	425
42	total	1831					
43							

(2) SUMIF

참조된 범위 중에서 조건에 맞는 것만 합을 구할 범위에서 찾아서 합을 구하는 함수이다. 4개의 인자를 이용해 SUMIF(Range(참조할 범위), Criteria(조건), sum_range(합을 구할 범위))로 사용한다.

job이 retired에 해당하는 age의 합을 구해보자.

① 직접 입력 : 수식 입력줄 혹은 B43셀에서 "= SUMIF(C11:C41,"retired", B11:B41)" 입력, B2에서 B41까지 셀중 retired에 해당하는 셀의 합을 B43셀에 계산한다.

=SUMIF(C11:C41,"retired", B11:B41)

B	C	D	E	F	G
age	job	marital	education	default	balance
24	blue-collar	single	secondary	no	174
45	blue-collar	married	secondary	no	115
33	blue-collar	married	secondary	no	26

② 함수마법사 사용

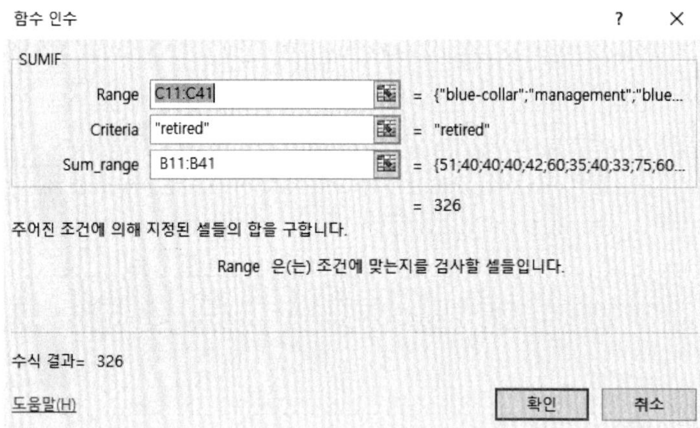

③ 결과

	A	B	C	D	E	F	G	
1	id	age	job	marital	education	default	balance	h
29	28	24	blue-collar	single	secondary	no	174	
30	29	45	blue-collar	married	secondary	no	115	
31	30	33	blue-collar	married	secondary	no	26	
32	31	44	self-employed	married	tertiary	no	134	
33	32	72	retired	married	primary	no	763	
34	33	30	unemployed	married	secondary	no	1210	
35	34	38	unemployed	married	primary	no	1147	
36	35	34	entrepreneur	married	tertiary	no	105	
37	36	43	entrepreneur	married	secondary	no	104	
38	37	54	retired	married	primary	no	0	
39	38	53	management	divorced	secondary	no	112	
40	39	65	retired	divorced	primary	no	1840	
41	40	48	blue-collar	married	secondary	no	425	
42	total	1831						
43	retired	326						
44								

(3) ROUND

인수를 자리수 만큼 반올림한다. 2개의 인자를 이용해 ROUND(number(인수), num_digits(반올림할 자리수))로 사용한다.

소수점을 지정할 때에는 num_digits 값이 양수, 백의 자리나 천의 자리 등을 지정할 때에는 음수여야 한다. 0을 입력하면 소수점없이 반올림이 된다.

age의 평균값을 소수점 둘째 자리에서 반올림해보자.

① age의 평균구하기(통계함수 사용하기의 AVERAGE 참고)

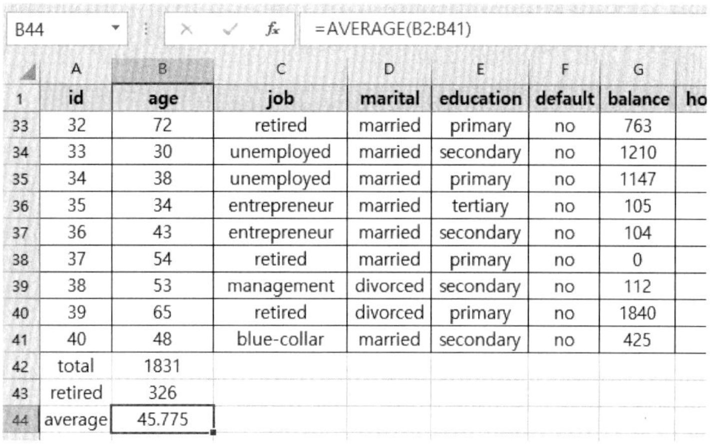

B44 =AVERAGE(B2:B41)

	A	B	C	D	E	F	G	
1	id	age	job	marital	education	default	balance	ho
33	32	72	retired	married	primary	no	763	
34	33	30	unemployed	married	secondary	no	1210	
35	34	38	unemployed	married	primary	no	1147	
36	35	34	entrepreneur	married	tertiary	no	105	
37	36	43	entrepreneur	married	secondary	no	104	
38	37	54	retired	married	primary	no	0	
39	38	53	management	divorced	secondary	no	112	
40	39	65	retired	divorced	primary	no	1840	
41	40	48	blue-collar	married	secondary	no	425	
42	total	1831						
43	retired	326						
44	average	45.775						

② 직접 입력 : 수식 입력줄 혹은 B45셀에서 "= ROUND(B44,1)" 입력, B44셀 값을 소수점 둘째 자리에서 반올림하여 B45셀에 계산한다.

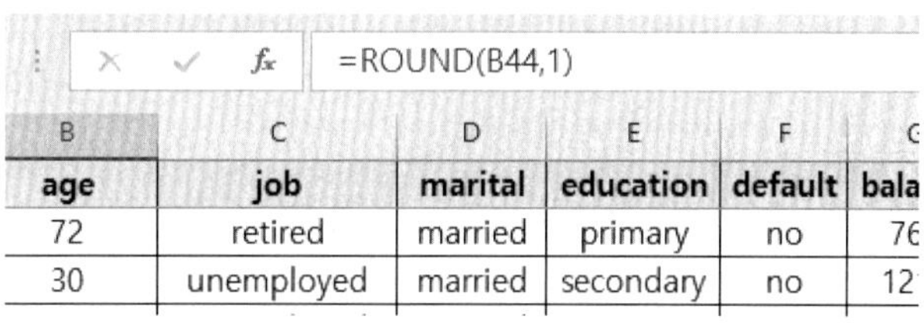

=ROUND(B44,1)

B	C	D	E	F	G
age	job	marital	education	default	bala
72	retired	married	primary	no	76
30	unemployed	married	secondary	no	12

③ 함수마법사 사용

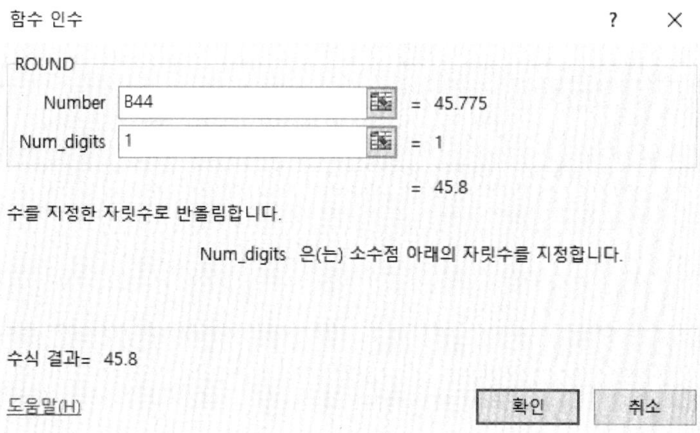

④ 결과

	A	B	C	D	E	F	G
1	id	age	job	marital	education	default	balance
33	32	72	retired	married	primary	no	763
34	33	30	unemployed	married	secondary	no	1210
35	34	38	unemployed	married	primary	no	1147
36	35	34	entrepreneur	married	tertiary	no	105
37	36	43	entrepreneur	married	secondary	no	104
38	37	54	retired	married	primary	no	0
39	38	53	management	divorced	secondary	no	112
40	39	65	retired	divorced	primary	no	1840
41	40	48	blue-collar	married	secondary	no	425
42	total	1831					
43	retired	326					
44	average	45.775					
45	round	45.8					

(4) ROUNDDOWN

인수를 자리수 만큼 내림한다. 2개의 인자를 이용해 ROUND(number(인수), num_digits(반올림할 자리수))로 사용한다.

age의 평균값을 소수점 둘째 자리에서 내림해보자.

① 직접 입력 : 수식 입력줄 혹은 B46셀에서 "= ROUNDDOWN(B44,1)" 입력, B44셀 값을 소수점 둘째 자리에서 내림하여 B46셀에 계산한다.

=ROUNDDOWN(B44,1)

B	C	D	E	F	G
age	job	marital	education	default	balanc
72	retired	married	primary	no	763
30	unemployed	married	secondary	no	1210

② 함수마법사 사용

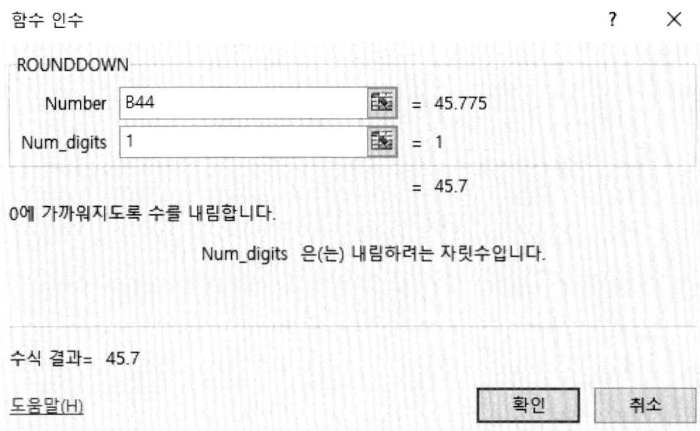

③ 결과

	A	B	C	D	E	F	G	H
1	id	age	job	marital	education	default	balance	ho
36	35	34	entrepreneur	married	tertiary	no	105	
37	36	43	entrepreneur	married	secondary	no	104	
38	37	54	retired	married	primary	no	0	
39	38	53	management	divorced	secondary	no	112	
40	39	65	retired	divorced	primary	no	1840	
41	40	48	blue-collar	married	secondary	no	425	
42	total	1831						
43	retired	326						
44	average	45.775						
45	round	45.8						
46	down	45.7						
47								

(5) ROUNDUP

인수를 자리수 만큼 올림한다. 2개의 인자를 이용해 ROUND(number(인수), num_digits(반올림할 자리수))로 사용한다.

age의 평균값을 소수점 둘째 자리에서 올림해보자.

① 직접 입력 : 수식 입력줄 혹은 B47셀에서 "= ROUNDUP(B44,1)" 입력, B44셀 값을 소수점 둘째 자리에서 올림하여 B47셀에 계산한다.

=ROUNDUP(B44,1)

B	C	D	E	F	G
age	job	marital	education	default	balance
34	entrepreneur	married	tertiary	no	105
43	entrepreneur	married	secondary	no	104

② 함수마법사 사용

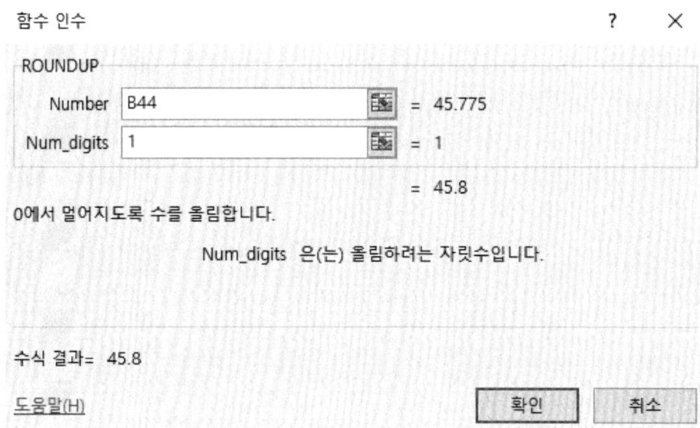

③ 결과

	A	B	C	D	E	F	G	
1	id	age	job	marital	education	default	balance	ho
36	35	34	entrepreneur	married	tertiary	no	105	
37	36	43	entrepreneur	married	secondary	no	104	
38	37	54	retired	married	primary	no	0	
39	38	53	management	divorced	secondary	no	112	
40	39	65	retired	divorced	primary	no	1840	
41	40	48	blue-collar	married	secondary	no	425	
42	total	1831						
43	retired	326						
44	average	45.775						
45	round	45.8						
46	down	45.7						
47	up	45.8						
48								

또 다른 주요 수학함수는 다음과 같다.

ABS(number(인수)) : 인수의 절대값을 구한다.

EXP(number(인수)) : 인수를 자연로그의 밑 e의 지수로 올린다. 예를 들어 =EXP(2)

INT(number(인수)) : 인수의 소수점 아래를 버리고 가장 가까운 정수로 내림한다.

LN(number(인수)) : 해당 값을 자연로그로 변환한다. 예를 들어 =LN(4)

LOG(number(인수), base(밑)) : 해당 값을 지정한 밑의 로그로 변환한다.

LOG10(number(인수)) : 해당 값을 상용로그로 변환한다.

MOD(number(인수), Divisor(나누는 숫자)) : 인수를 지정한 숫자로 나눠서 남은 나머지를 구한다.

PRODUCT((number1(인수1), … number254(인수254)) : 인수들의 곱을 구한다.

LCM(number(인수)) : 인수들의 최소공배수를 구한다.

GCD(number(인수)) : 인수들의 최대공약수를 구한다.

SUBTOTAL(function_num(함수),[3] ref1(범위), …) : 필터링으로 가려진 데이터들을 제외하고 계산작업을 할 수 있게 돕는 함수. 이 함수를 걸어 놓고 주어진 데이터를 이리저리 필터링하면 그에 따라 함수의 결과값이 계속 바뀌는 것을 볼 수 있다.

SUMIFS(sum_range(합을 구할 범위),Range1(참조할 범위1), Criteria1(조건1),Range2(참조할 범위2), Criteria2(조건2)…) : SUMIF와 비슷하지만, 두 개 이상의 조건을 설정하여 합을 구하는 함수

SUMPRODUCT(array1(곱할 배열), array2(곱할 배열), …) : 배열을 n차원 벡터로 취급하고 내적한다. 예를 들어 (a×b)+(c×d)+(e×f) 일 때, array1은 a, c, e가 되고 array2는 b, d, f가 된다. 이는 벡터의 내적과 연산법이 같다.

9 재무함수 이용하기

엑셀에서 재무함수는 재정과 관련된 계산을 하여 주는 함수이다.

은행에서 정기예금이나 정기적금 등에 가입하였을 때 적금만기시 상환금이 얼마나 되는지, 또 몇년 후에 필요한 금액을 정하고 한달에 얼마씩 저축을 해야 목표에 해당하는 금액이 될지 등을 계산하여 준다.

◆ 함수형식

FV함수 : 투자액의 미래 가치를 계산하여 준다.

= FV(rate, nper, pmt, pv, type)

PV함수 : 투자액의 현재 가치를 계산하여 준다.

= PV(rate, nper, pmt, fv, type)

RATE함수 : 기간당 이자율을 계산하여 준다.

= RATE(nper, pmt, pv, fv, type)

PMT함수 : 정기상환 원리금을 계산하여 준다.

= PMT(rate, nper, pv,fv, type)

여기서, rate : 기간별 이율, nper : 총납입기간수, pmt : 정기납입액, PV : 현재가치, FV : 미래가치, type : 납입시점(1 : 월초, 0또는 생략 : 월말)

(1) PV

투자금, 연금, 대출금 등의 현재 가치

= PV(rate, nper, pmt, fv, type)

• 매월 500,000씩 연 5%의 이율로 10년간 연금을 납입한다고 했을 때, 총 금액의 현재 가치는 얼마인가

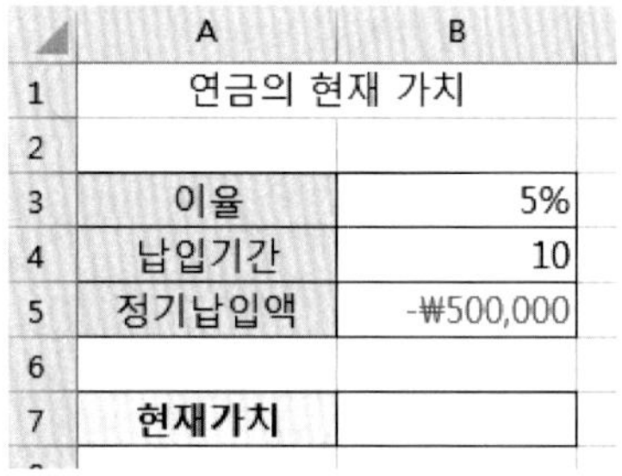

① 함수 PV를 선택한다.

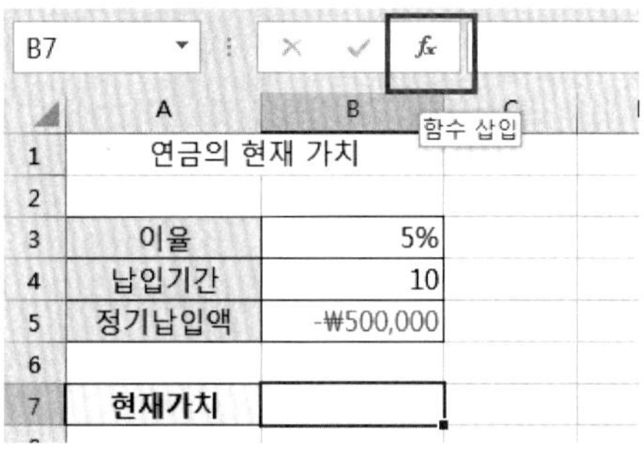

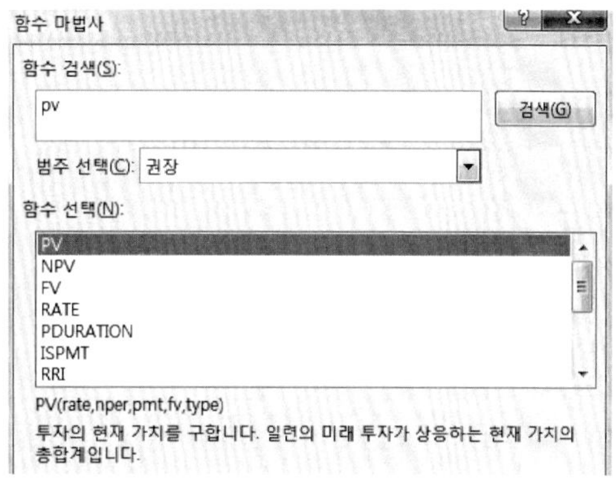

② 함수마법사 사용

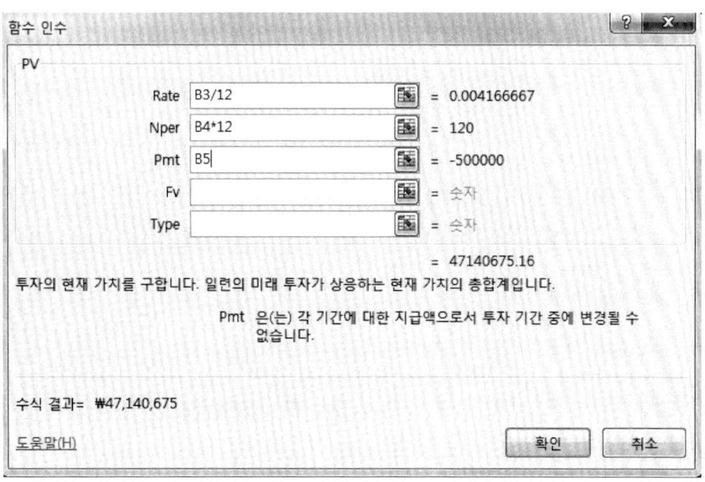

③ 직접 입력 : B7 셀에 "= PV(B3/12,B4*12,B5)" 입력

연이율이므로 12로 나누고, 기간은 12를 곱하면 미래에 얻을 수 있는 금액의 현재 가치를 알 수 있다.

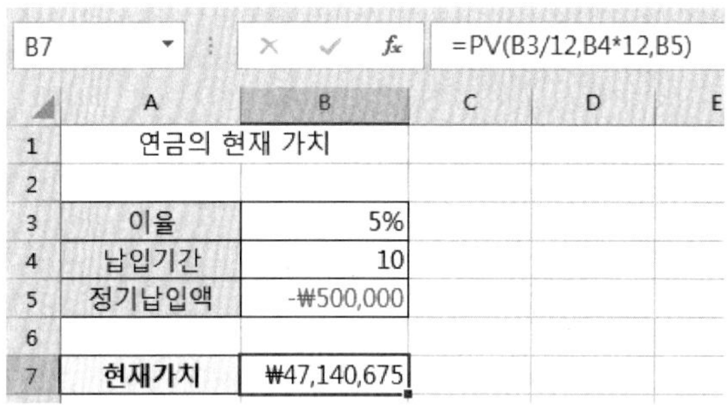

(2) FV

정기적으로 적립했을 때 만기시 받을 금액, 또는 대출을 받은 경우 상환금액

= FV(rate, nper, pmt, pv, type)

• 매월 500,000씩 연 5%의 이율로 10년간 적금을 납입한다고 했을 때, 만기시 수령액은 얼마인가

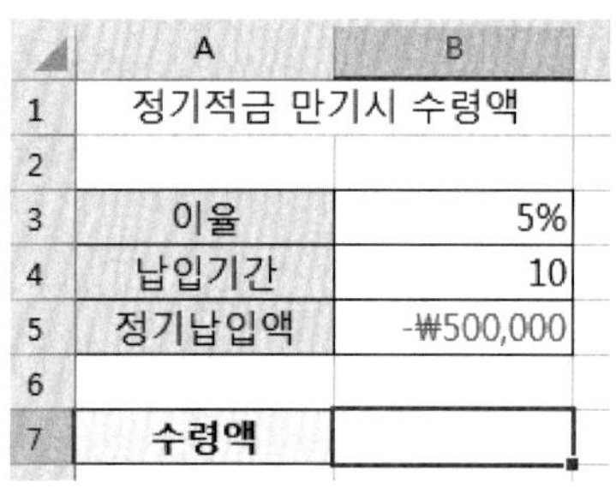

① 함수 FV를 선택한다.

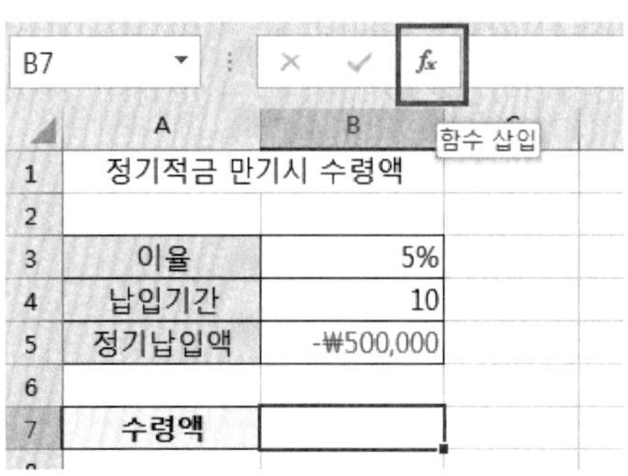

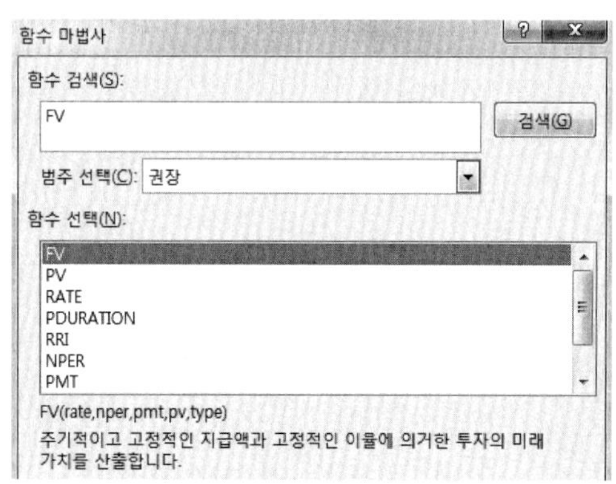

② 함수마법사 사용

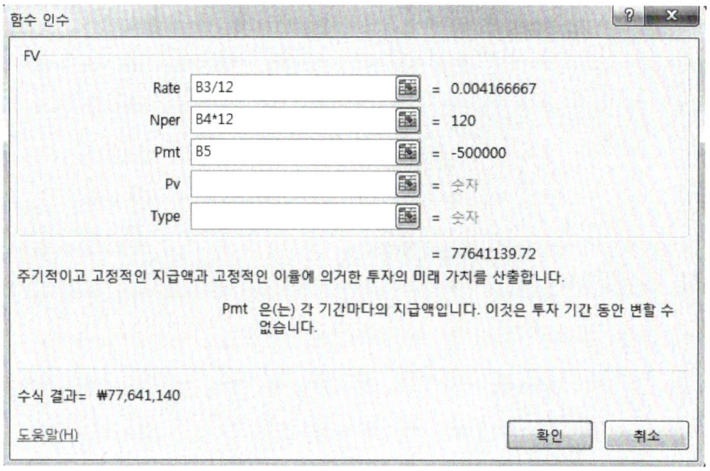

③ 직접 입력 : B7 셀에 "= FV(B3/12,B4*12,B5)" 입력

월마다 저축을 하기 때문에 월이율을 구하기 위해서는 연이율을 12로 나눈다. 기간은 연으로 되어 있기 때문에 12를 곱한다.

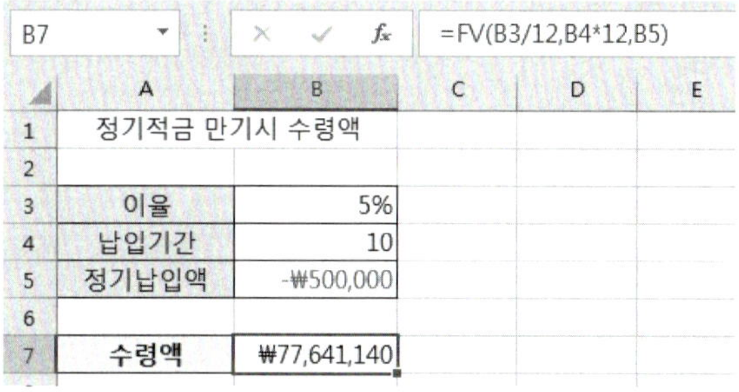

• 매월 500,000씩 연 5%의 이율로 10년간 연금을 납입한다고 했을 때, 만기시 수령액은 얼마인가

〈과제〉 PV와 FV 함수사용하지 않고 엑셀로 계산하기

(3) PMT

대출을 받거나 투자한 경우, 매월 또는 매년 정기적으로 납입하거나 수령할 금액

= PMT(rate, nper, pv, fv, type)

• 50,000,000원을 매월 10년간 연 5%의 이율로 대출한다고 했을 때, 월 상환액은 얼마인가

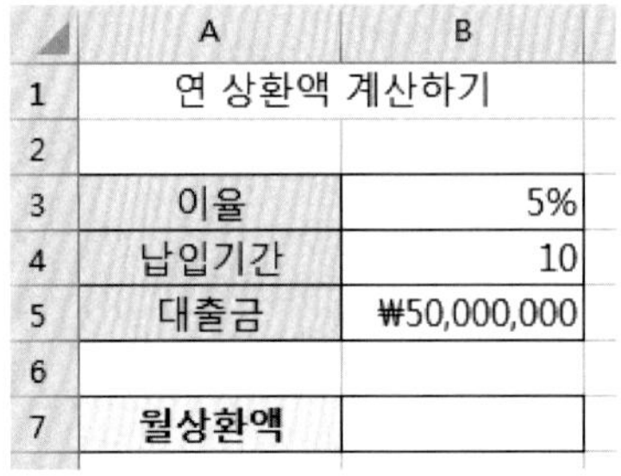

① 함수 PMT를 선택한다.

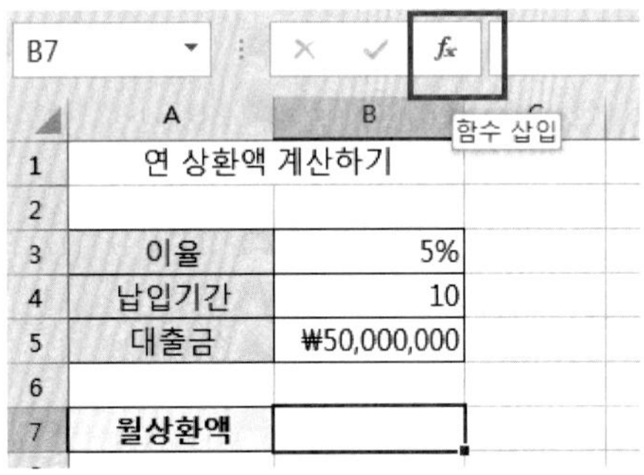

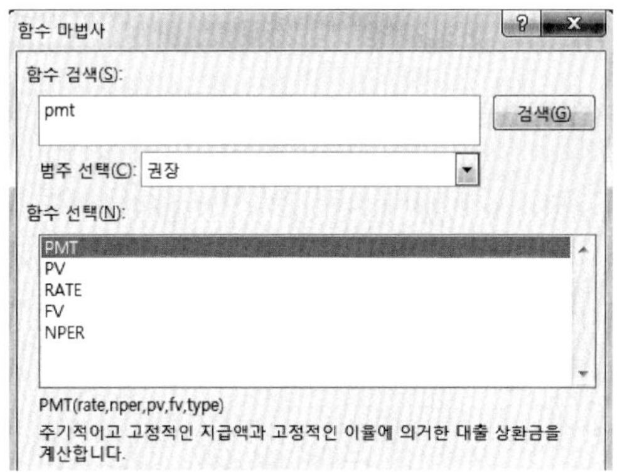

② 함수마법사 사용

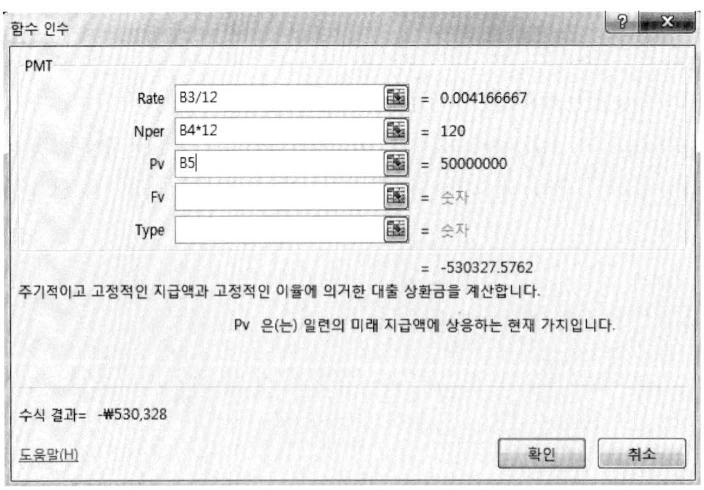

③ 직접 입력 : B7 셀에 "= PMT(B3/12, B4*12, B5)" 입력

월이율을 구하기 위해서는 연이율을 12로 나누고 기간은 연으로 되어 있기 때문에 12를 곱한다. 현재 대출금액을 설정하면 매월 상환액이 구해진다.

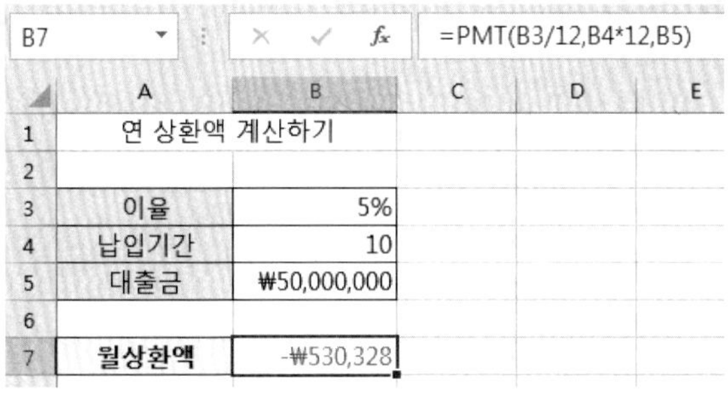

(4) RATE

대출 받거나 투자한 경우, 정해진 기간 동안의 이자율

= RATE(nper, pmt, pv, fv, type, guess)

• 50,000,000원을 대출한 후 매월 500,000원씩 10년간 상환한다고 했을 때, 이자율은 얼마인가

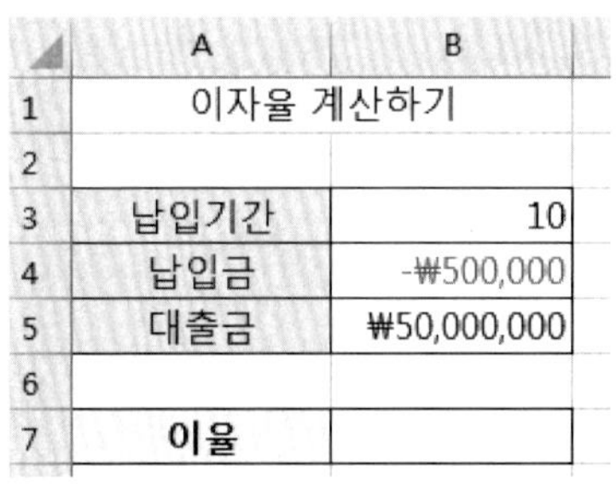

① 함수 RATE를 선택한다.

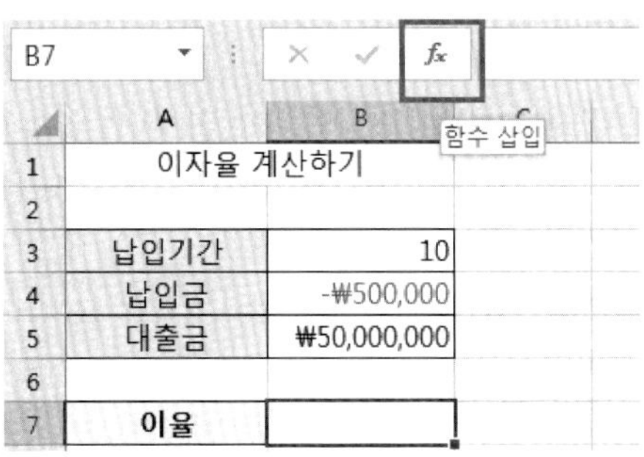

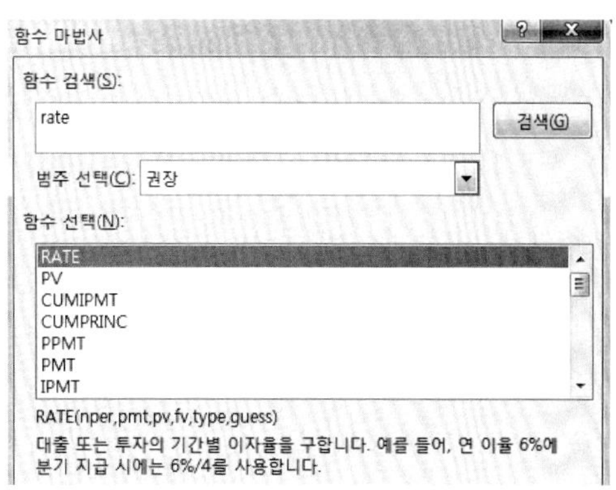

② 함수마법사 사용

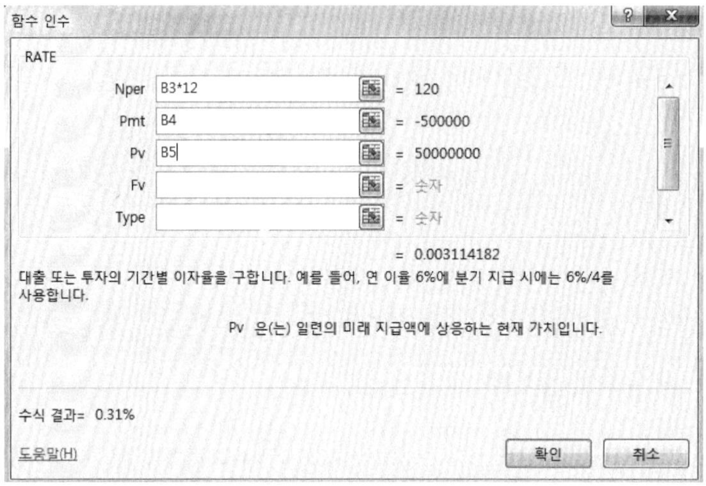

③ 직접 입력 : B7 셀에 "= RATE(B3*12,B4,B5)" 입력

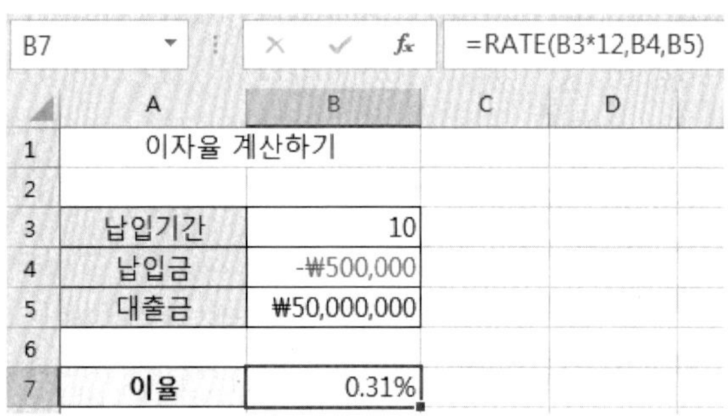

(5) NPER

투자기간

= NPER(rate, pmt, pv, fv, type)

• 매월 500,000원을 연이율 3%로 만기에 30,000,000원을 수령한다면 몇 개월을 불입해야 하는가

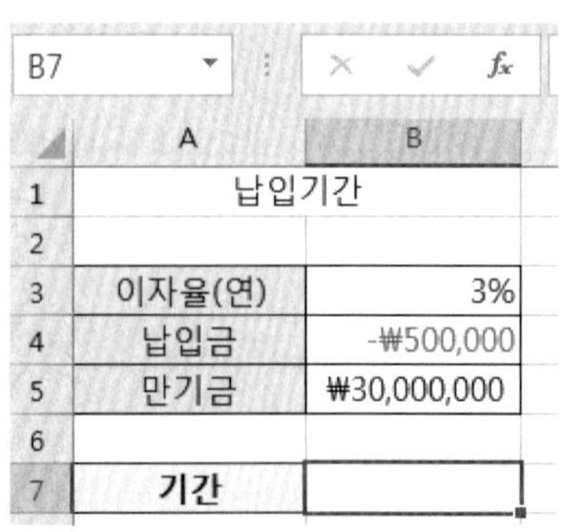

① 함수 NPER를 선택한다.

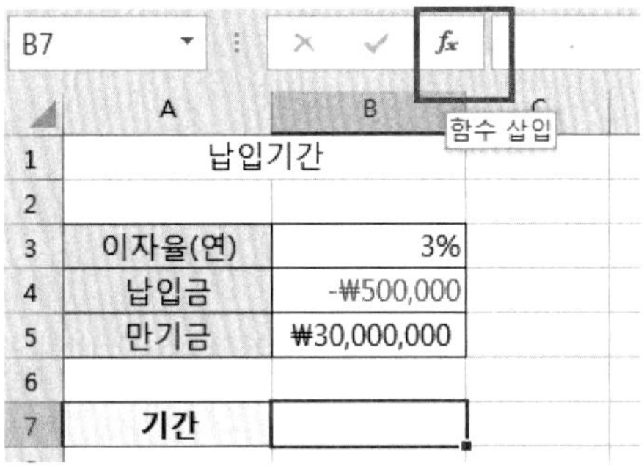

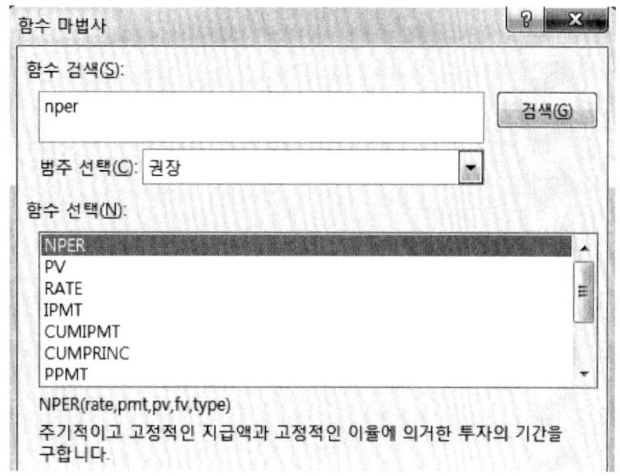

② 함수마법사 사용

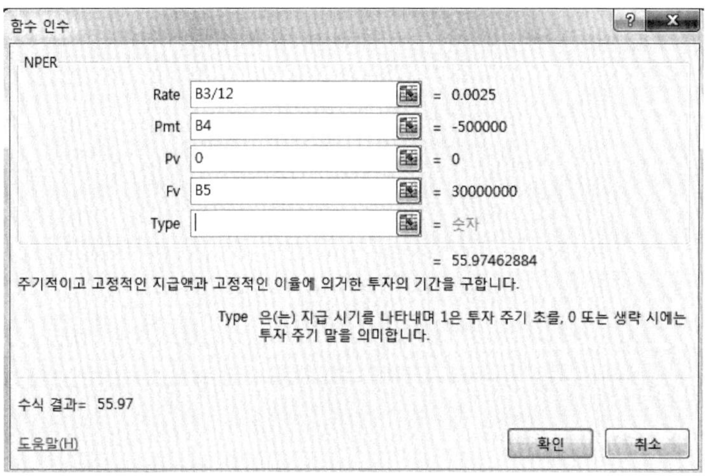

③ 직접 입력 : B7 셀에 "= NPER(B3/12, B4, 0, B5)" 입력

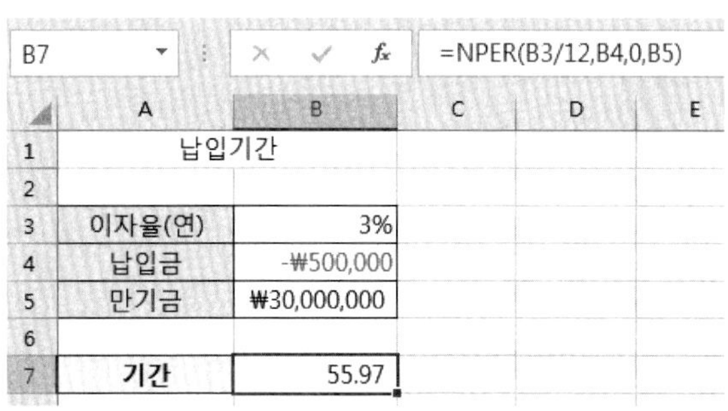

10 차트활용하기

(1) 히스토그램

히스토그램(histogram)은 표로 되어 있는 도수분포표를 그래프로 나타낸 것이다. 보통 히스토그램에서는 가로축이 계급, 세로축이 도수를 나타낸다. 계급은 보통변수의 구간이고, 서로 겹치지 않는다. 그림에서 계급(막대기)끼리는 서로 붙어있어야 한다. 히스토그램은 일반 막대그래프와는 다르다. 막대그래프는 계급, 즉 가로를 생각하지 않고 세로의 높이로만 나타내지만 히스토그램은 가로와 세로를 함께 생각해야 한다.

공업분야에서 히스토그램은 품질관리(QC)를 위한 도구 중 하나이다.

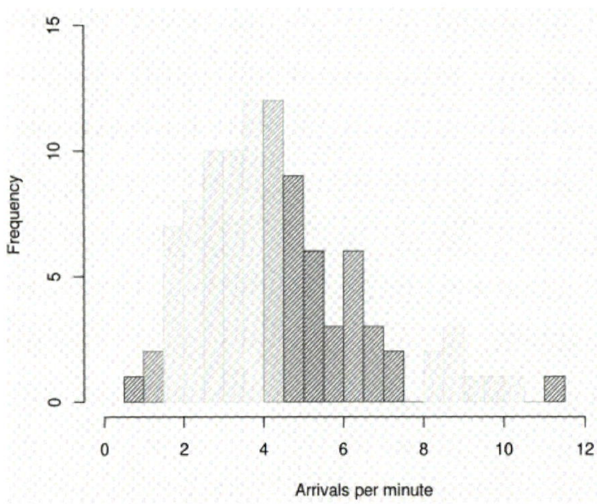

다음은 시도별 2014년도 질병진료정보이다. 세로막대 그래프를 활용하여 각 지역의 진료정보를 비교해보자.

시도별 질병진료정보

단위 :건, ℃

	1월	2월	3월	4월	5월	6월	7월	8월	9월	10월	11월	12월
서울	9,286	98,846	117,752	76,882	62,711	80,294	48,573	7,688	64,894	93,782	10,346	94,071
부산	2,732	37,136	44,915	28,398	21,829	25,449	15,914	3,747	23,068	29,268	5,268	38,424
대구	1,743	24,960	30,849	19,356	14,561	17,280	10,344	2,499	17,037	20,531	3,128	23,036
인천	2,989	28,558	36,000	22,723	20,175	22,938	14,765	4,416	19,518	27,245	5,738	27,396
광주	2,086	14,788	17,560	11,391	10,369	10,891	7,306	2,464	10,020	12,063	2,755	14,465
대전	3,191	17,539	21,023	12,300	11,627	12,284	8,129	3,745	11,959	13,654	4,346	15,668
울산	1,207	11,990	16,470	10,762	7,807	10,742	6,614	2,042	8,151	10,095	2,524	13,289
평균기온	0.5	2.5	7.7	13.4	18.4	21.9	25.1	23.8	20.9	14.8	8.8	- 0.5

* 데이터 출처: 공공데이터포털 국민건강보험공단 질병예측 정보 재구성

① 차트를 그릴 데이터영역을 범위로 지정한 후 [삽입]–[차트]–[2차원 세로막대형]을 선택한다.

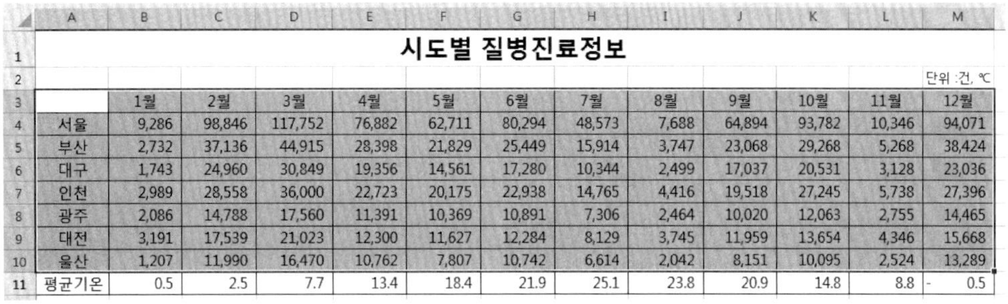

시도별 질병진료정보

단위 :건, ℃

	1월	2월	3월	4월	5월	6월	7월	8월	9월	10월	11월	12월
서울	9,286	98,846	117,752	76,882	62,711	80,294	48,573	7,688	64,894	93,782	10,346	94,071
부산	2,732	37,136	44,915	28,398	21,829	25,449	15,914	3,747	23,068	29,268	5,268	38,424
대구	1,743	24,960	30,849	19,356	14,561	17,280	10,344	2,499	17,037	20,531	3,128	23,036
인천	2,989	28,558	36,000	22,723	20,175	22,938	14,765	4,416	19,518	27,245	5,738	27,396
광주	2,086	14,788	17,560	11,391	10,369	10,891	7,306	2,464	10,020	12,063	2,755	14,465
대전	3,191	17,539	21,023	12,300	11,627	12,284	8,129	3,745	11,959	13,654	4,346	15,668
울산	1,207	11,990	16,470	10,762	7,807	10,742	6,614	2,042	8,151	10,095	2,524	13,289
평균기온	0.5	2.5	7.7	13.4	18.4	21.9	25.1	23.8	20.9	14.8	8.8	- 0.5

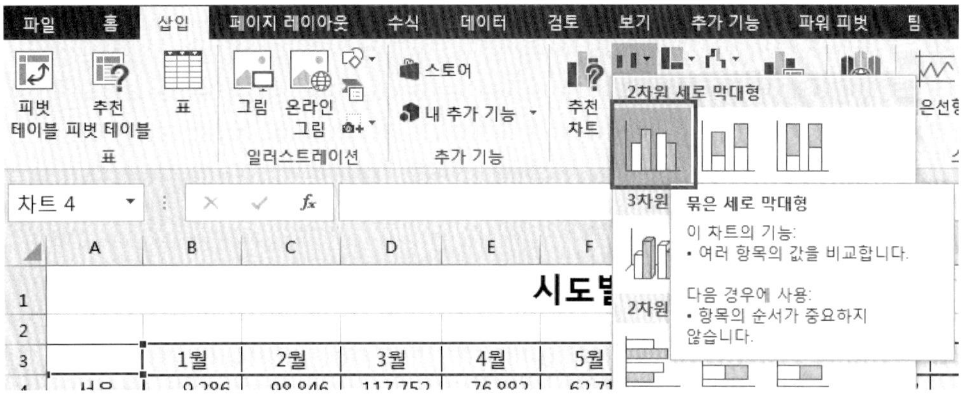

또는 [삽입]–[차트]–[모든차트보기]–[세로막대형]을 선택한다.

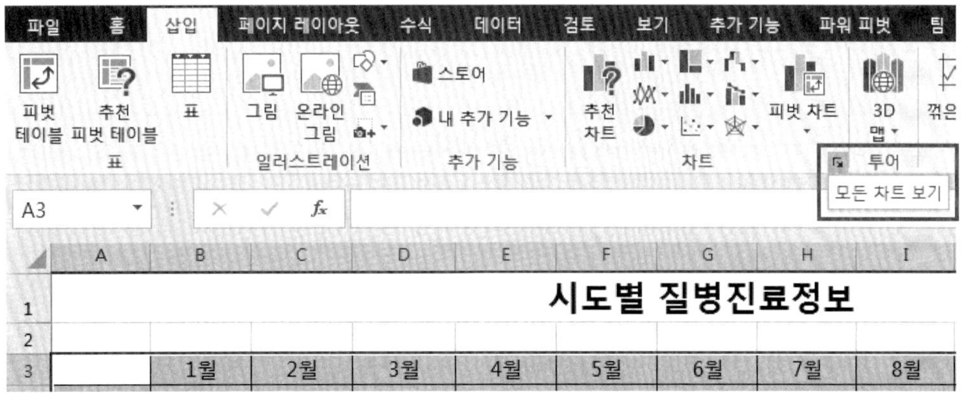

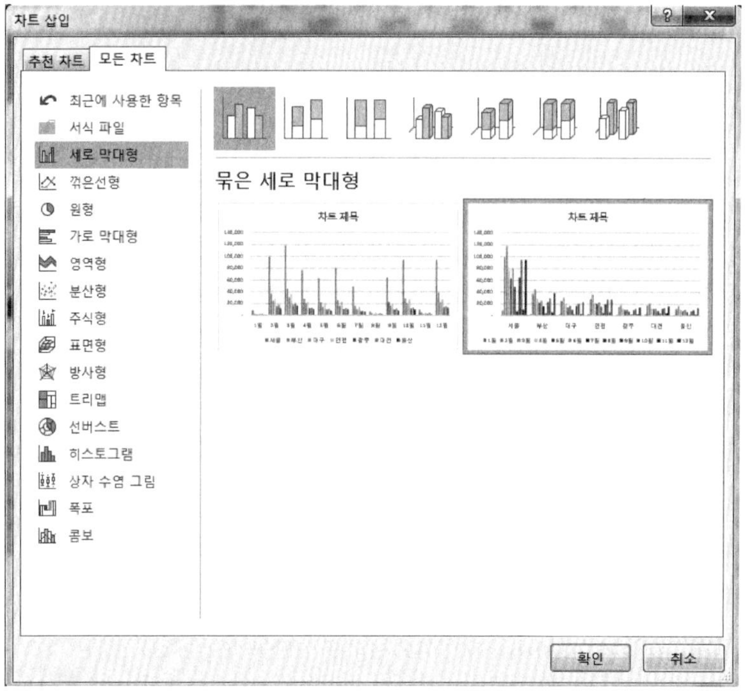

② 결과

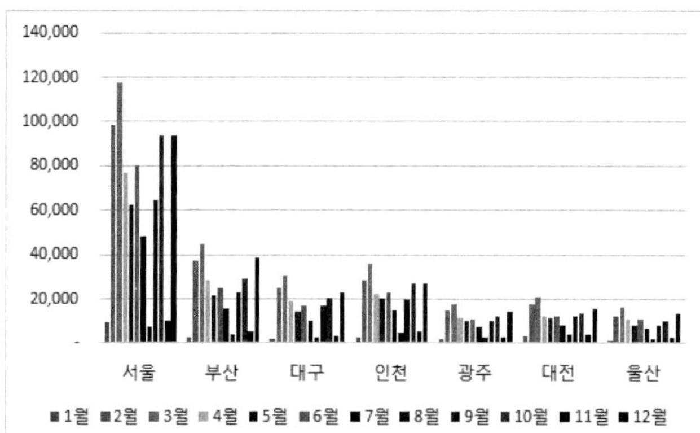

이제, 서울지역의 차트와 다른 지역의 차트를 단위조정해 보자.

③ 차트의 세로 축값을 선택한 후 차트도구 메뉴의 [서식]–[세로 (값) 축]–[선택영역 서식]을 클릭한다.

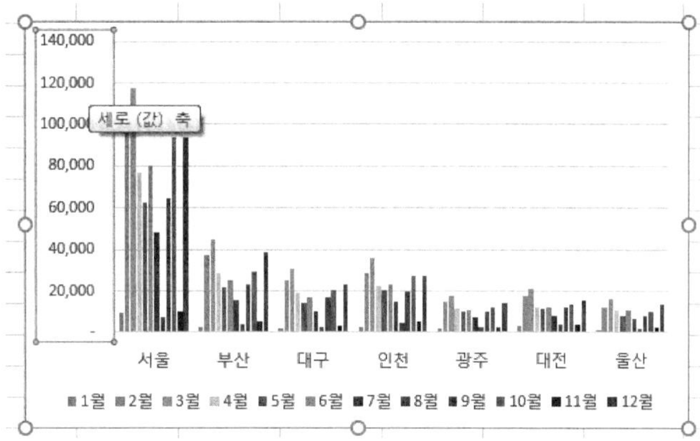

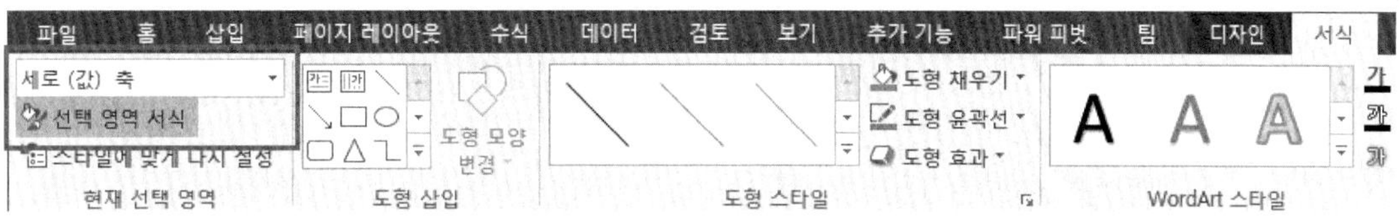

④ 최대값 140000, 로그 눈금 간격 : 10, 표시단위 : 백 선택한다.

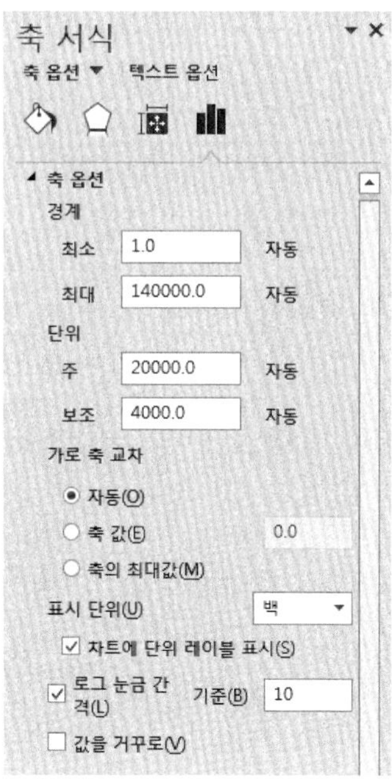

⑤ 결과

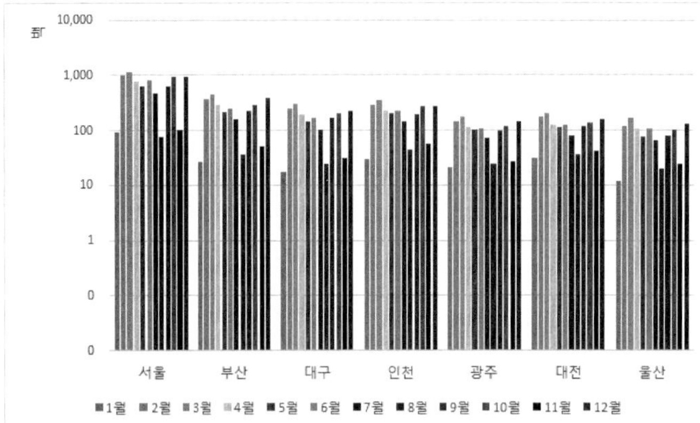

⑥ 보기 쉽게 하기 위해 그래프를 선택한 후 [+]-[차트요소]-[데이터 레이블]에 숫자를 나타낸다.

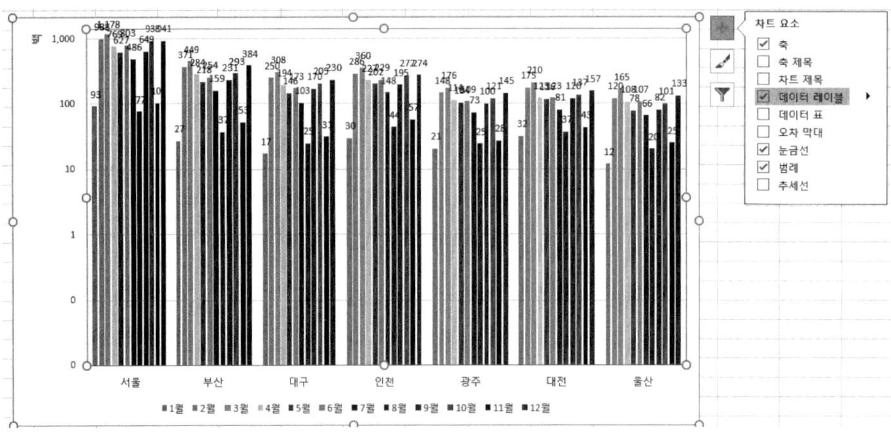

(2) Dual 차트(주축-보조축)

데이터 계열에서 데이터 계열 또는 보조세로 (값) 축에 하나 이상의 데이터 계열 데이터 (가격 및 볼륨) 표시형식이 혼합되어 있는 구조를 말한다. 보조세로 축의 눈금은 연결된 데이터 계열의 값을 표시한다. 보조축은 세로 막대형차트와 꺾은선형 차트의 조합을 보여 주는 차트에서 사용하면 효과적이다. 콤보차트에 차트를 변경하여 차트를 빠르게 표시할 수 있다.

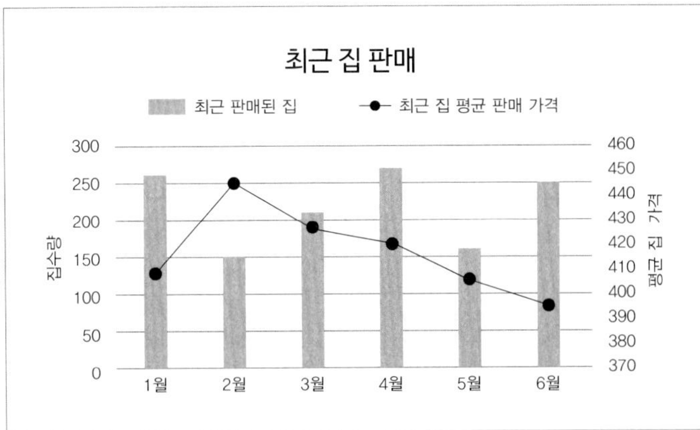

다음은 시도별 2014년도 질병진료정보이다. 서울지역의 진료정보(건)과 평균기온(℃)를 차트로 나타내라.

① 마우스로 블록을 잡고 [삽입]-[차트]-[2차원 꺾은선형]을 선택한다.

시도별 질병 진료정보

단위 :건, ℃

	1월	2월	3월	4월	5월	6월	7월	8월	9월	10월	11월	12월
서울	9,286	98,846	117,752	76,882	62,711	80,294	48,573	7,688	64,894	93,782	10,346	94,071
부산	2,732	37,136	44,915	28,398	21,829	25,449	15,914	3,747	23,068	29,268	5,268	38,424
대구	1,743	24,960	30,849	19,356	14,561	17,280	10,344	2,499	17,037	20,531	3,128	23,036
인천	2,989	28,558	36,000	22,723	20,175	22,938	14,765	4,416	19,518	27,245	5,738	27,396
광주	2,086	14,788	17,560	11,391	10,369	10,891	7,306	2,464	10,020	12,063	2,755	14,465
대전	3,191	17,539	21,023	12,300	11,627	12,284	8,129	3,745	11,959	13,654	4,346	15,668
울산	1,207	11,990	16,470	10,762	7,807	10,742	6,614	2,042	8,151	10,095	2,524	13,289
평균기온	0.5	2.5	7.7	13.4	18.4	21.9	25.1	23.8	20.9	14.8	8.8	- 0.5

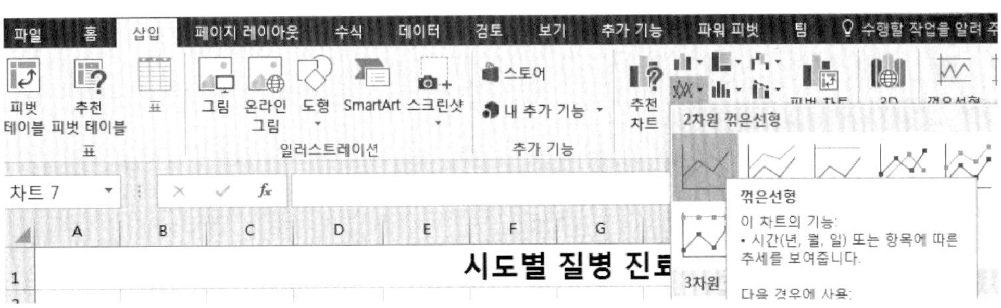

② 차트에서 진료건수와 평균기온의 단위차이가 크기 때문에 평균기온은 '0'으로 보여진다. 진료건수와 평균기온과의 관계도 파악할 수 없다.

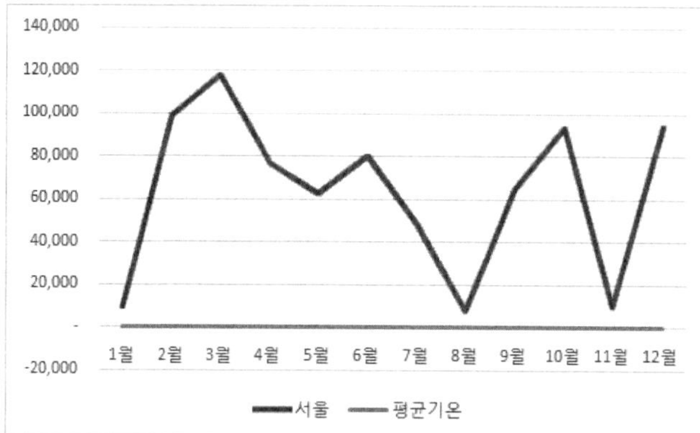

③ 이런 경우 평균기온 차트를 마우스로 선택하고 우측마우스 [데이터계열 서식]을 선택한다.

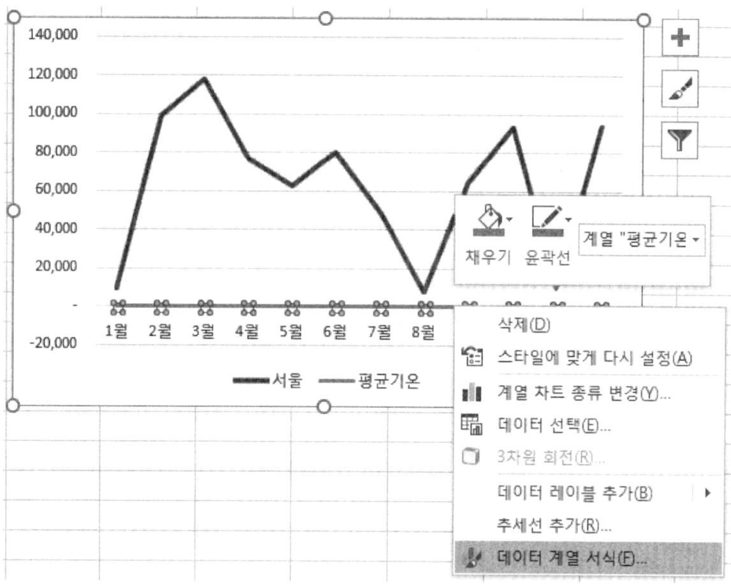

④ [계열옵션]에서 [보조축]을 선택한다.

⑤ 결과

평균기온이 증가함에 따라 질병의 진료건수가 감소하는 것을 알 수 있다.

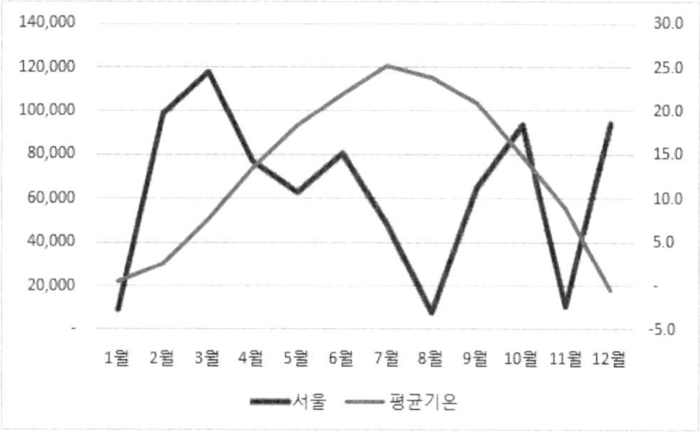

11 데이터 정렬 및 필터링

(1) 데이터 정렬

데이터 정렬은 데이터 분석에서 매우 중요한 역할을 한다. 데이터를 정렬하면 데이터를 빠르게 시각화하여 이해도를 높일 수 있을 뿐 아니라 원하는 데이터만 구성하고 찾을 수 있으므로 보다 효과적인 결정을 내리는 데 많은 도움이 된다.

하나 이상의 열에서 텍스트(오름차순 또는 내림차순), 숫자(오름차순 또는 내림차순), 날짜 및 시간(오름차순 또는 내림차순)을 기준으로 데이터를 정렬할 수 있다. 직접 만든 사용자 지정 목록(예 : 크게, 보통, 작게)을 기준으로 또는 셀색, 글꼴색 또는 아이콘집합을 비롯한 서식을 기준으로 정렬할 수도 있다.

◆ 텍스트 정렬

- 정렬할 열에서 셀을 선택한다.
- 데이터 탭의 정렬 및 필터그룹에서 다음 중 하나를 수행한다.
- 빠르게 오름차순으로 정렬하려면 A에서 Z 또는 가장 작은 수에서 가장 큰수로 정렬하는 Excel의 A-Z 명령 (텍스트 오름차순 정렬)을 클릭한다.
- 빠르게 내림차순으로 정렬하려면 Z에서 A 또는 가장 큰 수에서 가장 작은 수로 정렬하는 Excel의 Z-A 명령 (텍스트 내림차순 정렬)을 클릭한다.

• marital을 기준으로 오름차순으로 정렬을 한다.

① 먼저 D2:D41 범위중에서 아무셀이나 클릭한다. 그리고 메뉴의 '홈'으로 가서 '편집', '정렬 및 필터'의 '텍스트 오름차순 정렬'을 클릭한다.

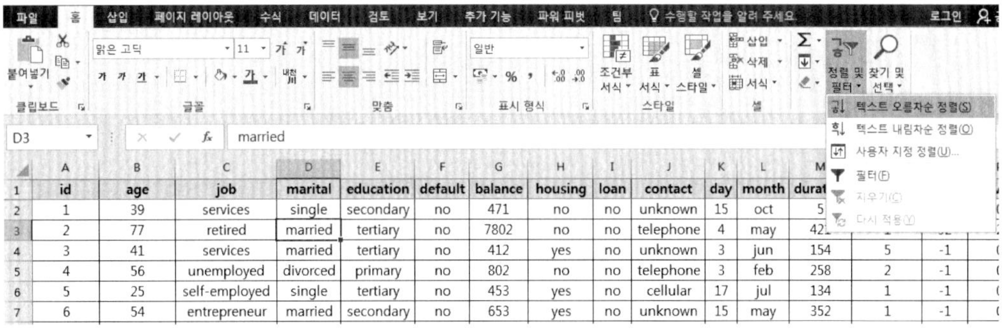

② 결과

	A	B	C	D	E	F	G
1	id	age	job	marital	education	default	balance
2	4	56	unemployed	divorced	primary	no	802
3	18	33	technician	divorced	secondary	yes	10
4	19	75	retired	divorced	secondary	no	1341
5	21	43	management	divorced	tertiary	no	99
6	38	53	management	divorced	secondary	no	112
7	39	65	retired	divorced	primary	no	1840
8	2	77	retired	married	tertiary	no	7802
9	3	41	services	married	tertiary	no	412
10	6	54	entrepreneur	married	secondary	no	653
11	7	46	services	married	secondary	no	1034
12	8	31	technician	married	tertiary	no	636

• marital이 오름차순으로 정렬된 상태에서 age를 내림차순으로 정렬을 한다.

① B2:B41 범위중에서 아무셀이나 클릭한다. 그리고 메뉴의 '홈'으로 가서 '편집', '정렬 및 필터'에서 '사용자 지정필터'를 클릭한다.

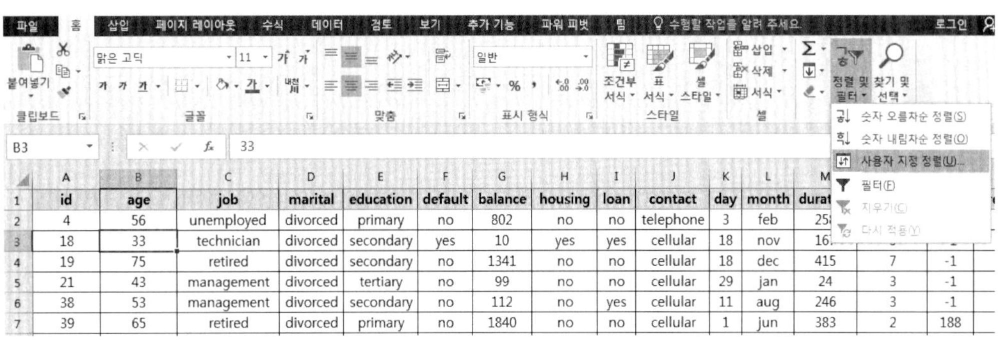

② 다음과 같은 정렬기준 창이 뜨게 된다.

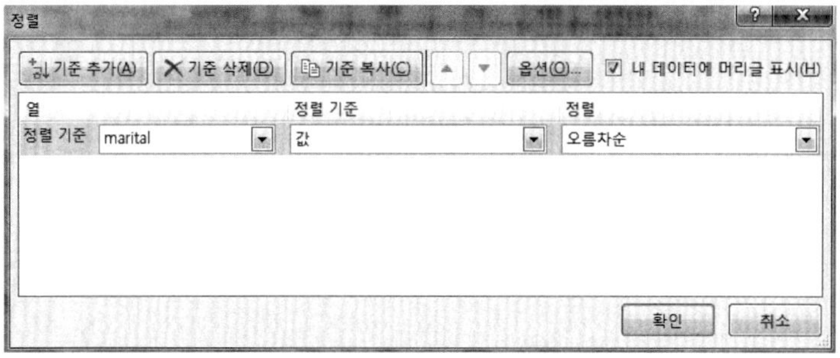

③ 첫 번째 정렬기준은 marital이고 정렬은 오름차순이다. 여기서 위의 메뉴 중에 '기준추가'를 누르면 아래와 같이 기준을 추가할 수 있다.

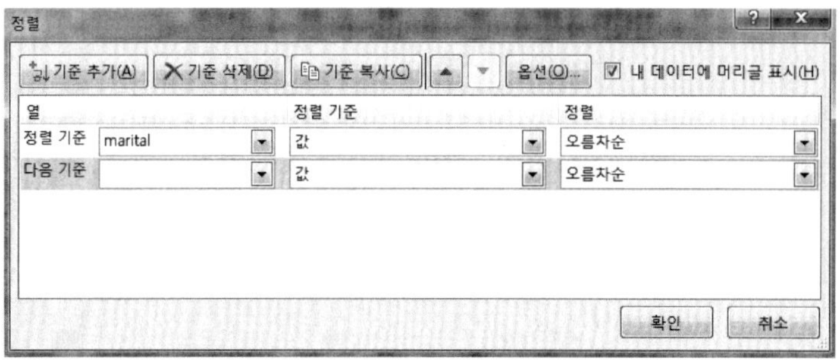

④ 추가된 기준에는 age를 기준으로 내림차순으로 정렬한다.

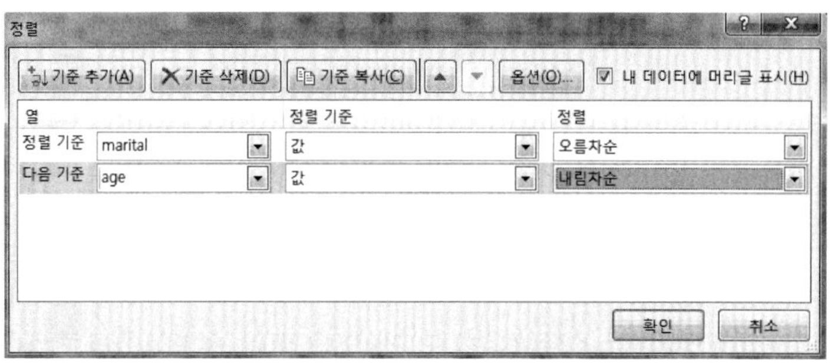

⑤ 결과

	A	B	C	D	E	F	G	
1	id	age	job	marital	education	default	balance	hc
2	19	75	retired	divorced	secondary	no	1341	
3	39	65	retired	divorced	primary	no	1840	
4	4	56	unemployed	divorced	primary	no	802	
5	38	53	management	divorced	secondary	no	112	
6	21	43	management	divorced	tertiary	no	99	
7	18	33	technician	divorced	secondary	yes	10	
8	2	77	retired	married	tertiary	no	7802	
9	32	72	retired	married	primary	no	763	
10	15	60	retired	married	primary	no	71188	
11	20	60	blue-collar	married	secondary	no	1801	
12	22	57	management	married	tertiary	no	3431	
13	25	57	blue-collar	married	primary	no	282	
14	6	54	entrepreneur	married	secondary	no	653	

(2) 필터링

필터링은 워크시트의 정보에서 원하는 값을 빠르게 찾는 방법이다.

하나 이상의 데이터 열에서 필터링할 수 있다. 필터링을 통해서 표시하고자 하는 것뿐만 아니라 제외하고자 하는 것도 제어할 수 있다. 목록에서 선택한 사항을 기반으로 필터링하거나 특정 필터를 만들어 표시하고자 하는 데이터에만 정확히 초점을 맞출 수 있다.

필터 인터페이스의 검색상자를 사용하여 필터링하면 텍스트 및 숫자를 검색할 수 있다.

데이터를 필터링할 때 하나 이상의 열에 있는 값이 필터링 조건에 맞지 않을 경우 전체행이 숨겨진다. 숫자 또는 텍스트 값을 필터링하거나 해당 배경 또는 텍스트에 색 서식이 적용된 셀의 경우 색별로 필터링할 수 있다.

① 표 데이터의 임의 셀을 선택한 후 [데이터] → [정렬 및 필터] → [필터]를 클릭한다.

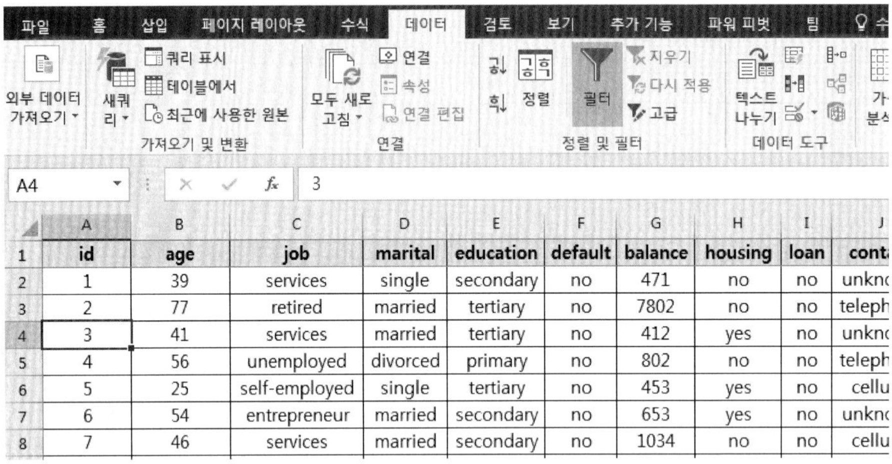

	A	B	C	D	E	F	G	H	I	J
1	id	age	job	marital	education	default	balance	housing	loan	cont
2	1	39	services	single	secondary	no	471	no	no	unknc
3	2	77	retired	married	tertiary	no	7802	no	no	teleph
4	3	41	services	married	tertiary	no	412	yes	no	unknc
5	4	56	unemployed	divorced	primary	no	802	no	no	teleph
6	5	25	self-employed	single	tertiary	no	453	yes	no	cellu
7	6	54	entrepreneur	married	secondary	no	653	yes	no	unknc
8	7	46	services	married	secondary	no	1034	no	no	cellu

② 결과

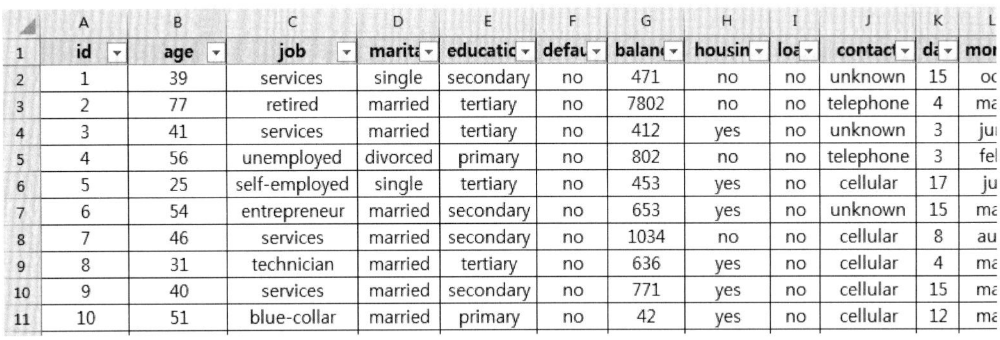

	A	B	C	D	E	F	G	H	I	J	K	L
1	id	age	job	marita	educatic	defau	balan	housin	loa	contact	da	mor
2	1	39	services	single	secondary	no	471	no	no	unknown	15	oc
3	2	77	retired	married	tertiary	no	7802	no	no	telephone	4	ma
4	3	41	services	married	tertiary	no	412	yes	no	unknown	3	ju
5	4	56	unemployed	divorced	primary	no	802	no	no	telephone	3	fel
6	5	25	self-employed	single	tertiary	no	453	yes	no	cellular	17	ju
7	6	54	entrepreneur	married	secondary	no	653	yes	no	unknown	15	ma
8	7	46	services	married	secondary	no	1034	no	no	cellular	8	au
9	8	31	technician	married	tertiary	no	636	yes	no	cellular	4	ma
10	9	40	services	married	secondary	no	771	yes	no	cellular	15	ma
11	10	51	blue-collar	married	primary	no	42	yes	no	cellular	12	ma

③ marital의 목록단추를 클릭하면 기본적으로 모두 선택되어 있다. 여기서 married만 뽑도록 한다.

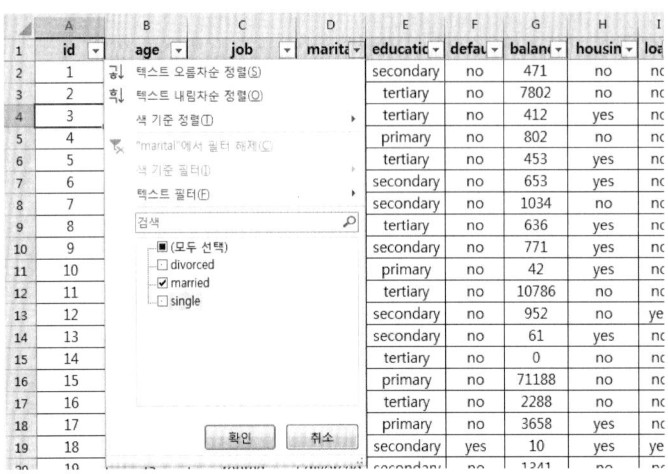

④ job의 목록단추를 클릭해서 “blue-collar”, “management”만 선택한다.

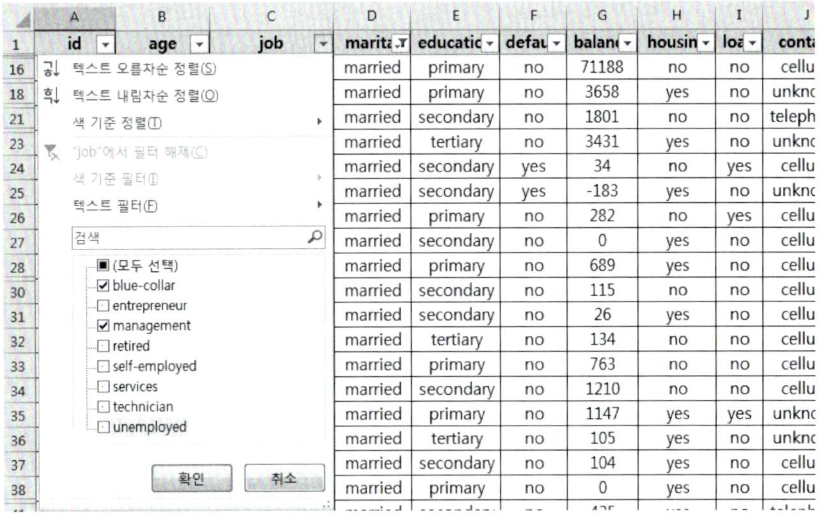

⑤ 결과

	A	B	C	D	E	F	G	H	I	J
1	id	age	job	marita	educatic	defau	balan	housin	loa	contact
18	17	40	blue-collar	married	primary	no	3658	yes	no	unknowr
21	20	60	blue-collar	married	secondary	no	1801	no	no	telephon
23	22	57	management	married	tertiary	no	3431	yes	no	unknowr
26	25	57	blue-collar	married	primary	no	282	no	yes	cellular
28	27	37	blue-collar	married	primary	no	689	yes	no	cellular
30	29	45	blue-collar	married	secondary	no	115	no	no	cellular
31	30	33	blue-collar	married	secondary	no	26	yes	no	cellular
41	40	48	blue-collar	married	secondary	no	425	yes	no	telephon

◆ 조건을 지정하여 데이터 필터링하기

조건을 지정하면 원하는 정확한 방법으로 데이터의 범위를 좁힐 수 있는 사용자 지정필터를 만들 수 있다.

목록에서 [숫자 필터] 또는 [텍스트 필터]를 가리킨다. 다양한 조건에서 필터링할 수 있는 메뉴가 표시된다.

조건을 선택한 다음 다른 조건을 선택하거나 입력하면 조건이 결합되고 확인을 클릭하여 기대한 결과를 얻는다.

12 피 벗

피벗테이블은 데이터를 계산, 요약 및 분석하는 강력한 도구로서, 데이터의 비교, 패턴 및 추세를 보는 데 사용할 수 있다.

• y(예금가입 여부)별, marital별, 평균 age를 구해보자.

① 원하는 데이터를 범위로 지정하고 [삽입] [피벗테이블] [피벗테이블]을 선택

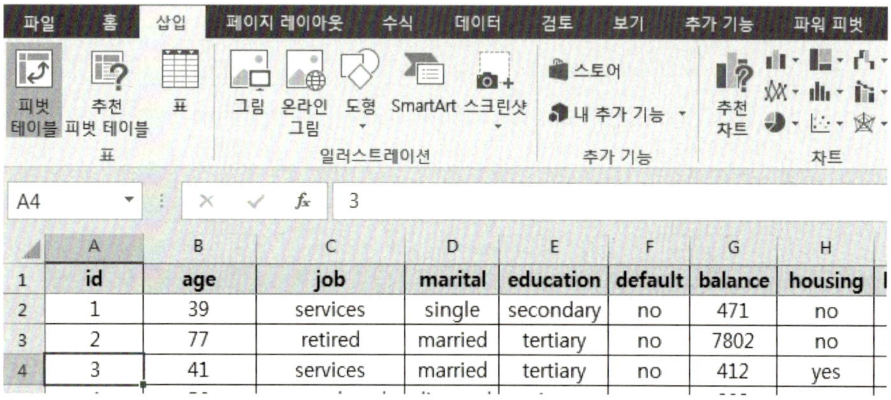

② 피벗테이블을 넣을 위치지정 후 〈확인〉 선택

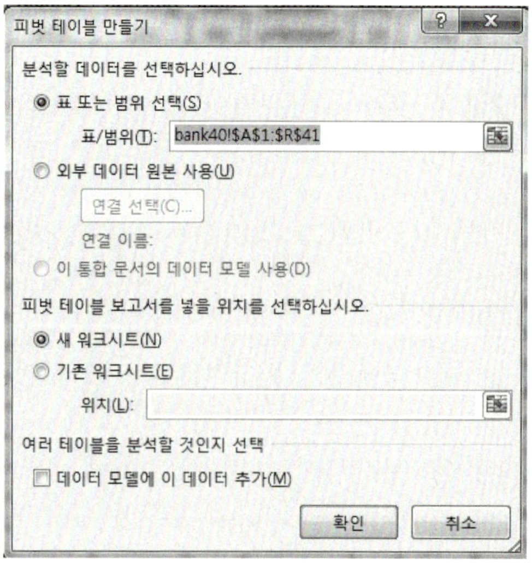

③ 새 워크시트의 우측에 피벗테이블 필드목록창 확인

④ 행레이블은 marital, 열레이블은 y, Σ값은 age를 선택

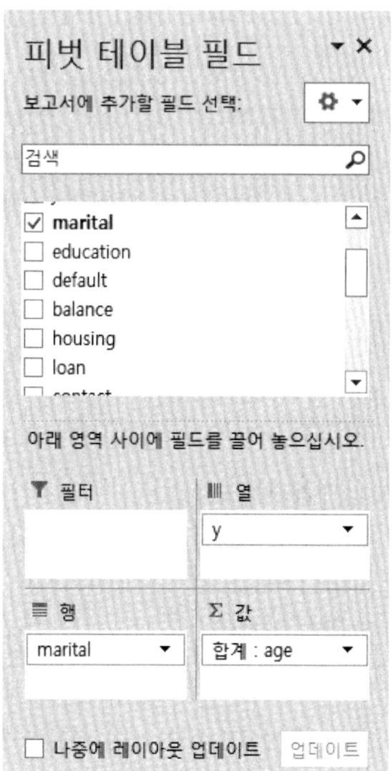

⑤ 결과1

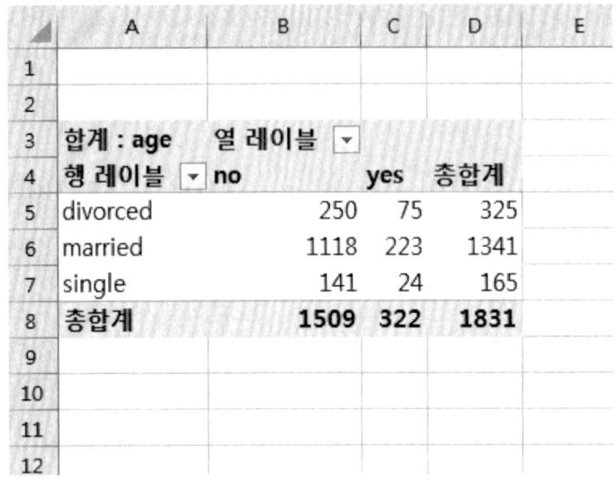

	A	B	C	D	E
1					
2					
3	**합계 : age**	**열 레이블**			
4	**행 레이블**	**no**	**yes**	**총합계**	
5	divorced	250	75	325	
6	married	1118	223	1341	
7	single	141	24	165	
8	**총합계**	**1509**	**322**	**1831**	
9					
10					
11					
12					

⑥ Σ값의 “합계 : age”를 더블클릭(또는 ▼를 클릭)하여 값 필드설정을 선택

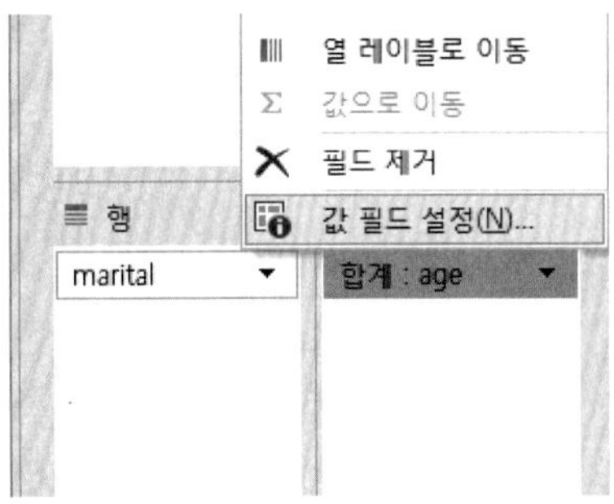

⑦ [값 필드 요약기준]-[평균]을 클릭한 후 확인

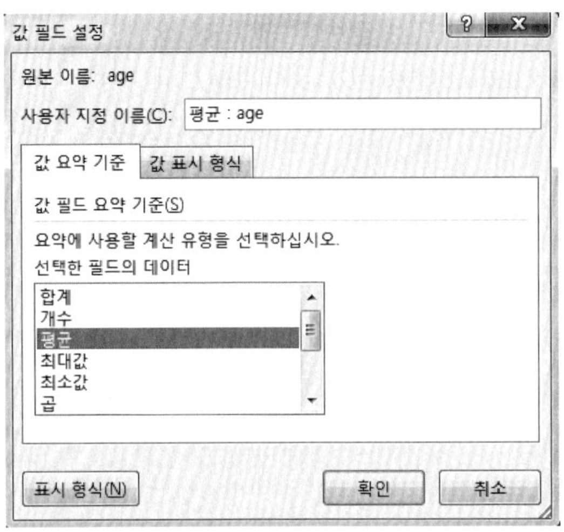

⑧ 결과2

	A	B	C	D
1				
2				
3	**평균 : age**	**열 레이블**		
4	**행 레이블**	**no**	**yes**	**총합계**
5	divorced	50	75	54.16666667
6	married	44.72	55.75	46.24137931
7	single	35.25	24	33
8	**총합계**	**44.38235294**	**53.66666667**	**45.775**
9				
10				

• job, education 대한 balance의 합계를 표시하고 합계 1–3위 직업은 무엇인지 구해보자.

① [삽입]–[피벗테이블] 선택

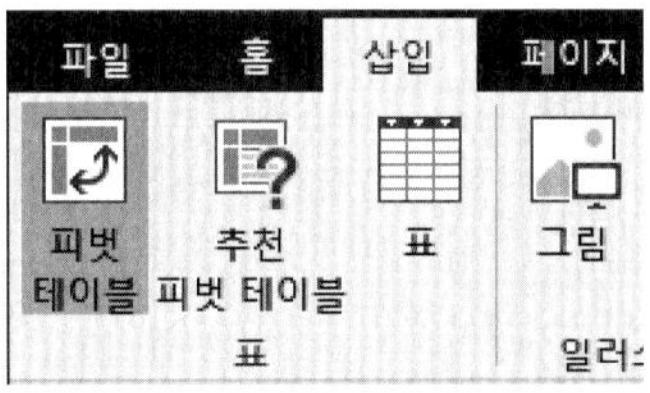

② 분석할 데이터선택

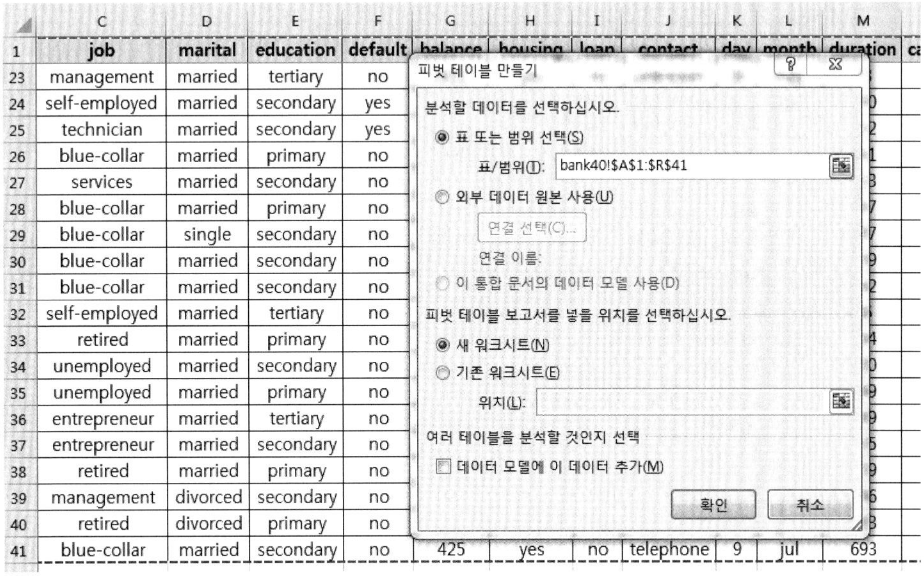

	job	marital	education	default
23	management	married	tertiary	no
24	self-employed	married	secondary	yes
25	technician	married	secondary	yes
26	blue-collar	married	primary	no
27	services	married	secondary	no
28	blue-collar	married	primary	no
29	blue-collar	single	secondary	no
30	blue-collar	married	secondary	no
31	blue-collar	married	secondary	no
32	self-employed	married	tertiary	no
33	retired	married	primary	no
34	unemployed	married	secondary	no
35	unemployed	married	primary	no
36	entrepreneur	married	tertiary	no
37	entrepreneur	married	secondary	no
38	retired	married	primary	no
39	management	divorced	secondary	no
40	retired	divorced	primary	no
41	blue-collar	married	secondary	no

③ 행레이블은 job, 열레이블은 education, Σ값은 balance를 선택한다.

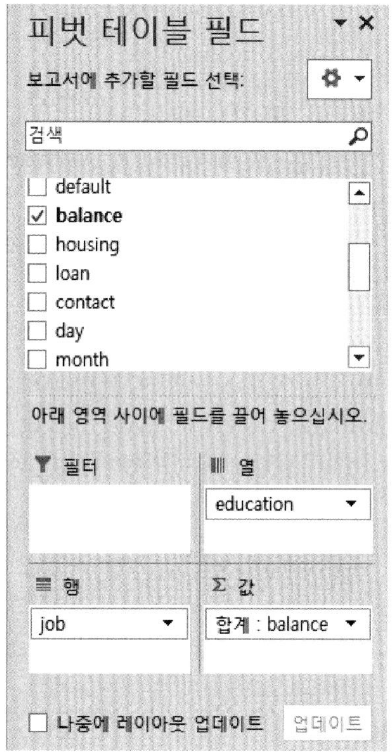

④ 피벗테이블 확인

	A	B	C	D	E
1					
2					
3	**합계 : balance**	**열 레이블**			
4	**행 레이블**	**primary**	**secondary**	**tertiary**	**총합계**
5	blue-collar	4671	3554		8225
6	entrepreneur		757	105	862
7	management		112	14316	14428
8	retired	73791	1341	7802	82934
9	self-employed		34	587	621
10	services		2276	412	2688
11	technician		-173	2924	2751
12	unemployed	1949	1210		3159
13	**총합계**	**80411**	**9111**	**26146**	**115668**
14					

⑤ 셀 E5를 선택한 후 [데이터] [정렬]을 클릭하여 내림차순을 선택한다.

	A	B	C	D	E
1					
2					
3	**합계 : balance**	**열 레이블**			
4	**행 레이블**	**primary**	**secondary**	**tertiary**	**총합계**
5	blue-collar	4671	3554		8225
6	entrepreneur		757	105	862
7	management		112	14316	14428
8	retired	73791	1341	7802	82934
9	self-employed		34	587	621
10	services		2276	412	2688
11	technician		-173	2924	2751
12	unemployed	1949	1210		3159
13	**총합계**	**80411**	**9111**	**26146**	**115668**

⑥ 결과

	A	B	C	D	E
1					
2					
3	**합계 : balance**	**열 레이블**			
4	**행 레이블**	**primary**	**secondary**	**tertiary**	**총합계**
5	retired	73791	1341	7802	82934
6	management		112	14316	14428
7	blue-collar	4671	3554		8225
8	unemployed	1949	1210		3159
9	technician		-173	2924	2751
10	services		2276	412	2688
11	entrepreneur		757	105	862
12	self-employed		34	587	621
13	**총합계**	**80411**	**9111**	**26146**	**115668**
14					

• marital별, loan 여부별 balance의 차이확인

① [삽입]–[피벗테이블] 선택

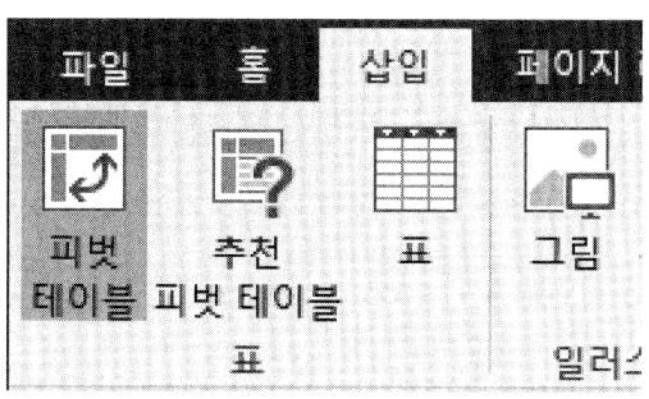

② 분석할 데이터선택

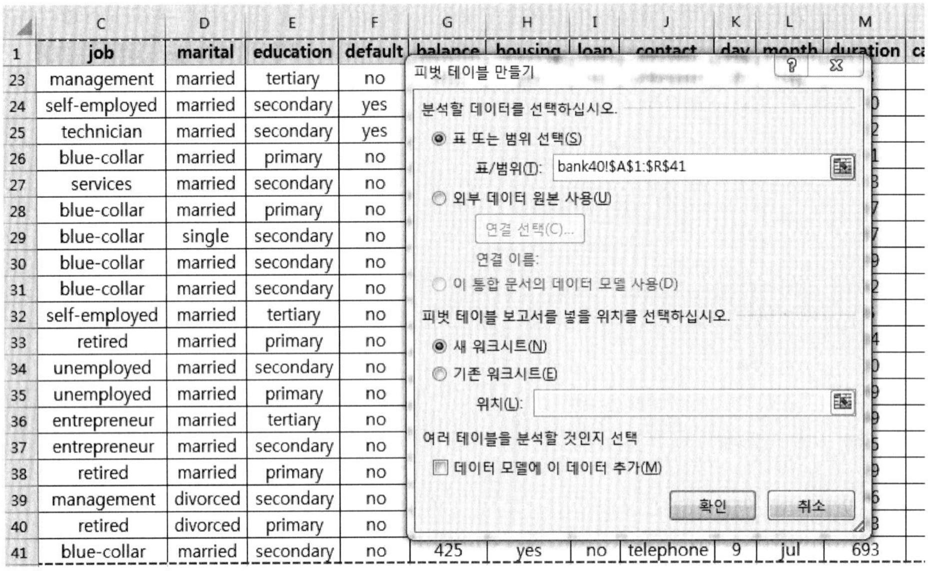

③ 행레이블에 loan, marital을 Σ값에는 balance를 2번 선택해 넣어주면, 열레이블에 Σ 값이 추가됨.

④ Σ값의 “합계 : balance2”를 더블클릭(또는 ▼를 클릭) 하여 값 필드설정을 선택

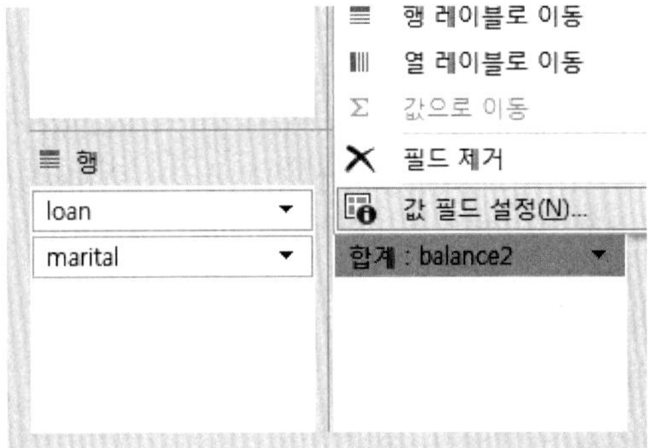

⑤ [값 필드 요약 기준]-[평균]을 클릭한 후 확인

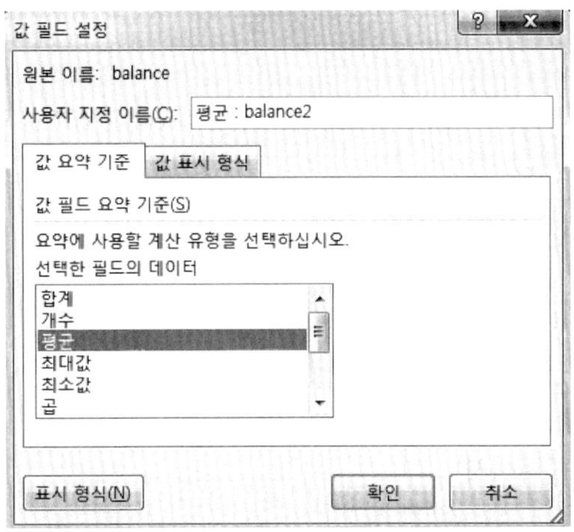

⑥ 결과

행 레이블	합계 : balance	평균 : balance2
⊟no	**112957**	**3422.94**
divorced	4082	1020.50
married	105663	4226.52
single	3212	803.00
⊟yes	**2711**	**387.29**
divorced	122	61.00
married	2415	603.75
single	174	174.00
총합계	**115668**	**2891.70**

저자소개

■ 정철용

- 현, 상명대학교 경영경제대학 경영학부 교수
- 서울대학교 경제학 학사
- University of Washington 경영학 석사
- Univ. of Texas at Austin 경영정보학 박사
- (전) 금융연구원 부연구위원
- (전) 금융감독원 정보화전략실장
- (전) 한국경영정보학회 회장
- (전) 한국지식경영학회 회장
- (전) 상명대학교 정보관리처장
- (전) 상명대학교 입학처장
- (전) 상명대학교 대학원장
- (전) 공공기관 경영평가위원
- (전) NH농협생명보험 사외이사

■ 유진호

- 현, 상명대학교 경영경제대학 경영학부 교수
- 고려대 수학과 (이학사)
- 고려대 통계학과 (이학석사)
- 고려대 정보경영공학전문대학원 정보경영공학과 (공학박사)
- (전) 한국전자통신연구원(ETRI) 연구원
- (전) IBM Managing Consultant(CRM/DW/DataMining)
- (전) 한국인터넷진흥원(KISA) 단장
- (현) 한국지식경영학회 부회장
- (현) 한국정보통신보안윤리학회 부회장
- (현) 한국정보보호학회 이사
- (현) 한국신용카드학회 총무이사
- (현) 한국정보처리학회 부회장

■ 김민정

- 고려대학교 이학사
- 상명대학교 지식보안경영학 석사
- 상명대학교 경영학 박사
- 데이터 분석(파이썬, R) 관련 강의 다수

■ 김 진

- 현, 상명대학교 융합공과대학 지능 · 데이터융합학부 빅데이터융합전공 교수
- 홍익대 금속 · 재료공학 학사
- 연세대 정보대학원 정보시스템학 석사
- (전) Microsoft Korea 과장
- (전) 삼정 KPMG 차장
- (전) Micro Focus Korea 부장(Pre-Sales Consultant)
- (전) 한국지식경영학회 총무이사

SPSS와 Python, R, 그리고 Excel을 활용한 데이터 분석 따라하기

2021년 5월 20일 1쇄 인쇄
2021년 5월 25일 1쇄 발행

저 자 정철용 · 유진호 · 김민정 · 김진
발행인 류재식 · 박용범
발행처 도서출판 북 넷
서울시 용산구 효창원로 70길46 대신빌딩 2층
등 록 2010년 6월 7일(제2010-000069호)
전 화 (02)395-2341
팩 스 (02)395-2303

정가 23,000원 ISBN 979-11-86947-52-4〈93310〉

e-mail: book2341@naver.com